DANIEL E APOCALIPSE:

Um Manual de
ESTUDOS PROFÉTICOS

Kepler Nigh

© Kepler Nigh, 2012
Todos os direitos reservados na língua portuguesa.

Este livro foi publicado originalmente em espanhol com o titulo *Manual de Estudios Proféticos* por Editorial Vida 1995, e em português com o titulo *Manual de Estudos Proféticos* por Editora Vida, 1998.

Edição actual publicado por McDougal e Associados
Louisiana, EUA
www.thepublishedword.com

ISBN 978-1-934769-86-7

Impresso por demanda para distribuição em todo o mundo

*Dedico estas páginas
à minha família e
a todos os que amam
a vinda de Jesus.*

"...Ao que está assentado sobre o trono,
e ao Cordeiro, seja o louvor, e a honra,
e a glória, e o poder
para todo o sempre..."
(Apocalipse 5:13)

Agradecimentos

Agradeço a todos que ajudaram a tornar esse livro possível, pois eles amam a Jesus, o Leão e o Cordeiro, mais do que a qualquer outra coisa nesse mundo.

Aos irmãos e irmãs em Cristo que passaram muitas horas revisando o texto desse livro, eu expresso minha sincera gratidão para: Fernando Álvarez B., PatriciaArellano de Carrera, Jeremy Díaz, Lenin Díaz, Elsa González, Fernando Jara, Guido Jaramillo, Laura Méndez, Juan Padilla Jr., Boris Pazmiño, Roberto Pesántez, Salomón Pesántez, Patricio Robelly, Habacuc Rivera, Patricio Rodríguez, Michel Sévigny, Inéz Torres e Dr. Marcelo Vaca.

Também, um agradecimento especial para Fausto Falconí, que proveu informações essenciais, assim como o arquiteto, Luis Chávez, cuja arte é parte desse livro no apêndice. Também dignos de uma menção especial são Patricia Daza e Ramiro Padilla, cuja ajuda se extendeu ao longo da montagem desse livro. Yattenciy Bonilla proveu encorajamento, assim como revisão teológica, junto com Tito Apestegui.

Um agradecimento especial para Antonio Jaramillo. Suas revisões fundamentais fizeram desse livro um trabalho melhor para o povo de Deus.

Obrigado a Harold McDougal, que proveu o meio, através de sua casa publicadora, de tornar esse *Manual de Estudo Profético* em impressão e deixá-lo disponível para a Igreja. Eu devo ao meu irmão Harold mais do que posso pagar, seus esforços no ministério por vários anos tem dado muitos frutos no Reino de Deus. Obrigado.

Agradeço também as muitas pessoas que me ajudaram ao longo do caminho que seguimos para estar com Ele, cujos nomes não estão aqui nessa página.

Agradeço especialmente a minha esposa, Blanca, uma verdadeira mulher de Deus, que tem me apoiado e dado forças por muitos anos. Ela é uma verdadeira inspiração, fonte de auxílio e parceria.

Acima de tudo, ao Espírito Santo, que me tem guiado nesta obra. Minha gratidão total a Ele, que nos ensina as mais profundas coisas de Deus.

Sumário

Prefácio 09
Introdução 13

Daniel e Apocalipse
Exposição da profecia bíblica

Daniel
Lição 1 — Introdução ao estudo de Daniel 25
Lição 2 — A deportação, Daniel 1 27
Lição 3 — Israel na fornalha dos gentios, Daniel 2-3 31
Lição 4 — O julgamento divino, Daniel 4 41
Lição 5 — A última festa, Daniel 5 45
Lição 6 — Daniel na cova dos leões, Daniel 6 47
Lição 7 — Os quatro animais, Daniel 7 49
Lição 8 — O plano profético para Israel, Daniel 8 53
Lição 9 — A revelação das setenta semanas, Daniel 9 57
Lição 10 — A visão junto ao rio, Daniel 10 61
Lição 11 — A história de Israel profetizada, Daniel 11 65
Lição 12 — A grande tribulação e a libertação de Israel, Daniel 12 . 69

Apocalipse
Lição 13 — Introdução ao estudo de Apocalipse 73
Lição 14 — Apocalipse: a revelação de Jesus Cristo, Apocalipse 1 .. 77
Lição 15 — As sete igrejas, Apocalipse 2-3 81
Lição 16 — O trono celestial, Apocalipse 4-5 85
Lição 17 — Os sete selos, Apocalipse 6-8:5 91
Lição 18 — As sete trombetas, Apocalipse 8:6-11 99
Lição 19 — A mulher e o dragão, Apocalipse 12 107
Lição 20 — As duas bestas, Apocalipse 13-14 111
Lição 21 — As últimas pragas, Apocalipse 15-16 119
Lição 22 — A queda de Babilônia, Apocalipse 17-18 123

Lição 23 — As bodas do Cordeiro e a segunda vinda,
  Apocalipse 19 139
Lição 24 — Os mil anos e a eternidade, Apocalipse 20-22 143

Apêndices
Apêndice 1 — Quadro comparativo das sete cartas 153
Apêndice 2 — Circunstâncias geográficas e
  históricas das sete igrejas 157
Apêndice 3 — As igrejas e a época atual 159
Apêndice 4 — O curso do presente século 161
Apêndice 5 — Comparação de Mateus 13 e Apocalipse 2-3 165
Apêndice 6 — Símbolos, nomes e paralelismos de
  Daniel e Apocalipse 169
Apêndice 7 — Estudo cronológico de Apocalipse 201
Apêndice 8 — As profecias de Daniel e as setenta semanas 249
Apêndice 9 — Resumo da escatologia 255
Apêndice 10 — Terminologia e definições 263

Lâmina 1 271
Lâmina 2 272
Lâmina 3 273

Bibliografia 275

Prefácio

Cada dia, o estudo de Daniel e Apocalipse nos tem levado a encontrar e apreciar novas profundidades em Deus. Nós nos sentimos mais perto do Senhor como nunca antes havíamos experimentado em nossas vidas. Temos chegado a entender algumas verdades que vão muito além do que o simples estudo poderia nos dar.

A obra que apresentamos é um compêndio conciso. Esperamos que ela seja útil ao estudo dos livros proféticos de Daniel e Apocalipse, de fundamental importância para a época em que vive este convulsionado mundo.

Uma das grandes verdades que Deus nos tem ensinado é que Ele tem coisas reservadas para si. Antes, nossa opinião era que, ao chegarmos ao céu glorioso com Cristo, conheceríamos todas as coisas. Agora temos compreendido que nem tudo será de nosso conhecimento. Deus é o único que sabe tudo, porque Ele é onisciente. No céu saberemos muito mais que hoje, mas nós nunca alcançaremos o conhecimento que Deus tem. Nunca saberemos tudo! Por esta razão não pretendemos alcançar as respostas para todas as perguntas (1 Coríntios 13:12).

Estudar o tema profético muitas vezes torna-se paradoxal. Por um lado, devemos confessar que não temos todas as respostas, e por outro, não é possível estudar este assunto sem seguir uma metodologia que nos obrigue a sermos objetivos. E isso devido ao fato de que a matéria se presta à subjetividade individual. Além do mais, nosso entendimento do tema vai crescendo à medida que se aproxima de nós a vinda do Senhor. Tudo isso significa que não devemos nos surpreender diante do fato de existirem opiniões diferentes. Na verdade, são poucos os estudiosos que sustentarão os mesmos pontos de vista com relação a cada detalhe dos livros de Daniel e Apocalipse, ainda que esses estudiosos pertençam a uma mesma escola de interpretação. Portanto, seria um grande erro pretender que nossas conclusões possam ser qualificadas como definitivas.

Diante das dificuldades de interpretação profética, possivelmente algumas pessoas serão levadas a pensar que o tema depende muito da conclusão particular de cada um. Em contrapartida, se não interpretarmos, apesar da possibilidade de errar, nosso estudo será de pouco proveito. Diante do fato de que a própria Palavra de Deus insiste conosco para estudarmos a mensagem profética, devemos prosseguir na nossa meta, firmando-nos na fé. Usando métodos de estudo bíblico de eficácia comprovada, cada um poderá estudar a profecia por si mesmo. Sob a iluminação desta luz, o *Manual de Estudos Proféticos* deve ser considerado como uma "ferramenta" para se alcançar este objetivo. Contando com o Espírito Santo como guia, o crente poderá obter ajuda deste manual sem que tenha de se chocar com sua própria escola de interpretação profética. Por isso, oferecemos estes estudos, não para serem memorizados ou para serem postos como dogma, e sim para a edificação do corpo de Cristo.

No desenvolvimento de qualquer obra sobre o tema ao qual temos dedicado esta investigação, somos obrigados a tratar de assuntos que, para alguns, poderá resultar em controvérsia. O desenvolvimento que temos dado à análise dos números de Daniel e Apocalipse é um exemplo. Há pessoas que crêem que podem — de alguma maneira —utilizar a numerologia com o propósito de predizer o futuro a fim de comprovar a divina inspiração das Escrituras e coisas deste estilo. O Manual de Estudos Proféticos não deve ser confundido com tais trabalhos. Nossos comentários, relacionados aos números, são meramente uma intenção para se entender melhor o significado da profecia e também para demonstrar como isso está em concordância com a situação do mundo nos últimos dias. Não se deve confundir a análise de um número por intermédio da hermenêutica bíblica com a numerologia (veja-se a explicação no início do apêndice 6: símbolos, nomes e paralelismos de Daniel e Apocalipse).

Vale a pena destacar que o *Manual de Estudos Proféticos* exige o uso da Bíblia. Contendo milhares de referências, o manual não é um livro que possa ser desfrutado sem necessitarmos abrir as páginas inspiradas das Escrituras. Tendo o Espírito Santo como guia, e o Manual de Estudos Proféticos como um instrumento, o autor deseja que o leitor alcance um maior conhecimento do Cordeiro de Deus.

Mesmo que o estudo da profecia possa nos levar a muitas conclusões distintas, nunca devemos permitir que estas se choquem com os fundamentos da fé cristã. Temos nos esforçado para assegurar que nossas conclusões estão sempre de acordo com a boa doutrina. Possivelmente, para alguns, apresentamos idéias novas a respeito de algum fato ou acontecimento futuro. Não obstante, Jesus é o Rei, nascido da virgem, morto em uma cruz e ressuscitado ao terceiro dia para dar a todo aquele que nele crê a vida eterna. Ele fez tudo por meio de sua divina graça, sendo totalmente homem e totalmente Deus. Aleluia! Ele virá outra vez para julgar os vivos e os mortos. Estes são fatos imutáveis sentenciados pela Palavra de Deus!

Kepler Nigh
Quito, Equador
Abril, 1995.

Introdução

1. O plano de Deus

Todos nós sabemos que Deus tem um plano. A profecia é a evidência deste plano e ela nos comprova que os eventos do futuro não ocorrerão ao acaso, pois existe uma inteligência divina que está guiando nosso futuro.

As lições que vamos estudar a seguir demonstrarão que a intervenção de Deus nos assuntos da humanidade é um fato inegável. O plano de Deus é muito grande, imenso; porém, Ele tem um plano para cada indivíduo... Por este motivo destacamos o interesse pela profecia, depositando a presente análise nas mãos de vidas comprometidas.

Não importa quais foram as razões que lhe motivaram ao estudo da profecia — não foi o acaso — o gratificante é que Deus tem um propósito para você.

Os objetivos dele são sublimes. É maravilhoso pensar que nós, como indivíduos, podemos participar do grande desígnio do Pai eterno. Para todo aquele que faz parte do plano divino, é bom conhecê-lo, e a profecia é o método que Deus emprega a fim de nos levar a saber seus propósitos e como Ele interfere em nosso favor.

2. A simplicidade da profecia

Simplicidade e profecia, ao que parece, são termos antagônicos. Como é possível dizer então que a profecia é simples? Se é assim, por que são necessários anos de estudo e o manuseio de muitos livros? Por que a profecia se constitui em uma matéria nas universidades e seminários? Por que tem sido utilizada uma palavra tão grande como a escatologia para nomeá-la? A verdade é que a escatologia (o estudo de tudo que está relacionado com as últimas coisas, e particularmente com respeito à segunda vinda de Cristo) não é de fácil entendimento, mas seus elementos mais indispensáveis, assim como aqueles que estão contidos na Bíblia, podem ser compreendidos até por uma criança.

Nas explicações a seguir tentaremos ressaltar alguns elementos essenciais — ainda que não sejam acessíveis sem esforço — que demonstram um desígnio simples na palavra profética.

As leis naturais podem ser expressas em termos básicos, mas a pessoa dedicada ao estudo da Ciência pode dedicar toda a sua vida e nunca, jamais, por mais esforço que possa empenhar, conseguirá esgotar o tema. Da mesma maneira, o estudo da profecia pode nos custar toda uma vida. Porém, quem se entrega de corpo e alma a este estudo espera alcançar o cume, as alturas onde Deus mora no céu, e lá encontrar expressões poderosas, maravilhosas e simples, como as palavras de Jesus.

Para demonstrar esta simplicidade sublime, permita-nos nos aventurar um momento em sua análise. As leis imutáveis que estão governando todas as coisas são as leis da física (as naturais) e as leis espirituais. Todas elas são leis estabelecidas por Deus. As naturais, que estão escritas nos livros da ciência em toda a criação de Deus, governam o universo material. As espirituais, escritas na Bíblia e na consciência do homem, governam tanto o invisível como também o visível — sujeitando tudo o que foi criado.

As leis ou regras que conduzem o universo são intrínsecas, e a perfeição de sua simplicidade geralmente pode ser expressada com poucas palavras ou mediante uma equação pequena. As leis espirituais também são simples, e podem ser concebidas com frases e equações curtas. Um exemplo de uma lei espiritual é da semeadura e da colheita (Gálatas 6:7). A equação é a =A. Neste caso a = algo de semente e A = algo de colheita. Continua sendo "a", somente acrescido, e "a" se transforma em um "A". Se alguém semeia "ódio", resulta em mais "ÓDIO". Se ela semeia "amor", resultará em mais "AMOR". Existe abundância nas leis espirituais.

Quão sublimes e simples são as coisas de Deus! Deus gosta das coisas simples (Salmo 119:130; 1Coríntios 1:19,20; 3:19,20). A sensibilidade é bela. A Bíblia não complica as coisas e nela não existem muitos graus de variações — ela está cheia de preto e branco. Com a profecia acontece o mesmo; o plano de Deus é imenso, é grande, mas continua acessível. A profecia tem um propósito simples: provar ao homem que Deus está acima de tudo e desta forma conduzir o homem aos pés de Jesus.

É fácil esquecer a simplicidade existente em toda a Bíblia e perder-se nas questões de datas, nomes, lugares etc. Tudo isso é importante, mas há um quadro mais amplo. Nas lições que se seguem, com a ajuda dos apêndices, examinaremos muitos detalhes que nos ajudarão a entender melhor o plano de Deus. Mas antes de começar, desejaríamos proporcionar uma vista panorâmica ampla do que está diante de nós.

3. O tempo e os planos de Deus

Todo o universo físico, tal como conhecemos, pode ser localizado dentro de quatro elementos: altura, largura, profundidade e tempo. Esta mesma simplicidade pode ser aplicada aos planos de Deus para as idades ou períodos.

Há dois tipos de seres com quem Deus trata: espirituais e humanos. Há dois tipos de seres espirituais: bons e maus. Há também dois tipos de seres humanos: salvos e perdidos. Além do mais, há três povos com os quais Deus se relaciona: judeus, gentios e igreja. Todos estes se constituem nos personagens da profecia.

Há três divisões que podemos fazer do espaço: o céu, a terra e debaixo da terra (a morada dos demônios). Nesses lugares a profecia torna-se história. (Os teólogos discutem se o céu e "debaixo da terra" são termos literais ou simbólicos. Seja como for, podemos afirmar que são localizações concretas e verdadeiras.)

O tempo pode ser observado de três maneiras: antes da humanidade, a história humana e o futuro além da existência do homem na terra. Podemos deduzir então que existem três elementos no tempo: passado, presente e futuro. Há três tipos de profecia: cumprida, messiânica e por se cumprir. Estes são os tempos da profecia.

O interessante do que estamos indicando é que cada evento, acontecido ou por acontecer, cada pessoa e lugar, o passado, o presente ou o futuro, visível ou invisível, pode ser localizado dentro do quadro de personagens, lugares e tempos já mencionados.

Este "quadro" pode nos servir para nos localizar dentro do mundo profético.

Durante a longa trajetória do tempo, há um breve espaço que é conhecido como a história da humanidade. A Bíblia nos leva desde o seu princípio até o seu próprio final.

A porção ou período de tempo antes de Gêneses 1:1 está melhor expressada na breve declaração de João, o apóstolo: "No princípio era o Verbo, e o Verbo estava com Deus, e o Verbo era Deus"(Jo.1:1).

Existem várias teorias a respeito desta porção do tempo. É verdade que a Bíblia nos fala de alguns eventos que aconteceram antes da criação do homem. Mas na verdade, conhecemos muito pouco acerca do tempo transcorrido e o desenvolvimento dos acontecimentos antes da história bíblica.

Da mesma maneira, quando se fala do futuro existem abundâncias de profecias na Bíblia, mas poucas falam do porvir da existência temporal da raça humana na terra. Somente nos dizem o suficiente para nos dar conta de que, para os salvos, a vida eterna será maravilhosa e, para os condenados, esta mesma eternidade será indescritivelmente desastrosa.

A Bíblia trata principalmente da "atualidade" (o período do tempo ocupado pelo homem). Alguém poderá se perguntar: "Como se pode falar de atualidade com lapsos de tempo tão grandes como os registrados na história universal?". A resposta é que a porção do tempo ocupado pelos descendentes de Adão é muito pequena.

Deus, em sua sabedoria infinita e com sua autoridade soberana, tem simplificado tudo para nós. Da antiguidade, Ele nos providenciou mostras suficientes para comprovar que Ele é Deus. Do futuro, Ele nos proporciona um ligeiro adiantamento, demonstrando que vale a pena servi-lo.

Inicialmente, houve um plano para a humanidade. A rebelião do homem no Paraíso e, posteriormente, em Babel, terminou com aquela rebelião e, em seu lugar, Deus dispôs três desígnios.

No primeiro, Deus escolheu o povo de Israel e começou a relacionar-se com eles realizando suas finalidades imutáveis. Mas o povo de Israel desobedeceu a Deus, e mesmo que o plano continue em vigor, sofreu uma interrupção.

Deus traçou outro plano para os gentios — o segundo — e o apresentou à humanidade através de um sonho simples dado ao rei Nabucodonosor da Babilônia. Daniel, o profeta, nos revelou o seu significado. O plano de Deus para as nações gentias descoberto pelo o sonho continua em pé até hoje, mas logo chegará ao seu fim.

O terceiro plano nasceu no coração de Deus. Ele nunca quis que alguém fosse condenado, mas a rebelião do homem tornou esta condenação inevitável. Seria esse terceiro plano o que daria à humanidade sua última oportunidade. Jesus, o Filho de Deus, deu início a este plano ao ser cravado numa cruz, condenado à morte, derramando seu sangue precioso. Ele foi pendurado ali e sofreu a morte mais horrível, para que tanto o judeu como o gentio pudessem ser salvos e participar do Novo Plano.

Ao falar com tanta freqüência de "planos", possivelmente alguém poderá pensar que estamos vendendo seguros. Em certo sentido, é isto que procuramos fazer. Existem muitas companhias de seguro que têm muitos "planos", mas agora estamos apresentando um que faz com que qualquer outro se torne de pouca importância se levarmos em conta a eternidade. O plano dos concorrentes tem a morte esperando-os no final. Eles lhe cobrarão uma mensalidade até o dia do seu falecimento. Somente lhe garantirão a cobertura parcial de suas necessidades e o contrato torna-se inválido no momento em que você não paga a mensalidade para que o seguro continue em vigor.

Jesus tem um plano diferente. Não há antecipação, mas não custa nada (e ao mesmo tempo custa tudo), os benefícios serão iguais tanto para o que paga muito quanto para o que paga pouco. O prêmio é: Vida Eterna! Não haverá enfermidades! Não haverá dor! Não haverá morte! Este plano se chama SALVAÇÃO e a instituição que envia os agentes que o promovem chama-se IGREJA.

Este plano tem como garantia a ressurreição de Cristo dentre os mortos. A morte não pôde retê-lo. O triunfo de Jesus é a garantia a todos os que aceitam este plano: eles nunca sentir-se-ão enganados em coisa alguma.

Toda a história tem como propósito levar o homem até o plano de SALVAÇÃO. Os membros deste plano são conhecidos como IGREJA.

A palavra profética nos diz o que acontecerá com os membros destes três planos, e somente o terceiro garante benefícios eternos.

Neste momento, enquanto escrevo estas palavras, existem pelo menos 1.007 anos a mais antes do fim da existência temporal. Já transcorreram aproximadamente 6.000 anos nos separando do tempo de Adão. Podem vir ainda alguns anos mais antes que o relógio profético comece a contar os sete anos de tribulação e os 1.000 anos do reinado de Cristo aqui na terra. Mas nosso estudo da profecia nos convenceu de que não falta muito até o princípio do fim. Quando o relógio começar a contar estes últimos 1.007 anos, aqueles que temos recebido a Jesus Cristo já estaremos com Ele no céu.

Porém, o estudo da profecia não tem como propósito fixar datas, e sim ajudá-lo a se preparar para a eternidade e para o momento que todos anelamos: o arrebatamento.

4. Resenha histórica

Daniel nos conta acerca do plano de Deus para os judeus e os gentios. Ele não pôde ver a igreja, mas soube que Deus tinha algo especial para a sua vida (a ressurreição), conforme as promessas que lhe foram dadas (Dn 12:1-4,13).

Apreciando os planos já mencionados, e tomando como base as revelações de Daniel e Apocalipse, traçaremos, a seguir, o quadro de intervalo que atualmente ocupamos.

O povo escolhido saiu do desígnio de Deus através da rebelião. Deus, então, estabeleceu uma série de impérios gentios para reinar sobre a terra e, desde o ano de 605 a.C., estes impérios têm funcionado no lugar do povo amado. Os profetas viram que esses impérios surgiriam mesmo antes de sua aparição. Daniel recebeu a revelação mais completa do estabelecimento dos mesmos. Jesus falou do período do domínio desses impérios como o *tempo dos gentios*.

O primeiro império foi Babilônia. Nabucodonosor, rei gentio, conquistou o povo de Deus. O segundo foi dos Medo-Persas, seguido pela Grécia e depois Roma. O esquema que Deus mostrou a Daniel indicou que Roma só deixará de existir no final do plano, e que dez nações, nos últimos dias, se unirão para restabelecer o Império Romano (a Nova Roma). Além do mais, a revelação de Daniel advertiu que haverá um ditador perverso que reinará sobre a Nova Roma e a terra, blasfemando contra Deus abertamente. Nós o chamamos de o "anticristo". Através de Daniel, aprendemos que esse indivíduo perverso terá um reinado de sete anos.

João, o apóstolo, conseguiu ver muitos detalhes desse período de terror que ocorrerá na terra durante esses sete anos. No Apocalipse ele partilha suas visões conosco. Será um tempo como nunca antes houve no mundo ou que o mundo tenha imaginado ou conhecido — horroroso — muito além do pior pesadelo humano. O próprio João, escrevendo sobre a unção de Deus, não pôde expressar todo o terror que será esta época vindoura.

Existe uma esperança para se libertar desse período tão pavoroso. Serão muitos os que terão de sofrer durante os sete anos de tribulação, mas haverá um grupo ao qual Deus concederá o privilégio de uma saída. Este grupo se constituirá daqueles que se lavaram no sangue do Cordeiro. São os que participam do plano de SALVAÇÃO. É a própria Igreja! Em um momento, num abrir e fechar de olhos, poderão escapar antes do início da tribulação. A este evento nós damos o nome de arrebatamento.

Ao terminar a tribulação, Cristo virá com grande poder e glória, acompanhado das hostes celestiais. A Igreja, a noiva de Cristo, estará com Ele naquele momento glorioso. Virá para estabelecer um reinado de mil anos sobre a terra. Para terminar a tribulação e iniciar o reinado dos justos, os impérios gentílicos chegarão ao seu fim com a destruição da grande Babilônia, A MÃE DAS MERETRIZES.

Os judeus haviam esperado aquele Reino Messiânico, mas quando chegou o seu Messias, estavam espiritualmente cegos e vendo não viram.

Com a chegada de Cristo na sua segunda vinda à terra, Deus cumprirá suas promessas para Israel, seu povo tão especial. Desta vez sim, eles receberão o Messias que uma vez rejeitaram.

A Igreja então terá o privilégio de reinar com Jesus durante mil anos! No fim destes, Satanás será solto para tentar as nações. Não obstante, será o fim deste espírito maligno. Naquele tempo, Satanás e todos os que causam abominação serão lançados no lago de fogo. Esta é a segunda morte.

Então virá um novo céu e uma nova terra. O universo atual, a terra e o céu que hoje existem serão queimados e destruídos. Haverá um novo céu e uma nova terra. A Igreja com seu Senhor e Salvador, o Cordeiro de Deus, estarão juntos por toda a eternidade.

Resumindo as contas, Deus e seu povo — com Cristo na frente — serão vitoriosos. Que bom, temos nesse plano um final feliz! Todos nós gostamos de um livro que contém uma história com final feliz! E esse livro é a própria Bíblia!

5. O propósito do Manual de Estudos Proféticos

Os parágrafos anteriores nos mostram os amplos desígnios de Deus. O entendimento deles é gradual e só é alcançado mediante o estudo, a oração e a busca desses propósitos divinos. Esperamos que este manual facilite a travessia até se alcançar a meta.

Este livro se distingue de outros que tratam o tema profético porque ele fornece uma série de "ferramentas" de estudo. Estas ferramentas permitem uma melhor apreciação e um melhor entendimento da palavra profética.

Se o leitor deseja ser abençoado, somente com a leitura da palavra profética alcançará a sua meta (Ap 1:3). E se deseja aprofundar o seu estudo, certamente as páginas a seguir o ajudarão, não respondendo todas as suas interrogações, mas, sim, desafiando-o a questionar e descobrir os desígnios maravilhosos de Deus, dentro do seu plano.

Finalmente, o *Manual de Estudos Proféticos* não serve de nada sem a leitura da Bíblia e a oração no Espírito. Isso trará melhor bênção para aquele que buscar as respostas "de cima".

6. Sugestões para o estudo (como utilizar este livro)

Antes de entrar na matéria, é necessário observar as seguintes sugestões:

- Seguir todas as referências dadas na coluna à direita das lições.
- Ler devidamente na Bíblia o capítulo (ou capítulos) que vai ser estudado antes de começar a lição.
- Em cada lição são indicados quais capítulos da Bíblia estarão sendo estudados.

O Manual de Estudos Proféticos se distingue diante dos outros livros que tratam do assunto por ser uma "ajuda" para o estudo, e por depender da Bíblia para se tirar proveito do "fio" de pensamento. Os leitores observarão que, com certa freqüência, o texto do manual aparentemente salta de uma idéia para outra. Porém, utilizando seus textos bíblicos, a unidade de entendimento será providenciada pela própria Palavra de Deus.

O estudante deve consultar os apêndices cada vez que a lição sugerir. Use freqüentemente a tábua de símbolos, nomes e paralelismos (Apêndice 6). Leia a introdução da tábua antes de usá-la. Será de grande valor para aquele que a utilizar com freqüência.

Recomenda-se, além do mais, para uma maior compreensão de uma porção específica, referir-se ao "Estudo cronológico de Apocalipse" (Apêndice 7), devido ao fato de existirem comentários adicionais em suas páginas.

Para se aprofundar no conhecimento, o leitor pode usar ainda a bibliografia e o índice ampliado.

Esta obra não pretende apresentar todas as respostas. Somente o Espírito Santo está qualificado como Mestre para este propósito. O estudante deve clamar a Ele sempre, através da oração e de uma relação vivificante. A Bíblia nos diz que o Espírito Santo é nosso Mestre, portanto Ele não poderá nos ensinar se não passarmos nosso tempo em sua presença.

Abreviaturas empregadas neste livro:

- a.C.— antes de Cristo
- d.C.— depois de Cristo
- ex. — exemplo
- etc.— et cetera
- cont.— continua
- p. — página
- ib. — Ibidem
- A.T. — Antigo Testamento
- N.T. — Novo Testamento
- km. — Quilômetro
- pp. — páginas
- sd. — sem data

Outras considerações:
- As **abreviaturas dos livros da Bíblia** são as mesmas utilizadas nas Bíblias das Sociedades Bíblicas Unidas e nas Bíblias Vida. Na coluna de referências bíblicas, as abreviaturas não terminam seguidas com o sinal de ponto para aproveitar melhor o espaço.
- **Usa-se a letra em itálico para** toda a porção que provém textualmente da Bíblia, porções estas retiradas da Edição Contemporânea de Almeida, publicada pela Editora Vida. Também a letra em itálico ressalta os títulos de livros nomeados na bibliografia e em outras partes desta obra.
- **O uso de uma letra minúscula dentro dos sinais:** [ ], como, por exemplo [a], é uma anotação bibliográfica e pode ser encontrada na bibliografia após a lição ou apêndice correspondente.

DANIEL E APOCALIPSE
EXPOSIÇÃO DA
PROFECIA BÍBLICA

Lição 1

Introdução ao estudo de Daniel

1. Introdução a Daniel

Daniel é um livro que fala do futuro e nos proporciona exemplos elevados de santidade, fé, perseverança e muitas outras características cristãs; portanto merece nossa atenção.

O significado da palavra "Daniel" é "Deus julgará".

2. Características do livro de Daniel

Daniel é fundamental para o entendimento do livro de Apocalipse.

Daniel é um livro que ensina virtude, grande coragem e fé. — Dn 6:22

Daniel ensina o caminho para uma vida santa e consagrada através de seu próprio exemplo. Além do mais, ele mostra o poder da providência divina. — Dn 9:20,21

Daniel é um livro que fala de um Deus sobrenatural. — Dn 3:27b

Daniel, o livro, foi escrito pelo profeta Daniel, que procedia de uma família da nobreza e foi deportado para Babilônia quando estava mais ou menos com dezoito anos de idade. — [a] Dn 1:3,6

Daniel tem como prova de sua autenticidade o profeta Ezequiel e o Senhor Jesus Cristo. — Ez 14:14,20; Ez 28:3; Mt 24:15

Daniel foi escrito no século VI a.C.

Daniel descreve as provas que os israelitas enfrentaram durante o tempo do cativeiro. — [b] Dn 1:2

Daniel narra a história dos acontecimentos desde o princípio do exílio de Israel até o seu final.

Daniel, o profeta, por ordem do rei Nabucodonosor, rei da Babilônia, foi levado da Judéia para a Babilônia com outros reféns, no ano de 605 a.C. — [c]

Um breve esboço de Daniel:
- ❏ **Profecias** cumpridas no **cativeiro** — Dn 1:1-21
- ❏ **Profecias** sobre as **nações gentílicas** — Dn 2:1 - 7:28
- ❏ **Profecias** sobre **Israel e o fim** — Dn 8:1 - 12:13

3. Considerações

Com relação à data da primeira deportação da Judéia para a Babilônia, 605 a.C., temos usado o sistema apresentado por Evis L. Carballosa em seu livro, *Daniel e o Reino Messiânico*.

Muitas têm sido as tentativas para levar ao descrédito o livro de Daniel. Alguns têm-se atrevido a dizer que "é um livro demasiado profético". Uma declaração semelhante mostra uma falta grave de entendimento espiritual. E não somente isso. Mostra também menosprezo aos ensinamentos do Senhor Jesus Cristo (Mt 24:15).

O estudo de Daniel e, posteriormente, do Apocalipse nos levará a um novo nível do conhecimento de Deus. Alguém disse que os estudos proféticos "não são muito práticos". Para o homem natural nenhum estudo das verdades da Bíblia pode se tornar prático, porque ele não tem capacidade de entendê-las (1 Co 2:14). A pessoa que se beneficia colhendo as bênçãos espirituais que o estudo da Palavra de Deus lhe proporciona é bem-aventurada. Não simplesmente porque "sabe algo", mas, sim, porque "obtém algo". O estudo da palavra profética proporciona ao leitor conhecimento profundo sobre as coisas de Deus.

Na análise de Daniel e Apocalipse existem diferentes escolas de interpretação das profecias. Em nosso estudo sugerimos a interpretação conhecida como "futurista" (para maior informação veja-se "interpretação", Apêndice 10).

Lição 2

A deportação

1. Daniel é levado cativo para Babilônia

Jeremias profetizou indicando que Judá seria levado ao cativeiro por causa do seu pecado. Joiaquim, o último rei antes do cativeiro babilônico, mandou queimar o rolo do livro de Jeremias, menosprezando, desta forma, a palavra falada por Deus. **Porém, o fogo não pôde extinguir a Palavra de Deus.** O cativeiro que havia sido profetizado por Jeremias, Isaías, Miquéias e outros, veio sobre os filhos de Israel. Em cumprimento das maldições pronunciadas na lei, os filhos de Israel foram levados para a terra da Babilônia. A rejeição à Palavra de Deus não deteve o castigo do Senhor.

Deus, através desse cativeiro, entregou um povo rebelde ao castigo. Israel ficaria em Babilônia durante setenta longos anos.

Os setenta anos da deportação foram conseqüência da rebelião do povo de Deus. Nos capítulos 25 e 26 do livro de Levítico, Deus estabeleceu a lei do ano sabático. Parte desta lei descreve como Deus cobraria o descanso para a terra no caso de os filhos de Israel não a obedecerem. Durante 490 anos, possivelmente começando com a monarquia de Israel, o povo desobedeceu a esta lei, trazendo para si mesmo o castigo, e sendo obrigado a deixar a terra em repouso durante setenta anos (um ano para cada sete anos que deixaram de observar o descanso).

O plano de Deus, em relação ao reinado de Israel sobre a terra, foi suspenso devido à sua rebelião, e a terra foi dada aos gentios. Mas, apesar da traição de Israel, a promessa de Deus ao seu povo se cumprirá durante o milênio, começando com a segunda vinda de Cristo.

Daniel foi transportado com o primeiro de vários gru-

Dn 1:1,2
Jr 25:1-11

Jr 36
Is 39:3-7
Mq 1:16
Hb 1:6
[a]
Dt 28:25,15-68

2 Rs 24:1-4
[b]
Jr 25:11;29:10
Lv 25 - 26

Lv 26:2,35,43
2 Cr 36:21
Jr 34:13-22

Lv 26:32-35
[c]
Gn 48:4
2 Cr 36:13,14,21

DANIEL 1

pos de reféns e os acontecimentos de seu livro iniciam-se com o seu cativeiro.

2. Daniel e seus companheiros em Babilônia

Dn 1:3-7

Nabucodonosor mudou o nome de Daniel e de seus companheiros, quando chegaram como prisioneiros em Babilônia, com a intenção de que perdessem sua identidade como judeus.

[d]

Significado hebraico		Significado babilônico	
Daniel	Deus julgará	Beltessazar	Belt, protetor do rei
Hananias	Jeová mostrou sua graça	Sadraque	Iluminado do deus do sol
Misael	Quem é como Deus?	Mesaque	Quem é como Vênus?
Azarias	O Senhor é meu ajudador	Abede-Nego	Servo de Nebo

A intenção de Nabucodonosor em mudar a identidade de Daniel e dos jovens judeus pela identidade do povo babilônico foi um fracasso. Eles não se esqueceram do seu Deus e permaneceram fiéis ao Senhor.

Daniel propôs em seu coração não se contaminar. Ele e seus amigos não se deixaram controlar pelas circunstâncias, mesmo sabendo que recusar obediência a um decreto publicado pelo rei poderia resultar na morte deles. É notória a fidelidade de Daniel e seus companheiros.

Dn 1:8

Apesar das circunstâncias, Deus deu graça a Daniel para com o chefe dos eunucos. A experiência mostra que não há situação à qual Deus não possa providenciar uma saída.

Dn 1:11-16

3. Daniel e seus companheiros são considerados superiores

Dn 1:17-21

A fidelidade desses jovens permitiu que fossem considerados dez vezes melhores que todos os magos e astrólogos da Babilônia.

Dn 1:20

4. Considerações

A monarquia de Israel começou em 1050 a.C., quando Samuel ungiu Saul rei. O povo de Deus vivia dividido em dois reinos depois da morte de Salomão, em 931 a.c. O reino da parte norte da Palestina chamava-se Israel, cuja capital era Samaria, e o reino do sul, Judá, com sua capital em Jerusalém. O cativeiro de Israel ocorreu em 722 a.C., quando Samaria foi destruída e o povo levado prisioneiro pela Assíria (2 Rs. 17). Judá (o povo de Daniel) manteve-se livre por mais de cem anos adicionais como resultado das reformas de Ezequias e Josias. Em 586 a.C., Jerusalém, sob o reinado de Zedequias, rebelou-se contra Babilônia e foi destruída por Nabucodonosor devido a esta rebelião.

Lição 3

Israel na fornalha dos gentios

1. As divisões do livro de Daniel
O livro de Daniel tem três seções:
☐ Introdução
☐ O plano de Deus para as nações gentílicas
☐ O plano de Deus para Israel
A seção que agora estudaremos é a segunda mencionada na lista anterior, e assinala a época denominada pelo Senhor Jesus como *o tempo dos gentios*.

[a]
Dn 1:1-21
Dn 2:1 - 7:28
Dn 8:1 - 12:13

Lc 21:24

2. O sonho de Nabucodonosor
Nesse sonho, Deus revela seu plano para com as nações gentílicas. Esse capítulo é conhecido como o ABC da profecia, e contém o mais simples e completo quadro de toda a Bíblia.
Israel havia sido infiel a Deus; por isso Deus entregou a Nabucodonosor o poder para governar as nações e deu-lhe um sonho que fez com que ele ficasse perturbado em seu espírito e não pudesse dormir mais. Ele procurou a solução para os seus problemas chamando os:
  ☐ **Magos** — possuidores de conhecimentos ocultos
  ☐ **Astrólogos** — aqueles que buscam sinais nas estrelas
  ☐ **Encantadores** — invocadores de espíritos malignos
  ☐ **Caldeus** — classe de homens "sábios" em Babilônia

[b]

Jr 27:5-9
[c]
Dn 2:1

[d]

Dt 18:10-12

No capítulo 2, versículo 4, Daniel começa a escrever em idioma aramaico. Deus fez com que a profecia maior da Bíblia, relativa às nações gentílicas, fosse escrita em língua gentílica. O aramaico era a língua internacional no tempo de Nabucodonosor. A partir de Daniel 7:28, a Escritura continua novamente no idioma hebraico.

O sonho de Nabucodonosor não foi "um sonho a mais", porém ele disse: "eu esqueci o assunto". A palavra original significa "seguro", "certo" ou "firme". Então, o rei disse: "O assunto é seguro". É possível que ele tivesse dito que o havia "esquecido" para provar os sábios. Nabucodonosor possivelmente pensou que se eles pudessem prever alguma coisa, então mais facilmente poderiam saber o passado.

A resposta dos caldeus:

Dn 2:10,11

- *Não há ninguém... que possa declarar a palavra ao rei*
- *Nenhum rei há... que requeira coisa semelhante*
- *A coisa... é difícil*
- *Ninguém há que a possa declarar... senão os deuses*

Eles tinham razão, o assunto não era de homens, nem do diabo e seus demônios, porque **era assunto do Espírito de Deus**.

1 Co 2:14

2.1 Uma revelação de Deus

Dn 2:14-24

A falta de uma resposta dos "sábios" provocou a ira de Nabucodonosor, que ordenou que todos os caldeus (sábios) fossem mortos. Daniel e seus companheiros também seriam vítimas dessa matança. Tudo isso permitiu que Daniel e seus amigos tivessem oportunidade para demonstrar a grandeza de Deus, do Deus de Israel, diante do rei. Por sua humildade e busca, Daniel recebeu a revelação de Deus com respeito ao sonho. E isto resultou no cântico de Daniel. Certamente houve muita alegria entre Daniel e seus companheiros por ele ter recebido a revelação do sonho.

Dn 2:20-23

2.2 O conteúdo do sonho

Dn 2:25-35

Arioque, o encarregado de promover a matança, colocou a sua própria cabeça em perigo ao dizer: "Achei um dentre os filhos dos cativos de Judá". Pensando de forma natural, melhor teria sido matar os sábios sem dizer nada ao rei. Certamente Nabucodonosor teria ordenado que a cabeça de Arioque fosse cortada se Daniel não tivesse sabido qual era o sonho e a sua interpretação.

Dn 2:25
[f]

Daniel explicou que o sonho seria para *o fim dos dias* ou para os *dias vindouros*. Estas frases incluem eventos

Jr 49:39
Dn 2:28;10:14

que, para os dias de hoje, são parte da história. Ou seja, em nosso tempo, já vivemos estes dias posteriores. [g]

Por que Deus escolheu um rei pagão para revelar tão grandes mistérios? A resposta para esta pergunta tem a ver com a rebelião de Israel contra Deus, conforme vimos na lição 2. Nabucodonosor, mesmo tendo sido o receptor do sonho, não entendeu o seu significado. Além do mais, não haveria entendido a importância de sua interpretação; nem sequer o sonho teria causado impacto nele. Era a revelação do sonho esquecido que lhe causou admiração. Concluindo, esse rei pagão não entendeu nada da revelação divina. Jr 27:4-8

Daniel descreveu a estátua do sonho e *a pedra cortada sem auxílio de mãos*, na presença do rei. Isto serviria como introdução para a interpretação do sonho (veja-se Lâmina 1). Dn 2:32-34

2.3 A interpretação do sonho

O sonho de Nabucodonosor apresenta o curso do tempo dos gentios, mas, antes de dar a interpretação, Daniel faz Nabucodonosor saber que *há um Deus nos céus, o qual revela mistérios; ele fez saber...* Dn 2:36-45 [h] Lc 21:24

Daniel, através da interpretação, identifica Nabucodonosor pessoalmente com a cabeça de ouro, e diz que ele é *rei de reis*. Esta frase era usada para se falar dos imperadores da Babilônia, Média e Pérsia. A idéia era que havia "reis" debaixo da autoridade de outro "rei" maior. Dn 2:28

Dn 2:38b

[i]

Deus deu a Salomão grandes promessas. Estas promessas vieram de Deus desde os tempos antigos através dos patriarcas. A grandeza de seu reinado, mesmo tendo sido curta, mostrou o que poderia ter sido, mas Salomão foi atrás das loucuras e prazeres carnais. Por isto Israel perdeu por um tempo — que ainda não se cumpriu — seu reinado universal. Os impérios gentios, começando por Babilônia e seguindo por outros impérios descritos por Daniel nesta porção que estamos estudando, tem substituído temporalmente o reinado que deveria ter sido exercido pelos judeus. Dn 2:37

Gn 48:4

[j]

2 Cr 9:22,23

O segundo reino do sonho é o Medo-Persa, e corresponde aos peitos e braços de prata. Este reino sucedeu ao Império Babilônico no ano 539 a.C..

[k]
Dn 5:28, 6:8

O ventre e os músculos de bronze representam o Império Grego, que foi estabelecido por Alexandre "o Grande" no ano de 331 a.C., depois de sua vitória sobre Dario III.

[l]
Dn 8:7,8
Dn 8:20,21

O último Império, o Romano (27 a.C.), foi dividido primeiro em duas partes (as duas pernas da estátua, 330 d.C., época de Constantino) e depois em dez partes (os dedos dos pés, futuro).

Dn 2:40

As pernas da estátua, o último Império, foram cumpridas na divisão do Império Romano em duas partes: o Império Romano do Ocidente (Roma) e o Império Romano do Oriente (Constantinopla, Império Bizantino).

Dn 2:41

Mais de dois mil e quinhentos anos têm-se passado e agora os dedos dos pés da estátua estão prestes a ter o seu cumprimento. A União Européia (antes o Mercado Comum Europeu) integrada por um grupo de nações, unidas por motivos econômicos e comerciais, pode representar os dedos da estátua vista por Nabucodonosor em Daniel 2:41. Mesmo que o número de membros possa variar até a manifestação do anticristo, serão dez os da aliança quando a besta se apresentar.

Atualmente, na União Européia existem mais de dez nações, mas a união final — esta ou outra — será a Nova Roma e estará localizada no território que geograficamente pertencia ao antigo Império Romano. As Nações da União Européia já têm formado o seu parlamento e têm como sede Bruxelas, capital da Bélgica.

As dez nações formarão uma aliança de ferro e de barro. A mistura do ferro e do barro representa a mistura de várias formas de governo, unidas através de alianças.

[m]
Dn 2:43

A estátua é destruída por uma *pedra cortada sem auxílio de mãos* (o Rei Jesus, em sua segunda vinda) e a pedra se expande em forma de um monte que encherá toda a terra.

[n]
Dn 2:35,45
Is 2:2; Mq 4:1

O sonho representa a grandeza do poder mundial dos gentios visto pelos olhos de um rei pagão, Nabucodonosor. Essa grandeza é passageira e será destruída pelo REI Jesus em sua vinda.

[o]

Dn 2:45

Abaixo da cabeça de ouro, os metais perdem o valor, mas ganham força. Roma era a mais forte em potência militar e a mais fraca em sistema governamental. Cientificamente tem-se comprovado que o barro cozido é de alta resistência, mas parte-se com facilidade por não ceder à pressão (baixa elasticidade), agüentando até o momento final antes de quebrar-se. O ferro, por outro lado, aparenta ser mais resistente, mas, sob pressão, fica deformado: não acontece assim com as cerâmicas modernas. Utilizando-se a cerâmica tem-se fabricado motores experimentais de automóveis e diversos aparelhos que agüentam a força e as altas temperaturas que destruiriam o próprio ferro.

Tudo isto comprova a inspiração divina do sonho e sua interpretação, já que Deus conhecia a natureza da cerâmica antes do homem.

A pedra cortada sem auxílio de mãos destruiu o sistema mundial dos gentios (em sua forma final). É então quando a pedra se tornará um grande monte, *que encherá toda a terra*. A destruição do sistema mundial dos gentios não ocorreu na primeira vinda de Cristo. A ação descrita pela pedra, Cristo, em sua destruição da estátua (símbolo do sistema mundial dos gentios), terá seu fiel cumprimento na segunda vinda.

Dn 2:34,35
Dn 2:44,45
[q]

Dn 7:26,27
[r]

3. Daniel é honrado

Nabucodonosor, humilhado, reconheceu superficialmente o Deus de Daniel, declarando que Ele era o maior entre todos os deuses. No capítulo 4, o rei alcançará maior compreensão do único Deus.

Dn 2:46,47

Dn 2:48

Dn 4:34

4. A fornalha da prova

Dn 3

A fornalha do poder gentílico verdadeiramente tem queimado os filhos de Israel durante mais de dois milênios. O capítulo 2 do livro de Daniel, que acabamos de estudar, apresentou esta fornalha através da figura da estátua que o rei Nabucodonosor viu em seu sonho. Agora vemos esta mesma fornalha tipificada através da experiência de três jovens santos de Deus pela narração do capítulo 3 de Daniel que:

☐ Demonstra o cuidado de Deus para com seus filhos
☐ Nos ensina lições proféticas profundas

Possivelmente, inspirado por seu sonho, Nabucodonosor mandou construir uma estátua de sessenta côvados de altura e seis de largura. Essa estátua era de ouro. Esses números poderiam, provavelmente, estar relacionados com o número seiscentos e sessenta e seis de Apocalipse 13:18. Também podemos fazer observações curiosas na fórmula dada a seguir: 360=6x60. Isto talvez mostre que a estátua fala de uma etapa de tempo pelo relacionamento que existe com o número de dias no ano profético. É possível, então, que a estátua apresente o período de domínio gentílico. O número trezentos e sessenta está também relacionado com o número de graus num círculo. A estátua poderia representar um conceito de totalidade — assim como o número sete — mas aplicando o conceito a um período determinado de tempo (domínio gentílico). Ressaltamos que estas conclusões não podem ser aplicadas de forma dogmática e são apresentadas para o interesse do leitor.

Ao estabelecer culto à estátua, Nabucodonosor estava misturando o poder político com a religião. E isto é feito em países comunistas, onde a religião é o Estado (exemplo, a China, o país mais povoado do mundo). No caso da Babilônia, Nabucodonosor era o Estado; portanto, prostrar-se perante a estátua era prostrar-se perante Nabucodonosor. O ato de adorar aquela imagem tipificou então o que haverá de acontecer na metade da grande tribulação, com relação ao anticristo (veja-se lição 11, seção 5).

[s]
Dn 3:14

Os amigos de Daniel recusaram-se ajoelhar perante a estátua. Isto trouxe sobre eles a ira de seus inimigos, que os *acusaram maliciosamente;* esta frase significa literalmente "comer a carne de alguém". Havia inveja e preconceito para com esses santos varões de Deus somente pelo fato de eles serem judeus.

[t]
Dn 3:8

Ao desobedecerem à ordem de adorar a estátua, os servos de Deus atraíram para si a ira de Nabucodonosor, que disse: *"E quem é o deus que vos poderá livrar das minhas mãos?"*. O rei demonstrou falta de entendimento. Como homem natural, ele não entendeu bem o que havia afirmado naquele momento.

Dn 3:15
1 Co 2:14

Os jovens judeus fizeram a confissão de sua fé diante de Nabucodonosor. Reconheceram o poder do Deus de seus pais, pois se mostraram prontos para o martírio, se

[u]
Dn 3:17

isso fosse necessário. Eles não se importaram com o preço que teriam de pagar, pois continuariam a ser fiéis ao seu Deus, custasse o que custasse. *Preciosa é à vista do Senhor a morte dos seus santos.* <!-- Jó 13:15; Ap 12:11; Sl 116:15 -->

O soberbo Nabucodonosor teve um susto. Um quarto varão apareceu na fornalha com os três jovens. Aquele era o anjo do Senhor: uma aparição de Cristo pré-encarnado (Cristofania). Seria, então, Jesus que tirou os jovens da fornalha sem que eles queimassem um só fio de cabelo. Nabucodonosor lhes chamou: *"servos do Deus Altíssimo".* <!-- Dn 3:25; Is 43:2; [v]; Dn 3:26; [w] -->

Ver neste capítulo apenas o cuidado providencial de Deus seria perder muito de seu significado. Temos também a lição profética que agora vamos destacar.

Os três homens judeus representam a nação de Israel. Da mesma forma, esse povo continua seguindo avante mesmo que se encontre na fornalha do poder gentílico. Deste ponto de vista humano, Israel deveria ter sido consumido. Não há outra nação que tenha permanecido indestrutível em meio a tanta perseguição. <!-- [x] -->

O homem tem desafiado a autoridade de Deus desde o princípio. As ações de Nabucodonosor, ao edificar sua estátua, constitui uma mostra a mais da rebelião da humanidade contra Deus. <!-- Gn 3:12; Gn 11:4 -->

5. Considerações

Daniel 3 e Apocalipse 13 são complementares em suas mensagens quanto ao tratamento de Deus com Israel. Daniel 3 assinala o princípio dos tempos dos gentios e Apocalipse 13, o fim do mesmo.

Devemos ver o passado para entender melhor o conceito de Babilônia. Como uma idéia humana de governo, Babilônia começou em Gênesis 10 e 11. Estes capítulos de Gênesis dão a primeira idéia de que Babilônia é um sistema que quer colocar o homem acima de Deus. Babilônia representa uma religião e ideologia. É o que provém de Satanás. O diabo tem tentado estabelecer seu reino aqui na terra em oposição ao reino dos céus. A torre de Babel representa a religião da Babilônia, que é o sistema que deseja unir os homens para destruírem Deus, e não deixará de existir até que Jesus estabeleça o seu reinado. Esse sistema chegará à sua máxima expressão nos dias do anticristo. Este capítulo apresenta a exaltação do governo satânico, a perseguição dos santos até a morte e a maneira como Deus terá um especial cuidado com Israel, apesar de tudo. Veja-se Apocalipse 12:14. [y]

Nabucodonosor é um símbolo do anticristo. E Babilônia o do sistema político-religioso que será estabelecido nos últimos dias. Os jovens judeus na fornalha tipificam o que Israel experimentará na tribulação. O resgate dos jovens representa a libertação de Israel na tribulação.

Israel tem sofrido na fornalha do poder gentílico há séculos. Notamos que este capítulo deixa bem claro o cuidado de Deus para com o seu povo, mesmo estando ele na fornalha de fogo.

Além do mais, Babilônia na Bíblia indica a rebelião dos homens contra Deus. Em nossos dias, essa rebelião continua, mesmo que disfarçada de muitas maneiras. *Toda altivez que se levante contra o conhecimento de Deus* (2 Co 10:5) é parte desta rebelião. Podemos mencionar o chamado movimento da Nova Era como o exemplo mais notório dessa rebelião no mundo atual.

Babilônia como cabeça de ouro do capítulo 2 torna-se um tipo ou modelo da cabeça do sistema gentílico. Esse sistema tem como objetivo eliminar a Deus e exaltar a Satanás.

Outra consideração que podemos acrescentar concernente ao barro cozido é a sua identificação com a matéria-prima que a tecnologia moderna está providenciando ao mundo de hoje para fabricação de "microcircuitos". Esta matéria é mesmo barro cozido e se chama silício. Os elementos ou circuitos eletrônicos miniaturizados, feitos desta matéria, tem poder de veiculação de informação que poderá ser determinante no domínio do mundo pelo anticristo.

Em nível dos que manipulam esse poder econômico, considera-se que a "informação" é mais preciosa que o ouro. Também as instituições policiais e de espionagem podem vigiar o fluxo de informação para seus fins correspondentes. Por exemplo, com as modernas centrais digitais, que se encontram em uso em quase todo o mundo, pode-se gravar toda a conversação para ser utilizada em algum momento-chave. Se estão procurando as pessoas que vendem drogas, os usuários desse sistema poderão programar o que esteja relacionado com esta palavra, ficando assinalado este tema para ser revisto posteriormente.

O ferro é a fortaleza bélica (Dn 11:38) e o barro cozido poderia ser a fortaleza informatizada do controle total sobre os homens. Este controle computadorizado em mãos de um ditador mundial poderá constituir-se numa das grandes ferramentas de domínio. Pode ser usado para vigiar, desde satélites, um sem-número de sistemas militares e a implementação do sistema econômico que não usa moedas (fundos eletrônicos). Isto facilitaria a implantação de Apocalipse 13:17.

Quando Daniel escreveu a sua profecia era impossível imaginar que algo tão insignificante como o "barro" pudesse tornar-se uma matéria-prima que facilitaria a ditadura do *iníquo* (2 Ts. 2:8,9).

6. Resumo dos símbolos

- A grande estátua que Nabucodonosor construiu é um símbolo da imagem idólatra que será construída em honra ao anticristo (Ap. 13), em cumprimento das palavras de Jesus Cristo em Mateus 24:15.
- Assim como os jovens recusaram-se a adorar a imagem, tampouco o farão os judeus fiéis durante a tribulação.
- Babilônia, construída por Ninrode (em hebraico, Ninrode significa "rebelde") representa um sistema político-religioso. É intenção de Satanás construir um reino aqui na terra. Esse chegará ao seu ponto máximo no Apocalipse 18, e será destruído por Deus.
- Nabucodonosor é um tipo do anticristo.
- Na libertação dos jovens judeus, vemos de forma figurada a libertação do remanescente de Israel durante a tribulação.

Lição 4

O julgamento divino

1. Segundo sonho de Nabucodonosor   Dn 4:1-37
A soberba de Nabucodonosor trouxe sobre si o julgamento divino, com uma enfermidade que durou sete   Dn 4:16
tempos. Como resultado do julgamento, seu coração de homem foi mudado por um coração de animal selvagem. Tudo isto em cumprimento da Palavra de Deus, revelada pelo profeta Daniel mediante a interpretação do segundo sonho de Nabucodonosor.
O sonho mostrava uma árvore que era cortada. Isto representava o fim do reinado de Nabucodonosor por   Dn 4:10-27
não ter havido arrependimento de sua parte.

2. Pronunciamento de Nabucodonosor   Dn 4:1-7
Nabucodonosor fez a sua proclamação depois de ter-   [a]
se recuperado da loucura proveniente do castigo de Deus. A declaração não contém data, mas é possível que tenha ocorrido durante a segunda metade do seu reinado, quando ele esteve em paz e tinha terminado a obra   Dn 4:30
de edificação. Note-se que a proclamação é dirigida a todos... *os povos, nações e línguas*.
Nabucodonosor foi o primeiro rei gentio mundial e,   Dn 4:1
ao levar para o cativeiro os judeus, deu início ao tempo   Lc 21:24
dos gentios, em cumprimento ao mandamento de Deus.   Jr 27:6; 28:14
Paz vos seja multiplicada, são palavras que mostram uma   Dn 4:1
mudança na vida do rei. Aparentemente, o castigo de Deus sobre Nabucodonosor lhe favoreceu para o seu bem eterno.
Quais foram os motivos pelos quais Daniel não in-   Dn 4:8
terferiu mais cedo? Não está declarado, mas deve-se   [b]
notar que Daniel apareceu por sua própria vontade. Isto mostra a graça que Deus havia dado a ele.
A frase *deuses santos* pode ser traduzida também como   [c]
"Deus santo". O contexto deste capítulo indica o uso do   Dn 4:8

singular. A duração da condenação predita é de sete tempos, frase que pode significar sete anos. O número sete confirma que o castigo era proveniente de Deus.   Ap 8:6; 5:5; 15:1 [d]

O propósito do decreto:
- ❏ *A fim de que conheçam os viventes que o Altíssimo tem domínio sobre o reino dos homens*   Dn 4:17
- ❏ *E o dá a quem quer*
- ❏ *E até ao mais baixo dos homens constitui sobre eles*

A expressão VIGIAS, dita por Nabucodonosor, refere-se aos ANJOS.   [e] Dn 4:13,17,23

3. A interpretação do sonho e seu cumprimento   Dn 4:24-37

A árvore simboliza Nabucodonosor. A humilhação do rei é representada por uma árvore cortada. A continuidade do império é vista na atadura do tronco.   [f] Dn 4:23

Nabucodonosor sofria de: [g]
- ❏ Orgulho   Pv 29:23
- ❏ Vaidade   Pv 13:11
- ❏ Impiedade   Pv 12:7
- ❏ Soberba   Pv 15:25
- ❏ Altivez   Pv 21:4
- ❏ E coisas semelhantes   Dn 4:30-31

4. Nabucodonosor foi humilhado   Dn 4:31

Passaram-se doze meses e o sonho se cumpriu. Olhando sua obra de edificação, ele atribui a si mesmo a glória que só pertence a Deus. Nabucodonosor não havia terminado de louvar a ele próprio quando Deus, no mesmo instante, o castigou do alto céu.   [h] Dn 4:29-31

Sobreveio-lhe uma condição que o fez comportar-se como um animal. Alguns têm dado nome a esta enfermidade, como, por exemplo, "loucura zoantrópica" (considerar-se como um animal).   [i] Dn 4:33

O resultado da soberba é a humilhação. Há leis espirituais que governam o mundo. Exemplos disto podem ser encontrados normalmente nas páginas da Bíblia:
- ❏ O orgulho resulta em humilhação   Mt 23:12
- ❏ A semeadura determina a colheita   Gl 6:7
- ❏ O ato de julgar resulta no julgamento de quem julga   Mt 7:2

Nabucodonosor, ao terminar os sete tempos (possivelmente anos) de castigo, experimentou um relacionamento pessoal com o Deus Altíssimo. E lhe foi acrescentada maior grandeza.

[j]

Dn 4:34,36

5. Considerações

Podemos descobrir uma estreita relação entre o castigo que sobreveio a Nabucodonosor e o que virá sobre a terra durante a grande tribulação. Os dois julgamentos duram um espaço de tempo definido pelo número sete, indicando sua procedência divina. Em ordem cronológica, o castigo da tribulação virá ao terminar o poderio gentílico. O castigo de Nabucodonosor manifestou-se depois que lhe foi revelado o período do poder gentílico. Mesmo Nabucodonosor não sendo um tipo completo do anticristo, no capítulo anterior foram destacadas analogias relacionadas com *o iníquo* (2 Ts 2:8). No capítulo 4 do livro de Daniel, o castigo de Deus recai sobre Nabucodonosor, um rei soberbo, ímpio e perverso. Da mesma forma, virá o castigo de Deus sobre o verdadeiro anticristo. Nabucodonosor se distingue do anticristo pelo fato de que ele se arrependeu de sua maldade e reconheceu ao Deus do céu. O verdadeiro anticristo nunca tomará semelhante atitude.

Lição 5

A última festa

1. Noite de blasfêmia

Jeremias havia profetizado que todas as nações serviriam a Nabucodonosor, a seu filho, e ao filho de seu filho:
- ❏ *A ele* — Nabucodonosor
- ❏ *A seu filho* — Evil-Merodaque
- ❏ *Ao filho de seu filho* — Nabonido

Jr 27:7
Jr 27:6
2 Rs 25:27; Jr 52:31

Belsazar é filho de Nabonido. Historicamente, Belsazar era só um co-regente. Belsazar estava exercendo o comando como vice-rei quando Babilônia caiu. Seu pai (o rei legítimo) Nabonido, talvez estivesse viajando ou, possivelmente, tivesse contraído a mesma enfermidade de Nabucodonosor. A razão não está completamente clara, mas o importante é que Belsazar estava no comando. Por isso não pôde oferecer a Daniel o segundo lugar no reino, pois ele era o número dois. A Daniel só pôde oferecer o posto número três.[a] [b]

A queda de Babilônia havia sido profetizada por Jeremias (e outros profetas) quase um século antes. Jeremias apresenta muitos detalhes do evento em profecia.

Jr 50:2,3 50:26, 51:53-58; 50:24

A profanação dos vasos sagrados do templo diante de todos, por parte de Belsazar, foi o que provocou a ira de Deus. Esta foi a causa da mão aparecer na parede e Belsazar morrer naquela mesma noite.

[c]
Dn 5:2,3

Dn 5:5,6

A expressão *teu pai* é usada para significar a idéia de sucessão. Tem a mesma força de alguém que diz "somos filhos de Abraão".

Dn 5:30
Dn 5:11
[d]
Jn 8:39

A rainha não era a esposa de Belsazar. Ela era a rainha-mãe. Possivelmente havia sido uma das esposas de Nabucodonosor. O mais correto é pensar que ela havia presenciado o que Daniel tinha feito antes e sabia o que ele poderia fazer.

[e]

Dn 5:10,11

No tempo desses acontecimentos, Daniel tinha em torno de oitenta e cinco anos de idade, e esse rei blasfemo, certamente, não tinha nenhuma simpatia por este

[f]

santo ancião. E tão pouco valeria ao profeta a simpatia de um rei que, naquela mesma noite, seria derrotado e morto. Um homem de Deus nunca deve agir com a finalidade de receber o que as pessoas lhe oferecem.

Dn 5:30

2. A sentença

A mão havia permanecido na parede até o momento em que Daniel começou a dar a interpretação. É possível que as palavras MENE, MENE, TEQUEL, e PARSIM não fizessem parte de nenhum idioma humano. Por outro lado, muitos comentaristas apresentam uma lista de significados desta frase, relacionando-os com alguma linguagem existente na terra. Diante disso, perguntamos: Por que, na presença de tantos sábios não houve nenhum que decifrasse a mensagem, se sua origem era de linguagem natural? Uma resposta seria que Deus os cegou para que ninguém desse a interpretação até que Daniel chegasse.

Dn 5:25

Dn 5:7,8,24-29

O fato é que, sendo de idioma natural ou celestial, as palavras significavam o fim da Babilônia como império e a passagem do poder gentílico aos Medo-Persas. Todos os servos de Satanás ali reunidos não puderam entender a mensagem sem a intervenção do profeta, pois era assunto de Deus.

[g]

3. O cumprimento da sentença

O salário do pecado é a morte. Naquela mesma noite Belsazar morreu. Era o dia 16 do mês de tisri do ano 539 a.C. quando Babilônia caiu nas mãos dos Medo-Persas, cumprindo assim a Palavra de Deus. Com este acontecimento, Daniel teve o privilégio de ver o cumprimento da profecia que ele mesmo havia feito.

Rm 6:23
[h]
Is 21:9

Lição 6

Daniel na cova dos leões

1. Daniel capítulo seis

Agora, no início desse capítulo, a situação com que nos deparamos é que a soberania do poder gentílico foi transferida ao peito e braços de prata, o reino dos Medos e dos Persas.

Dn 2:32b
Dn 2:39a
Dn 5:30,31

Os capítulos 3 e 6 de Daniel têm uma relação notória e apresentam:

[a]

☐ A fidelidade soberana
☐ A consagração absoluta dos servos de Deus
☐ A perversidade do ser humano
☐ A prova dos filhos de Deus
☐ A vitória em meio a circunstâncias impossíveis para o homem natural.

Dn 3:24; 6:22
Dn 3:18; 6:10
Dn 3:8; 6:13
Dn 3:19; 6:17
Dn 3:27; 6:23

Os governadores tinham inveja de Daniel. Parece que entre os principais motivos para destruí-lo estavam a inveja e o preconceito. Não aceitavam que um "judeu" fosse tão respeitado. Procuraram arruinar a Daniel através de sua vida pública ou privada. Porém, não conseguindo encontrar nada de mal nele, criaram, então, uma situação para poder acusá-lo.

[b]

Dn 6:5

Dario, rei dos Medos e dos Persas, caiu na tentação de ser considerado como um deus. Isto abriu caminho para que os inimigos de Daniel pudessem acusá-lo de falta de respeito ao rei. Nada mais distante da verdade.

Dn 6:7-9
Dn 6:13

O rei Dario chamou Daniel de: *"servo do Deus vivo..."*. A ação de Daniel é citada como um exemplo de fé. Dario mandou que aqueles que denunciaram a Daniel fossem lançados na cova dos leões, lugar que acreditavam ser o sepulcro do varão de Deus. *Os leões se apoderaram deles, e lhes esmigalharam todos os ossos*. Deus deu um sinal, pois

Dn 6:20
Hb 11:33

Dn 6:24

o leão, por natureza, só mata sua presa para comer. Destaca-se que foram quebrados *todos os seus ossos*. Isto foi para aquelas pessoas perversas uma morte de angústia e tormento. Ficou claramente demarcada a intervenção de Deus.

Dn 6:25-27

Como resultado, Dario fez uma declaração parecida a que Nabucodonosor havia feito em reconhecimento ao Deus de Daniel.

2. Considerações

No capítulo 4 de Daniel registra-se um julgamento sobre Nabucodonosor. No 5, por sua vez, um julgamento sobre a Babilônia, em cumprimento à profecia dada muitos anos antes. Agora vemos a sucessão do poder gentílico seguindo o plano que Deus mostrou a Nabucodonosor.

Nos seis primeiros capítulos de Daniel existem sete coisas em comum:

- ❏ O homem mostra a sua rebeldia contra Deus.
- ❏ Deus traz castigo sobre o homem rebelde.
- ❏ Existem tipos de acontecimentos futuros.
- ❏ O cuidado de Deus para com o seu povo se manifesta.
- ❏ Vê-se o cumprimento da profecia.
- ❏ O soberbo é humilhado.
- ❏ É clara a intervenção de Deus nos assuntos dos homens.

Lição 7

Os quatro animais

1. Daniel capítulo 7
Voltemos ao estudo dos quatro impérios gentios, representados nesta seção na forma de quatro animais. Esse capítulo termina com a destruição do pequeno chifre, que será o personagem que terá todo o poder do último império gentio nos dias finais da presente dispensação.

2. A visão dos quatro animais
Os capítulos 2 e 7 de Daniel são paralelos. Mostram um período chamado *os tempos dos gentios*.

O capítulo 2 apresenta os acontecimentos vistos a partir da perspectiva humana, e o capítulo 7, os mesmos eventos a partir da perspectiva divina. Nabucodonosor viu os impérios gentios como algo grande, algo maravilhoso, mas Deus os contempla como animais. A revelação bíblica é progressiva, desse modo o capítulo 7 proporciona maiores detalhes que o capítulo 2.

O Mar Grande pode referir-se ao mar Mediterrâneo. Todos os países dessa profecia encontram-se ao redor do mar Mediterrâneo. É também possível que fale das massas populares em estado de tumulto.

O primeiro animal representa o Império Babilônico e o rei Nabucodonosor. A identificação deste animal é paralela à experiência do rei Nabucodonosor, quando ele foi humilhado por Deus e andou como um animal.

O segundo animal representa o reinado do Império Medo-Persa. *O qual se levantou de um lado* indica que o Império Persa seria mais proeminente. As *três costelas* na boca do urso falam da conquista por este império dos reinos da Lídia (não Líbia), Egito e Babilônia.

| Dn 7:1-28 |
| [b] |
| Lc 21:20-24 |
| [c] |
| [d] |
| [e] |
| Dn 7:3 |
| Ap 13:1, 17:15 |
| Dn 2:38b |
| [f] |
| Dn 7:4 |
| Dn 4 |
| [g] |
| Dn 7:5 |
| Dn 2:39a |

O **terceiro animal** representa o Império Greco-Macedônico, estabelecido por Alexandre Magno no ano 331 a.C.. Aquele animal possuía quatro cabeças. E estas quatro cabeças simbolizam as quatro divisões do império feitas por seus quatro generais, quando Alexandre morreu.

O **quarto animal** representa o Império Romano. O chifre pequeno é uma pessoa. *Uma boca que falava com vanglória* adverte que o personagem do chifre pequeno fará promessas e declarações extraordinárias, que assombrarão a humanidade. Também falará coisas portentosas contra Deus. Este chifre pequeno é o próprio anticristo.

O quarto animal voltará a apresentar-se no final do presente século. O espírito do anticristo já está em ação (veja-se Lâmina 1)

3. O julgamento e o ancião de dias

Daniel viu tronos colocados em forma de tribunal, prontos para um julgamento. *Ancião de Dias* faz referência a Deus ou Pai como o Juiz eterno. A descrição de suas vestes e de seu cabelo fala de pureza, verdade e santidade. O trono de fogo é símbolo do julgamento de Deus. *Rodas de fogo ardente* refere-se à mobilidade e ao caráter universal do julgamento. O fogo também representa a glória e a justiça de Deus.

E abriram-se os livros diz respeito aos livros que Deus deu para a humanidade, a santa Bíblia. Os homens serão julgados segundo as suas obras *(a lei escrita em seus corações)* comparando-as com as normas escritas por Deus em sua Palavra e no livro da vida.

O chifre é o anticristo, representando o Império Romano, que será renovado nos últimos dias. O quarto animal da visão que foi morto faz referência ao julgamento que acontecerá no final da grande tribulação, na gloriosa vinda do Senhor Jesus Cristo.

A pedra cortada sem auxílio de mãos, que feriu nos pés a estátua que Nabucodonosor viu, corresponde à destruição do último animal pelo Senhor Jesus Cristo em sua segunda vinda.

4. A segunda vinda de Cristo em visão

O termo *filho do homem* refere-se ao próprio Messias. Em vários lugares esta mesma expressão é usada em alusão à segunda vinda de Cristo.[k] Contemplamos a apresentação de Cristo perante o ancião de dias. Daniel teve o privilégio de estar presente na entrega do *domínio, glória e reino* a Jesus.

Dn 7:13,14
Mt 24:27,37,44
Mt 25:31; Mc 8:38;
Lc 17:30, etc.
Dn 7:13
Sl 2:6-9
[l]

5. A interpretação da visão

Dn 7:15-28

O mensageiro celestial identifica os quatro animais com quatro reis que se levantarão na terra. O reino do Messias sucederá ao último e os santos reinarão com o Senhor.

O quarto animal descrito no livro de Daniel refere-se ao Império Romano, enquanto que o primeiro animal, descrito em Apocalipse, fala do pequeno chifre (anticristo) de Daniel. É notório os paralelos que existem entre os dois (veja-se o estudo de comparação que existe na lição 20, seção 2).

O chifre pequeno, que é também o primeiro animal do Apocalipse e o anticristo, ordenará uma perseguição dos santos como nunca houve na história.

[m]
Dn 7:21
Ap 13:7

Chegará o momento em que, da cabeça do quarto animal (Roma), descrita no livro de Daniel, sairão dez chifres (reis). Dos dez sairá o pequeno chifre (anticristo), o primeiro animal de Apocalipse, que derrubará três dos dez reinos em sua ascensão ao poder.

Dn 7:20b
Dn 7:24

O pequeno chifre blasfemará contra Deus abertamente. A condição atual do mundo indica que estamos perto da apresentação do perverso anticristo.

Dn 7:20b
Ap 13:6
2 Ts 2:3,4
Dn 7:25

O período de poder máximo do anticristo é de *um tempo, e tempos, e metade de um tempo,* o que significa os três anos e meio do Apocalipse.

Ap 11:2,3
Ap 12:6,14
Ap 13:5

6. Considerações

Os tempos dos gentios começaram no ano 605 a.C. com a primeira deportação dos judeus e a desolação de Jerusalém. Terminarão com a segunda vinda de Cristo, e então Ele iniciará o seu reinado de glória sobre a terra e as promessas para com o povo de Deus, Israel, serão cumpridas.

O reino visível do Messias ainda é futuro. Conforme Daniel capítulo 7, será estabelecido depois da destruição do pequeno chifre (o anticristo) e do poder gentio.

Na primeira vinda do Messias não houve nenhuma ação de sua parte para Ele se estabelecer como rei. Ao contrário, Ele foi crucificado. Sua segunda vinda será totalmente distinta e não haverá poder humano ou diabólico que possa impedi-lo.

Lição 8

O plano profético para Israel

1. Terceira parte do livro de Daniel Dn 8:1 - 12:13

A segunda parte do livro de Daniel (capítulos 2 ao 7), que acabamos de estudar, foi escrito em aramaico, uma língua gentílica. Era de propósito então que o plano de Deus fosse escrito nesse idioma para as nações gentílicas.

O tema da seção que agora estudaremos fala das intenções de Deus para com o povo escolhido no período chamado por Jesus Cristo de *os tempos dos gentios*. Verificaremos a ênfase dada ao que acontecerá aos filhos de Israel com a chegada do anticristo.

Podemos dividir esta última seção em vários temas principais: [c]

- ❑ A visão da luta entre o carneiro e o bode (figura da luta entre os Impérios Medo-Persa e Grego-Macedônico). — Dn 8:1-8
- ❑ A apresentação de um chifre pequeno que atormenta e guerreia contra o povo judeu. — Dn 8:9-14
- ❑ A interpretação por um ser celestial da visão. — Dn 8:15-27
- ❑ Daniel confessando seus pecados. Ele recorre às promessas de Deus e, como resultado, recebe a revelação das setenta semanas. — Dn 9:1-19
- ❑ A revelação a Daniel dos desígnios de Deus para a redenção de Israel. — Dn 9:20-27
- ❑ A oração profunda do profeta e seu desejo para entender melhor o desígnio divino. — Dn 10:1-14
- ❑ Ele recebe as promessas de que lhe serão reveladas mais coisas. — Dn 10:15-21
- ❑ São apresentados a Daniel acontecimentos do futuro próximo e distante, relacionados ao povo de Deus. — Dn 11:1-35

☐ Para finalizar, Daniel recebe de Deus revelações do tempo da tribulação e ressurreições futuras. Dn 11:36-45 / Dn 12:1-13

2. O carneiro e o bode
2.1 A visão
Detalhe histórico da visão:
☐ No terceiro ano do reinado... Belsazar, 551 a.C.
☐ Em Susã
☐ Junto ao rio Ulai (Existe a possibilidade de Daniel não ter estado em Susã corporalmente. Assim como o profeta Ezequiel foi levado no Espírito, Daniel pode ter experimentado também o mesmo.)

Dn 8:1-27
Dn 8:1-14
Dn 8:1
[d]
[e]
Ez 37:1

Na visão do carneiro que tinha dois chifres, descrito aqui por Daniel, um dos chifres cresce mais alto que o outro. Isto representa *os reis da Média e da Pérsia*. A Pérsia destacou-se mais que a Média e, desta maneira, cumpriu-se a visão de Daniel.

Dn 8:3,4
Dn 8:20
[f]

A visão do bode simboliza o Império Grego. Sabemos isto pela interpretação divina.

Dn 8:5,21

O chifre notável foi Alexandre Magno, que conquistou com grande velocidade *(sem tocar no chão)* o mundo conhecido em seus dias. Também o leopardo com quatro asas representa o mesmo Império Grego e a velocidade com que conquistava os povos.

[g]
Dn 8:5
Dn 7:6

Com relação ao grande chifre, Daniel diz que foi quebrado. Neste particular Daniel fala profeticamente da morte prematura de Alexandre Magno, em Babilônia, no ano 323 a.C. Ao encontrar-se no auge de sua carreira militar, sua vida foi cortada com a idade de somente trinta e dois anos, depois de degradantes bebedeiras e orgias. Esta profecia de ascensão e queda de Alexandre Magno cumpriu-se literalmente duzentos anos depois de ser profetizada através da visão de Daniel.

[h]
Dn 8:8

De um dos quatro chifres, que apareceu em lugar do grande chifre, saiu um pequeno chifre. A este, se identifica a pessoa de Antíoco Epífanes. Epífanes tornou-se conhecido pela grande perseguição que realizou contra o povo de Deus. Foi notório o seu ódio contra os escolhidos. No ano 168 a.C., Epífanes tentou invadir o Egito. Esta iniciativa terminou em fiasco. Ele quis compensar-se conquistando o reino de Jerusalém. Milhares de judeus foram decapitados. Epífanes profanou o templo. Realizou oferta de um porco sobre o altar. Depois, derramou o sangue por todo o templo de Deus. Acabou com os postos do sacerdócio e vendeu centenas de judeus à escravidão.

O pequeno chifre de Daniel 7:8,24 fala do próprio anticristo. Daniel 8:9 fala de Antíoco Epífanes, que tipifica o anticristo.

Um santo falando a outro santo são seres celestiais.

As duas mil e trezentas tardes e manhãs têm de ser literais. Cumpriram-se no reinado de Antíoco Epífanes. Há vários pontos de vista com respeito a esse período. Geralmente, os que não participam da interpretação literal dizem que cada dia representa um ano, e que o período indicado por este número começa com o cumprimento da visão do bode (a invasão da Ásia por Alexandre), em 334 a.C. Ao completar 2.300 anos, chega-se à data quando os judeus regressaram ao templo em 1967. Esta interpretação, proposta originalmente por Adam Clark, famoso comentarista bíblico que viveu há quase dois séculos, é de muito interesse. Porém, o texto original de Daniel não indica 2.300 dias, mas, sim, *duas mil e trezentas tardes e manhãs*, que seriam apenas 1.150 dias.

2.2 Interpretação da visão

Daniel quis entender o significado da visão *(...contemplava... e procurava entendê-la)* mas não pôde, até que chegou Gabriel para explicá-lo. Simplesmente não é possível entender a revelação profética sem a direção de Deus. Em nossa época, o mestre do crente é o Espírito Santo.

A visão *é para o fim do tempo.* O cumprimento histórico com Antíoco Epífanes é uma figura do que virá.

Gabriel explicou a Daniel que sairão quatro reinos da Grécia e que depois dos quatro reis se levantará *um rei, feroz de semblante e entendido em enigmas*. É verdade que esta passagem tem um cumprimento que agora é história na pessoa de Antíoco Epífanes, mas também é verdade que essa referência pode e deve ser aplicada ao futuro personagem perverso, o anticristo.

O relato de Daniel termina com as palavras angelicais, assegurando a veracidade da revelação. Daniel ficou tão quebrantado no espírito, que a sua própria saúde física ficou abalada. Daniel não teve o privilégio de entender o que nos dias atuais nós estamos conhecendo.

Dn 8:27

Dn 12:4

3. Considerações

O livro de Daniel terminou de ser escrito no ano de 535 a.C. A profecia do capítulo 8 teve o seu cumprimento histórico e literal mais de trezentos anos depois de ter sido escrita. Daniel podia relatar e escrever o conteúdo da visão que teve, mas não podia compreender o significado da mesma. Existem muitas coisas na Palavra de Deus que estão além do que podemos compreender e explicar. Isto pode fazer com que nós nos sintamos frustrados. Mas não deve ser assim. Nós não somos Deus! Deus mandou seu anjo para explicar o significado da visão, mostrando o seu desejo de fazer com que o seu povo soubesse das coisas que pertencem à sua glória.

É grato observar que, mesmo sendo como vermes sobre a terra (Jó 25:6), Deus nos revela muito mais do que somos dignos de saber. Deus poderia ter dito: "Isto eu não vou revelar a ninguém", mas em sua misericórdia nos revela muita coisa. Em Amós 3:7, o Senhor diz: *Certamente o Senhor Deus não fará coisa alguma, sem ter revelado o seu segredo aos seus servos, os profetas.*

Lição 9

A revelação das setenta semanas

1. A oração de Daniel — Dn 9:1-19

O capítulo 9 de Daniel é a chave para a interpretação de muitas profecias bíblicas. Encontramos nesse capítulo uma profecia diretamente relacionada com os desígnios de Deus para Israel.[a]

O rei Dario mencionado no versículo 1 é o mesmo do capítulo 6, portanto a data seria 538 a.C. O rei Assuero do versículo 1 é diferente daquele que aparece em Ester 1:1. — Dn 9:1 / Dn 5:31, 6:1 / [b]

No ano 605 a.C., Daniel foi levado para o cativeiro em Babilônia, sendo um jovem de quase dezoito anos de idade. Isto indica que o profeta já teria aproximadamente oitenta e cinco anos quando recebeu a revelação das setenta semanas.

Daniel diz: *"Entendi pelos livros"*. O profeta passou um certo tempo examinando as Escrituras inspiradas por Deus, especialmente o livro do profeta Jeremias. Daniel não procurava uma nova revelação, ele tinha fé no que Deus já havia dito. Das muitas revelações que Daniel recebeu, nenhuma contradizia o que já havia sido revelado por Deus aos profetas anteriores a ele. Um profeta que contradiz o que Deus já revelou não é profeta que Deus tenha enviado. — Dn 9:2 / Jr 25:11,12 / Jr 29:10 / [c]

Nesse versículo, o nome de *Senhor Deus* é o nome em hebraico ADONAI-ELOHIM, que enfatiza a soberania de Deus. — Dn 9:3 / [d]

Daniel, de maneira exemplar, confessa o seu pecado e o de seu povo. É importante ver aqui o exemplo de Daniel, como um dos homens mais santos da Bíblia. Sem a confissão dele não saberíamos que ele tinha algum pecado. Quando os grandes homens de Deus saem para — Dn 9:3,5,20 / Is 6:5-7 fazer a obra de Deus, começam confessando o seu próprio pecado para desta forma ministrar aos outros. Não podemos tirar o cisco do olho do próximo sem antes tirar a trave que está em nosso próprio olho.

Mt 7:3-5

Daniel pede a Deus que retire a sua ira de Jerusalém, enfatizando o relacionamento especial que esta cidade tem com o Senhor.

[e]
Dn 9:16

❏ *Tua cidade de Jerusalém*
❏ *Teu santo monte*

Daniel roga: "*Por amor de ti mesmo, ó Deus meu*".

Dn 9:19

2. A revelação das setenta semanas

Dn 9:20-27

Em resposta à humilhação de Daniel, Deus lhe deu a revelação de uma das maiores profecias de toda a Bíblia (veja-se Apêndice 8). A revelação veio a Daniel através do *homem Gabriel*.

[f]
Dn 9:21

3. A mensagem das setenta semanas

Dn 9:23-27

A palavra *semanas* (hebraico: shabu'im) significa uma unidade ou período de sete. Da forma como ela está sendo utilizada aqui pode significar dias, semanas, anos ou qualquer agrupamento de sete. Só o contexto pode determinar o uso exato. Várias circunstâncias nos levam à conclusão de que esta palavra, aqui, refere-se à unidade de sete anos. Desta forma, as setenta semanas equivalem a um período de quatrocentos e noventa anos.

[g]

Razões para a interpretação de "semanas de anos":

Dn 9:24-27
[h]
Dn 9:1,2
2 Cr 36:21
Lv 26:34,35

❏ Daniel quis saber o número de anos, e não de semanas.
❏ O cativeiro ocorreu em conseqüência de os judeus terem quebrado a lei do ano sabático. Durante seis anos Israel tinha de trabalhar a terra, depois a terra tinha de descansar durante um ano. A soma era sete anos, ou uma "semana de anos".

[i]

❏ Somente em Daniel 10:2,3 encontra-se o termo semanas, junto à palavra dias. Isto nos leva a entender que, se Daniel quisesse falar de sete dias, teria escrito da mesma maneira.

Dn 10:2,3

Setenta semanas estão determinadas sobre o teu povo, ou seja, Israel, *e sobre tua santa cidade,* Jerusalém. Até terminar o período de setenta semanas de anos, seis obras divinas seriam realizadas:

- *Fazer cessar a transgressão*
- *Dar fim aos pecados*
- *Expiar a iniqüidade*
- *Trazer a justiça eterna*
- *Selar a visão e a profecia (quando vier o perfeito)*
- *Ungir o Santo dos Santos*

As bênçãos supracitadas relacionam-se a Cristo e ao estabelecimento do seu reino.

Dn 9:24
Dn 9:24
2 Co 5:18; Gl 3:13;
Cl 1:20; Ef 1:7;
Hb 2:17; Hb 9:26;
1 Pe 1:10-12
1 Co 13:9,10
Is 61:1; Lc 4:18
[j]
Zc 12 - 14
Mq 4
Is 54

4. Considerações

Citamos a seguir Evis L. Carballosa:

A Palavra de Deus nos ensina que haverá um remanescente cristão da nação de Israel que herdará as promessas feitas nos pactos. Nos dias finais, quando aparecer o chifre pequeno (Dn 7:8), Israel experimentará julgamento e perseguição (Zc 13:8, 14:1,2; Dn 12:1). Mas, no final desse julgamento, um remanescente será salvo (Rm 9:27). É a esse remanescente que Paulo chama de todo o Israel (Rm 11:26). Todo o Israel não significa "todo o judeu", mas, sim, os que prevalecerão e sobreviverão depois de concluídos os julgamentos da grande tribulação.[k]

A divisão entre as sete semanas e as sessenta e duas semanas explica o fato histórico da edificação *das praças e das tranqueiras* (Dn 9:25). As sete semanas representam quarenta e nove anos. A história nos mostra que este foi o tempo transcorrido entre a *proclamação da ordem* e a edificação *das praças e das tranqueiras.* As sessenta e duas semanas nos levam até o tempo do Messias.

Veja-se Apêndice 8, as profecias de Daniel e as setenta semanas, para uma explicação mais ampla da profecia das mesmas.

Da última semana falaremos amplamente em nosso estudo de Apocalipse, onde seu cumprimento se apresenta profeticamente. Não é estranho que as profecias do Antigo Testamento não incluam a época da Igreja. Isaías 9:6 é um exemplo de que a época da Igreja se acha no ponto-e-vírgula depois da expressão *"se nos deu".* Na profecia das setenta semanas, a época da Igreja separa a última semana das demais.

Lição 10

A visão junto ao rio

1. Panorama histórico da visão　　　　　　　　Dn 10:1-4

Daniel diz que o tempo da visão *é no terceiro ano de*　Dn 10:1
Ciro, rei da Pérsia. Esta quarta visão ocorreu no ano 534
a.C. A revelação foi dada a Daniel setenta anos depois
de ele ter chegado na Babilônia. Dois anos antes, Ciro　Ed 1:1-4
emitiu um decreto permitindo aos judeus voltarem à　[a]
sua terra.

Devido ao antagonismo satânico, Daniel sentiu um
grande conflito. Satanás tentou impedir a comunicação　Dn 10:1
celestial. Um conflito espiritual fez com que Daniel se
sentisse indisposto em seu corpo físico.

Estive triste por três semanas completas. Quando　Ef 6:12
estamos no espírito podemos sentir as lutas que se le-　Dn 10:2,3
vantam nos lugares celestiais. Tal era o conflito, que
Daniel jejuou.

2. Visão de Cristo ou de outro ser celestial?　　　　Dn 10:4-9

O primeiro mês é nisã (abril). Aos três dias depois de　Dn 10:4
ter acabado a festa dos pães sem fermento, Daniel rece-　[b]
beu a visão. *O grande rio Hidekel* é o Tigre.

Existem várias opiniões concernentes à identificação　Dn 10:5,6
do personagem celestial. Alguns pensam que é um anjo　[c]
poderoso da mesma posição de Miguel. Outros crêem　[d]
que é o próprio Senhor Jesus Cristo. Existem razões para
crer que o ser é o Senhor Jesus. Também há motivos para
rejeitar essa possibilidade. Se Jesus é o que se apresenta,
temos de resolver um problema: explicar porque Jesus
necessita de ajuda para lutar contra o príncipe da Pérsia.
Se é um anjo como Gabriel, por que é tão parecida a sua　Dn 10:16,21
descrição com a descrição do Senhor Jesus Cristo dada
em Apocalipse 1:13-15? Por que Daniel se dirige a ele
com uma interrogação?*Com pode o servo deste meu Senhor*

falar com aquele meu Senhor? Por que Daniel insiste em descrevê-lo com a expressão *uma como semelhança dos filhos dos homens?* Não nos é possível responder a estas perguntas, e muito menos podemos afirmar qual seria o ser que se apresentou a Daniel. É opinião do autor que foi o Senhor Jesus Cristo. Outras teorias propõem múltiplas personagens, geralmente alternando entre o anjo do Senhor e Miguel. O autor não pode resolver o conflito de interpretação apresentado por esta porção. Afinal de contas, neste caso, não importa muito quem tenha chegado trazendo a mensagem, mas, sim, o conteúdo da mesma.

Podemos nos consolar em saber que não temos de resolver todos os problemas, pois Deus é o único que sabe de tudo!

3. O ser celestial se apresenta a Daniel depois da grande luta

É possível que Gabriel seja um dos seres que se apresentam para falar com Daniel. Quando ele foi enviado com a profecia das setenta semanas, disse: *Daniel, homem muito amado;* e, da mesma forma, disse o segundo ser que se apresenta neste capítulo.

Desde o primeiro dia... são ouvidas as tuas palavras. É um consolo para os santos lembrar que Deus está atento às suas orações, e que as mesmas são preciosas para Ele.

O príncipe do reino da Pérsia é um ser diabólico. Aqui, a referência vislumbra uma guerra espiritual.

A Bíblia fala de Miguel em cinco ocasiões, três em Daniel, uma em Judas e outra em Apocalipse. O significado do seu nome é: "Quem é como Deus?". A Bíblia refere-se apenas a Miguel como um *Arcanjo*. É possível que haja outros em igual hierarquia. É notória a relação particular de Miguel com Israel.

Os derradeiros dias, com relação a Israel, indicam o tempo profético iniciado com o cativeiro dessa nação e o fim desse cativeiro com a segunda vinda de Jesus.

4. Daniel é fortalecido

Nesta seção recebemos profunda revelação com respeito às coisas que acontecerão nos lugares celestiais.

O anjo diz que tornará a pelejar, em primeiro lugar com o príncipe da Pérsia, *e depois* com o príncipe da Grécia.

Dn 8:20,21

Notamos que:

Dn 10:19-21

☐ Há atividades no mundo espiritual que não vemos, inclusive guerras.

Dn 10:13
Ef 6:12

☐ Um ser celestial veio para declarar *"o que está escrito na escritura da verdade"*.

Dn 10:21
Dn 12:4

☐ Miguel é o *príncipe* de Israel.

Dn 12:1

5. Considerações

Daniel, o profeta amado, recebeu a maior revelação profética do Antigo Testamento; e João, o apóstolo amado, a maior do Novo Testamento. Estes dois homens de extraordinária profundidade espiritual guardavam um relacionamento muito próximo do coração de Deus.

Os acontecimentos vistos na esfera física são manifestações do que ocorre na esfera celestial (espiritual). Em vista disso, é fácil entender que um ser celestial veio a Daniel para mostrar-lhe qual seria o próximo Império depois da Pérsia, referindo-se à Grécia.

Alguém talvez pergunte: Por que o Senhor permitiu que sua mensagem fosse impedida durante vinte e um dias? Sabemos que Deus tem poder para acabar com Satanás a qualquer momento, mas isto não cumpriria com os propósitos divinos. Por esta razão, Deus permite que se desenrole uma guerra, impedindo Satanás e suas hostes de saírem de certos limites. Algumas passagens bíblicas relacionadas a este assunto são: Daniel 10:13, Apocalipse 12:7, Judas 9 e Jó 1:10-12.

Lição 11

A história de Israel profetizada

1. Profecia e história

O título da lição que vamos estudar é: "A história de Israel...", mas não podemos esquecer que quando Daniel a escreveu ainda era uma profecia que devia se cumprir no futuro.

O início do capítulo 11 trata das profecias já cumpridas com relação ao povo judeu. Seu cumprimento ocorreu entre os reinados de Dario, o Medo (539 a.C.), e Antíoco Epífanes (175-163 a.C.).[a]

A parte restante deste capítulo (11:36-45) fala proficamente de Israel em tempos ainda não apresentados, e que estão intimamente relacionados com os capítulos 12 de Daniel e 13 de Apocalipse.

Um estudo completo das profecias do capítulo 11 de Daniel, comparando-se com seus cumprimentos históricos, geraria mais material do que apresentamos em todo este livro. Portanto, nos limitaremos ao breve esboço que segue.

Todos os versículos do capítulo 11 contêm profecias que já se cumpriram. Estas profecias podem ser historicamente comprovadas e se dividem em três partes:

❏ A divisão do Império Greco-Macedônico   Dn 11:2-4
❏ O Império Grego até Antíoco Epífanes   Dn 11:5-20
❏ Israel no tempo de Antíoco Epífanes   Dn 11:21-35

Podemos verificar o cumprimento literal de todas essas profecias folheando os livros de história secular.

Devemos nos lembrar que Antíoco Epífanes é um personagem histórico, mas que também tipifica o anticristo, que se apresentará nos tempos da grande tribulação.

2. O misterioso rei futuro   Dn 11:36-45

Muitos têm tentado identificar quem será a pessoa descrita nessa profecia. Alguns têm dito que é Antíoco

Epífanes, outros que é Herodes, o Grande, e há ainda quem diga Augusto César, e vários outros. Porém, nenhum deles cumpre com exatidão a profecia escrita aqui. Vemos nessa passagem uma profecia referindo-se ao anticristo, *o príncipe que há de vir*.

Ap 13:1
Dn 9:26

3. A descrição do rei soberbo

Há três coisas que o rei soberbo desprezará:
- O Deus de seus pais
- O amor das mulheres
- A qualquer deus

Dn 11:36-39
Dn 11:37

O anticristo poderá ser de ascendência judaico-européia e, provavelmente, um homossexual do estilo aristocrático contumaz. Até pouco tempo, dizer que o anticristo será um homossexual era motivo de rejeição. Mas hoje, nem a própria AIDS impede essas práticas malignas e desenfreadas. Até agora não há forma de vencer esta enfermidade mortal, nem haverá normas que impeçam esta imoralidade (veja-se Lição 13, seção 2).

Dn 11:37
Rm 1:27,31
2Tm 3:3

O rei soberbo dará honra *ao deus das fortalezas*. O anticristo terá como seu deus a ação bélica.

Quanto à identificação do personagem chamado anticristo, as referências adjuntas são pertinentes.

Dn 11:36-39; Dn 7:20-25; Ap 13:1-10; Jo 5:43; 2Ts 2:8-10; Zc 11:15-17

4. A ira de Deus sobre o rei soberbo

Dn 11:40-45

Os acontecimentos da última parte desse capítulo são futuros.

[b]

Encontramos descritos aqui quatro potências mundiais dos dias da tribulação:

[c]

- **O rei soberbo**, o anticristo, com o antigo Império Romano em sua forma final do quarto reino sob o comando da besta, a federação de dez impérios.

Ap 13:1-10
Ez 38 - 39
Is 30:31-33; 31:8

- **O rei do norte**, a Rússia e seus aliados (Gogue e Magogue)

Jl 2:1-7

- **O rei do sul**, o Egito, a potência africana do norte
- **Os reis do oriente**

Dn 11:40; Ap 16:12

A Palestina é *a terra gloriosa*.

É possível que os reinos acima citados estejam presentes na batalha do Armagedom, descrita por Zacarias. Isto resultará num ataque de grande escala contra Jerusalém. Dn 11:41 / Ap 16:14-16 / [d]

A guerra contra Israel iniciada por estas quatro potências aliadas constitui o evento que está claramente previsto pelas Escrituras. Zc 14:1-3

Então virá ao seu fim, e não haverá quem o socorra. Os exércitos do anticristo serão vencidos pela intervenção direta de Deus. Dn 11:45b

A vitória do Senhor será absoluta sobre as forças do maligno. O remanescente fiel dará as boas-vindas ao Messias, que regressará no resplendor e na majestade de sua glória. Ap 19:21 / [e] / Is 59:20; Ro 11:26; Dn 12:1

5. Considerações

Há várias maneiras de considerarmos as profecias relacionadas com as campanhas militares do anticristo, bem como as relacionadas com a sua pessoa. Não é possível fazer predições absolutas. O que se apresenta nesta lição com respeito aos eventos futuros, da mesma forma como em todo este livro, deve ser entendido de forma especulativa, mas não dogmática.

O conceito da *abominação desoladora*, mencionado no versículo 31 deste capítulo e em Daniel 8:11, 9:27 e 12:11, é enfatizado pelo próprio Senhor Jesus Cristo em Mateus 24:15 e Marcos 13:4. Antíoco Epífanes, como já falamos na lição 8, seção 2.1, profanou o templo, derramando o sangue de um porco sobre o altar. Conforme Daniel 9:27, na metade da última semana o anticristo fará algo ainda mais terrível. A palavra *abominação* indica que será algo totalmente repugnante.

Na lição 3 (seções 4 e 6) mencionamos a imagem que a segunda besta mandará fazer em honra do anticristo (Ap. 13:14-16). Esta será objeto de culto, o qual é idolatria. A palavra abominação implica a prática "abominável" da adoração a ídolos (1 Pe 4:3). Concluímos que parte *das abominações* descritas por Daniel será a adoração idólatra da imagem do anticristo, registrado por João no livro de Apocalipse. Tal será o poder do engano, que será permitido ao falso profeta, segundo a profecia de Apocalipse 13:15, dar *fôlego à imagem da besta*. Esta "vida" deve ser mecânica. Nunca será propriamente a vida que somente Deus pode dar.

Atualmente, existem muitas pessoas devotas das imagens que fazem sinais, como, por exemplo, "chorar". A palavra *fôlego* é traduzida do grego "pneuma", que significa "espírito". Indica que será um poder demoníaco que se apoderará da imagem. Isto já acontece hoje em dia com relação às supostas manifestações vistas pelos seguidores de certos ídolos. A Palavra de Deus, em Oséias 4:12, fala da *vara que responde* aos interrogadores do povo idólatra. Em vista dessa evidência, podemos dizer que Satanás exerce um poder de engano sobre os que praticam a idolatria, e que chegará à sua expressão máxima com a *abominação desoladora*. Tão infamante será a abominação, que esta idolatria se produzirá no próprio templo de Deus, em Jerusalém.

Lição 12

A grande tribulação e a libertação de Israel

1. Tempo de angústia

O capítulo 12 mostra Israel no último tempo, progredindo na mesma linha de ação que vem desde o capítulo 11. As frases *nesse tempo* e *tempo de angústia* são sinônimas. Será neste período que o anticristo perseguirá com ira satânica o povo judeu. Estes eventos acontecerão quando o anticristo quebrar o pacto com Israel na metade da tribulação.

A grande tribulação terá impacto não somente sobre Israel, mas também em toda a terra.

Dn 12:1
[a]

Dn 12:1
Dn 11:40

Dn 9:27

[b]
Ap 3:10

2. As ressurreições

Estes versículos falam sobre a ressurreição do corpo. Daniel 2:2,3 apresenta duas ressurreições. A inicialmente mencionada é conhecida como a primeira ressurreição ou o arrebatamento da Igreja, e será para os que *ressurgirão... para a vida eterna*. A outra será para os ímpios, e acontecerá mil anos depois da primeira. E será para *a vergonha e o desprezo eterno* (Conferir Lição 24, seção 3).

Dn 12:2,3
Ap 20:5b,6
1 Co 15:51,52
Ap 20:5a
Ap 20:11-15
At 24:15
[c]

3. Profecia da libertação final de Israel

Sobre a expressão, *fecha essas palavras e sela este livro...*, comenta o Dr. Carballosa:

A palavra fechar contém a idéia de "preservar", enquanto que selar relaciona-se com o conceito de autenticar ou assegurar. A referência é, sem dúvida, a totalidade das revelações dadas a Daniel através do seu livro.

Muitos correrão de uma parte para outra, e o conhecimento se multiplicará (Dn. 12:4). Como nunca antes na história, o agitado mundo de hoje se apressará para o pleno cumprimento desta passagem. O transporte aéreo permite que muitos *corram de uma parte para a outra* e, através da dinâmica das comunicações, fala-se da "aldeia global". A revolução científica desenvolveu tal quantidade de invenções e de conhecimentos, que seu aumento se dá em proporções incomensuráveis. A quantidade de informação (ciência) que se produz em um só jornal de uma grande cidade é maior que todo o conhecimento que tinha à sua disposição uma pessoa comum em toda a sua vida há somente duzentos anos. Atualmente, a revolução do computador pessoal está mudando o mundo em que vivemos. A tecnologia moderna nos permite fazer chegar estas mesmas lições às suas mãos.

O rio é o Hidekel (nome hebraico do rio Tigre).

A pergunta feita no versículo 6 é respondida pelo versículo 7. A resposta é: *Depois de um tempo, de tempos e metade de um tempo.* No capítulo 7, esta mesma frase é usada para se falar do tempo que o anticristo exercerá o seu poder. Em Apocalipse 12, usa-se em referência à época em que Israel suportará a perseguição dos últimos tempos. Estes dois versículos, Daniel 12:7 e Apocalipse 12:14, estão intimamente relacionados e falam do mesmo intervalo. Em Apocalipse 13:5 é dada à besta a *autoridade para continuar por quarenta e dois meses.* Em seguida, as expressões *tempo, tempos e metade de um tempo,* de Daniel 7:25, 12:7 e Apocalipse 12:14, equivalem aos quarenta e dois meses de Apocalipse 13:5. Todos esses versículos estão falando da mesma tribulação aguda que sobrevirá a Israel e ao mundo inteiro.

Daniel quis saber mais, porém as palavras tinham de ser seladas.

Os *muitos* são os próprios *sábios;* são também *os que a muitos ensinam a justiça.*

Os *ímpios* são aqueles que, mesmo vendo os castigos de Deus, insistem na incredulidade e na apostasia.

Ao comparar Daniel 12:11 com várias traduções e no hebraico, concluímos que a versão que utilizamos nestes estudos aproxima-se mais dos originais.

4. Considerações

Foram revelados a Daniel vários períodos de dias. Não nos é possível dizer com exatidão a que se referem esses períodos. O que se conhece de forma segura é que estes períodos têm a ver com os eventos relacionados à última parte da grande tribulação e os acontecimentos introdutórios ao milênio. A diferença entre 1.260, 1.290 e 1.335 dias pode indicar os eventos que serão registrados entre a segunda vinda de Cristo e o início do milênio. Exemplos desses eventos seriam as Bodas do Cordeiro e o julgamento das nações.[g]

Mesmo que o profeta Daniel tivesse de morrer antes que as profecias dadas a ele alcançassem seu cumprimento, Deus deu-lhe uma promessa: *No fim dos dias levantarás para receber a tua herança*. Daniel será ressuscitado para participar da glória do reino messiânico. Esta promessa é válida para todos os servos de Deus (veja-se Lição 24, seção 2).

Lição 13

Introdução ao estudo de Apocalipse

1. Introdução ao Apocalipse

Uma chave para entender o Apocalipse é o livro de Daniel. O Apocalipse faz referência aos escritos de Daniel mais que qualquer outro livro da Bíblia, portanto o estudo de Daniel providenciou o fundamento necessário para a análise que agora iniciamos.

> O significado da palavra "Apocalipse" é "descobrir — revelar".

Apocalipse é o livro universal — para todos. `Ap 5:9b`
Apocalipse é o único livro da Bíblia que contém uma bem-aventurança para os que ouvem e lêem. `[a]` `Ap 1:3, 22:7`
Apocalipse foi escrito em tempo de grande perseguição; milhares de crentes padeceram, foram queimados, crucificados, decapitados, lançados às feras e mortos de muitas maneiras devido ao nome de Cristo. `Ap 2:10b`
Apocalipse foi escrito por João, autor também do evangelho e das três epístolas que levam o seu nome. `Ap 1:1`
Apocalipse foi escrito no ano 95 d.C., quando João estava exilado na ilha de Patmos a mando do imperador Domiciano. `Ap 1:9`
Apocalipse é um livro profético que mostra a luta entre a luz e as trevas. `Ap 12:7`
Apocalipse fala de coisas importantes como: o julgamento do grande trono branco, a aparição da Nova Jerusalém e o começo da eternidade. `[b]` `Ap 20 - 22`
Apocalipse é um relato das visões que João teve; por isso é difícil às vezes entendê-lo. Todos sabe- `[c]` `Ap 1:19a, 4:1`

mos quão difícil é relatar o que se viu, por isso é necessário estudá-lo sob a unção do Espírito Santo e com muita oração.

Apocalipse é a **revelação** de **Cristo** como:
- ☐ **Senhor** das **igrejas** — Ap 1 - 3
- ☐ **Leão** sobre as **nações** — Ap 4 - 20
- ☐ **Cordeiro** com os **redimidos** — Ap 21 - 22

Um esboço de Apocalipse é encontrado no capítulo 1, versículo 19. Neste versículo, o livro é dividido em três seções ou porções. — Ap 1:19

- ☐ *As coisas que João viu* — Ap 1:1-20
- ☐ *As coisas que são* — Ap 2:1 - 3:22
- ☐ *As coisas que hão de acontecer* — Ap 4:1 - 22:21

2. Considerações

Apocalipse é um livro de grande importância para o leitor moderno. A situação atual do mundo leva a pessoa a perguntar a si mesma se os acontecimentos descritos nas páginas da obra visionária do apóstolo João estão a ponto de acontecer.

Os sinais destes últimos tempos foram descritos por Jesus Cristo. Ele disse: *"Acautelai-vos, que ninguém vos engane. Pois muitos virão em meu nome, dizendo: Eu sou o Cristo, e enganarão a muitos. Ouvireis de guerras e rumores de guerras, mas cuidado para não vos alarmardes. Tais coisas devem acontecer, mas ainda não é o fim. Levantar-se-á nação contra nação, reino contra reino, e haverá fomes, pestes e terremotos em vários lugares. Todas estas coisas, porém, são o princípio das dores"* (Mt. 24:4-8). Uma rápida leitura dessas palavras e um rápido exame da primeira folha de qualquer jornal, nos levaria a pensar que os títulos foram copiados das palavras de Jesus.

O apóstolo Paulo, guiado pelo Espírito Santo, escreveu também: *"Sabe, porém, isto: nos últimos dias sobrevirão tempos difíceis; pois os homens serão amantes de si mesmos, gananciosos, presunçosos, soberbos, blasfemos, desobedientes a pais e mães, ingratos, profanos, sem afeição natural, irreconciliáveis, caluniadores, sem domínio de si, cruéis, sem amor para com os bons"* (2 Tm. 3:1-4).

A ousadia com que os perversos dizem que a sua falta de moralidade é tão-somente um novo "estilo de vida", é o extremo da depravação. Entre as maldades mais repugnantes está a prática da homossexualidade. Estes depravados abertamente proclamam sua "sexualidade alternativa". Em uma declaração feita através de uma das publicações principais do movimento gay, um homossexual radical disse agressivamente:

...a seus filhos, emblemas de seu machismo frágil, de seus sonhos... vulgares...[os] seduziremos nas escolas, em seus dormitórios, ...em seus seminários... aonde quer que os homens se reúnam com homens. Seus filhos vão se tornar nossos favoritos e cumprirão nossos desejos. Virão a nos desejar e a nos adorar...

Todas as leis que proíbem a atividade homossexual serão revogadas...

Se se atreverem a [menosprezar-nos]... nós os apunhalaremos em seu covarde coração...

Não firmaremos compromissos pela metade. Não somos pessoas fracas... Somos... os aristocratas naturais da raça humana... de mentes penetrantes...

A unidade da família... será abolida... Bebês machos perfeitos serão concebidos e criados num laboratório genético...

Todas as igrejas que nos condenam serão fechadas. Nossos deuses santos são moços belos e jovens...

...Estaremos livres para viver nossas vidas conforme nossa imaginação for sugerindo. Para nós, o demasiado não basta...[e]

Diante de notícias de guerras, terremotos, falsos cristos, fomes, pestes e a desonestidade degradante ganhando cada vez mais adeptos, torna-se urgente o estudo do livro de Apocalipse hoje mais do que nunca. Definitivamente, os sinais dos tempos indicam que o que está escrito em suas santas páginas se cumprirá dentro em breve. Enquanto isso o povo de Deus deverá se firmar cada vez mais com Ele para resistir firmemente ao ataque do diabo.

Lição 14

Apocalipse: a revelação de Jesus Cristo

Seguindo o fluxo profético de Daniel, a profecia relacionada aos tempos anteriores à igreja tem sido tratada nas lições precedentes. Com esta lição começamos a apresentação do tempo presente, a época que hoje vivemos, a dispensação da igreja. O estudante agora tem o privilégio de examinar *a revelação de Jesus Cristo* (Ap.1:1).

1. As coisas que tens visto

João é testemunha de Cristo. O seu livro é *a revelação* que **provém** de *Jesus Cristo* e *a revelação* da **pessoa** de *Jesus Cristo*. É a descoberta do que está encoberto.

Apocalipse é um livro que tem de ser estudado e assimilado, pois seu propósito é *"manifestar"*.

Ao dizer *eis que cedo venho,* Jesus está levando-nos a entender a necessidade de **vivermos como se Ele fosse voltar a qualquer momento.**

Temos o testemunho da *Palavra de Deus, de Jesus Cristo* e também do autor do livro, João.

Para sermos abençoados, não só necessitamos ler e ouvir as palavras desta profecia, mas também devemos **guardar** *as coisas nela escritas*.

O Senhor se dirige às sete igrejas. O número sete em Apocalipse — e geralmente na Bíblia — é símbolo do completo ou da totalidade, da perfeição, da plenitude dos propósitos divinos. *Os sete espíritos* falam do Espírito Santo, a palavra sete é usada como adjetivo e fala da perfeição e plenitude do Espírito; não do número dos espíritos, pois o Espírito Santo é um.

Os versículos 5 e 6 nos apresentam várias descrições de Jesus Cristo.

Ap 1:1-20
Ap 1:1
Is 46:9-10
Dn 9:22-23
Ap 1:1
Ap 1:1
Ap 1:2; 2 P 1:16-21; 1 Jo 1:1-3
[a]
Ap 1:3
Lc 2:19
[b]
Ap 1:4
Is. 11:2
Ap 1:5-6; Ap 1:18;
Ef 1:2-3;
Hb 4:14-16

O Cristo, *aquele que é, que era e que há de vir* é revelado nos versículos 7 e 8, considerados como manifestações de louvor.

Ap 1:7-8; Dn 7:13-14; Mt 24:29-33; Zc 12:8-14;

E todo o olho o verá, são palavras que não poderiam ser entendidas de forma literal se não fosse os tempos atuais em que vivemos. Em um domingo de 24 de Julho de 1969, milhões de pessoas em todo o mundo viram Neil Armstrong dar o primeiro passo sobre a lua através da televisão e todos puderam vê-lo ao mesmo tempo. Atualmente, a cabana mais remota tem receptor de satélite parabólico, porém, não é possível afirmar que a televisão será o meio que permitirá o cumprimento deste versículo.

Ap 22:13
[c]
Ap 1:7

Alfa é a primeira, e Ômega a última letra do alfabeto grego. A descrição de Jesus como sendo o *Alfa e o Ômega* é explicada pelas palavras que se seguem: *O princípio e o fim*.

Ap 1:8

João havia sido exilado para a ilha de Patmos por causa de seu testemunho de Cristo. Segundo a tradição, Domiciano havia ordenado a morte de João colocando-o dentro de um tonel de azeite fervendo. O apóstolo saiu de lá sem apresentar nenhum vermelhão na pele e então foi mandado para a ilha de Patmos. Normalmente, quanto mais tribulação o crente enfrenta, maior revelação ele recebe da parte de Deus.

[d]
Ap 1:9
[e]
At 14:22

A frase *eu fui arrebatado em Espírito no dia do Senhor* tem duas interpretações possíveis:
- ☐ Significa o primeiro dia da semana
- ☐ Significa que João foi transportado em Espírito *ao dia do Senhor* no futuro

Ap 1:10-11
Dn 9:3,20-21
[f]

Estas duas interpretações são possíveis e talvez as duas sejam verdadeiras. Um homem como João não estava *em Espírito* somente nos dias de domingo, *mas vivia no Espírito*.

Sete candeeiros de ouro simbolizam as sete igrejas (veja-se versículo 20). A idéia essencial é que a igreja é portadora da luz para este mundo.

Ap 1:12-13; Ex 25:31-40; Zc 4:1-6; Dn 7:13-14; Is 11:5

Assim como Arão inspecionou os *candelabros* no Lugar Santo, Cristo anda em meio às igrejas. Cristo está inspecionando a sua Igreja.

Fp 2:15
1 Pe 4:17
[g]

A sua cabeça e cabelos eram brancos como lã branca significa sua eternidade, sua infinita sabedoria e experiência.

Tinha ele na mão direita sete estrelas. Observa-se aqui que Cristo é aquele que sustenta e apóia o ministério de sua Igreja.

João não pôde resistir ao poder da glória de Cristo, o Juiz. Pobre do homem que não tiver a Cristo em seu coração no grande dia do juízo.

Para o crente que perdeu seus familiares o versículo 18 é de grande consolo. Cristo tem tudo sob controle: Ele tem as chaves da morte e do inferno!

Notamos que os justos que morreram antes de Cristo se encontram no *seio de Abraão* ou *Paraíso*, mas agora estão com *Cristo no céu, o que é muito melhor*.

2. Esquema do livro e a primeira visão

O versículo 19 contém o esquema do livro de Apocalipse (veja-se Lição 13).

O significado da primeira visão está exposto em duas partes:

☐ *As sete estrelas* são os mensageiros, *anjos*, das sete igrejas. Estes são os ministros ou pastores de cada uma das igrejas.

☐ *Os sete candeeiros* são as próprias igrejas.

3. Considerações

Tanto Daniel como Apocalipse têm sido atacados freqüentemente pela alta crítica. Como Satanás gostaria de eliminá-los das páginas da Santa Palavra de Deus! Daniel e Apocalipse tratam dos temas que mais preocupam as potestades do mal, demonstrando o destino eterno do diabo, seus demônios e o destino dos homens perversos que os seguirem. Além do mais, expressam a eterna bem-aventurança que espera os crentes lavados no sangue precioso do Cordeiro.

Sem ser superiores a qualquer outra porção das Escrituras, contêm um tipo de revelação extraordinariamente importante para os tempos finais. Estes dois livros são profundos e proporcionam grandes exemplos de fé e de esperança de uma vida com Cristo *no céu, o que é muito melhor* (Fp 1:23).

Lição 15

As sete igrejas

1. As coisas que são: Introdução Ap 2:1 - 3:21

As sete cartas às sete igrejas foram dirigidas a congregações do tempo de João. Das sete cidades, atualmente só duas têm igrejas cristãs: Esmirna, a cidade da igreja sofredora, e Filadélfia, a igreja fraca (veja-se Lâmina 2)

Pode-se resumir o quadro total das cartas da seguinte forma: [a]

- ❏ Um processo de **formação,** *o teu trabalho e a tua perseverança* (Éfeso e Esmirna). — Ap 2:2
- ❏ **Deformação** gradual, *engana os meus servos, seduzindo-os a se prostituírem* (Pérgamo, Tiatira e Sardes). — Ap 2:20
- ❏ **Reformação** subseqüente, *comigo andarão* (Filadélfia) (No sentido dispensacional também pode ser incluída a igreja de Sardes neste grupo). — Ap 3:4
- ❏ **Conformação** (aceitação) com o mundo, *porque és morno* (Laodicéia). — Ap 3:16

A característica mais destacada de cada igreja:
- ❏ **Éfeso:** perda do primeiro amor — Ap 2:4
- ❏ **Esmirna:** igreja perseguida — Ap 2:10
- ❏ **Pérgamo:** igreja fiel; mas tolera os falsos mestres — Ap 2:14-15
- ❏ **Tiatira:** igreja dominada por falsos mestres — Ap 2:20
- ❏ **Sardes:** igreja espiritualmente morta — Ap 3:2
- ❏ **Filadélfia:** igreja de testemunho fiel — Ap 3:10
- ❏ **Laodicéia:** igreja morna — Ap 3:16

As cartas têm uma aplicação em quatro sentidos:
- ❏ Histórico (literal)
- ❏ Universal (geral)
- ❏ Individual (pessoal)
- ❏ Profético (atual)

Observamos que a aplicação foi **profética** ao ser escrita, mas agora é **atual** para nós que estamos vivendo o cumprimento da profecia nestes últimos dias. [b]

As cartas têm vários elementos em comum: [c]
- Dirigidas *ao anjo*, (mensageiro / pastor) de cada igreja
- Saudação e destino
- Descrição de Jesus
- O conhecimento de Jesus sobre o estado espiritual de cada igreja, *eu conheço tuas obras*
- Condenação e/ou louvor com relação a cada igreja
- Dirigidas ao *que tem ouvido* como admoestação de que *ouça*
- Cada carta tem uma promessa *ao que vencer...*

Para um estudo mais apurado, o leitor pode ver o Apêndice 1, onde apresentamos um quadro comparativo das sete igrejas.

2. Resumo de cada igreja

Éfeso — amada, desejada. Ela é condenada pelo abandono de seu primeiro amor. *Lembra-te de onde caíste! Arrepende-te.* [Ap 2:1-7]

Esmirna — mirrada, amargurada. Ela é consolada em sua perseguição e encorajada a continuar fiel, *sê fiel até à morte, e dar-te-ei a coroa da vida.* [Ap 2:8-11]

Pérgamo — fortificada, alta, elevada. Ela é condenada por seu mundanismo e heresia (doutrina adulterada), mas há para ela promessas divinas, alimento celestial (maná) e troféu para quem vencer a competição (os ganhadores). [Ap 2:12-17]

Tiatira — sacrifício perpétuo, oferta contínua. A presença da falsa profetisa é condenada por prostituir a doutrina e corromper a moral dos que eram seduzidos por seu engano. [Ap 2:18-29]

Sardes — renovados. A hipocrisia na vida cristã é condenada. A promessa divina: vestes sem contaminação e permanência no livro da vida. [Ap 3:1-6] [Zc 3:4]

Filadélfia — amor fraternal. Sua fidelidade é elogiada. Mesmo tendo *pouca força* não negou o nome de Jesus. Tem uma porta aberta que ninguém poderá fechar. [Ap 3:7-13]

Laodicéia — o povo reina; o julgamento das pessoas. **Direitos do povo, justiça própria.** Sua fraqueza e mediocridade são condenadas. O meio ambiente de [Ap 3:14-22] riqueza e intelectualidade havia afetado a espiritualidade desta igreja.

3. Considerações

A situação espiritual das sete igrejas históricas é semelhante ao estado em que se encontram determinados cristãos (ou que dizem sê-lo) dentro das igrejas e se manifestam em todo o tempo e lugar durante a dispensação atual da graça.

As situações históricas de cada uma das igrejas representam as condições futuras de algum dos sete períodos previstos para a Igreja durante a idade atual que vivemos, entre as duas vindas de Cristo (veja-se Apêndices 3-5).

A igreja de **Éfeso** é exortada por sua falta de amor, mas Jesus lhe abre o caminho para a vida eterna.

Sardes e **Laodicéia** são as mais censuradas (são ricas neste mundo, mas na verdade são pobres e nuas).

Pérgamo e **Tiatira** têm coisas boas e más. Elas não têm discernimento espiritual. Aquele que tem olhos de fogo e espada aguda está pronto a fazer a separação que elas não fizeram.

Esmirna e **Filadélfia** não receberam nenhuma reprovação. A primeira sofre e é incentivada a ser fiel até a morte. Filadélfia recebe a promessa de ser libertada do sofrimento da morte (será arrebatada, Ap 3:10).

A decadência das igrejas é progressiva, começando pelo descuido do amor indo até a fraqueza espiritual. A obscuridade espiritual piora, de Pérgamo a Tiatira.

A doutrina de Balaão e a doutrina dos nicolaítas são referências aos sistemas de falsa doutrina (ensinamento) que têm penetrado dentro das igrejas (para mais informação, veja-se Apêndice 6).

As sete igrejas de Apocalipse, capítulos 2 e 3, funcionavam na Ásia Menor, no tempo em que João, o apóstolo, recebeu *a revelação de Jesus Cristo*. Cada carta tinha um significado contemporâneo para a igreja em particular e um significado espiritual para a vida do crente individualmente. Também se aplica a mensagem das cartas às igrejas e aos crentes de todo o lugar e tempo. Além do mais, elas têm uma aplicação dispensacional e profética. Este plano é apresentado nos Apêndices 2 a 5.

Se o plano apresentado nos Apêndices de 2 a 5 representa a realidade que a Igreja vive, então outra observação pertinente tem a ver com o uso das palavras *quem tem ouvidos*. As três primeiras cartas apresentam esta exortação *(Quem tem ouvidos, ouça o que o Espírito diz às Igrejas)* antes da promessa ao que vencer, que se encontra em cada carta. Em contrapartida, as últimas quatro cartas apresentam a mesma exortação no final delas, depois da promessa. Este agrupamento corresponderia à interpretação que empregamos para encontrar as últimas quatro igrejas no final do período (ou século) da graça? Se a resposta a esta pergunta for afirmativa, então Filadélfia será arrebatada e as outras três formarão a igreja apóstata.

Lição 16

O trono celestial

1. As coisas que hão de acontecer depois   Ap 4:1 - 22:21

Com o capítulo 4 começa a terceira seção de Apocalipse. Inicia-se com as mesmas palavras que foram usadas em 1:19 *(depois destas)*. *As coisas... que depois destas hão de acontecer*, podem ser divididas em três seções principais, que são:

- ☐ O período de tribulação   Ap 6:1 - 19:21
- ☐ O milênio   Ap 20:1-15
- ☐ A condição eterna   Ap 21:1 - 22:5

Os capítulos 4 e 5 que estudaremos nesta lição fazem um preâmbulo da primeira seção anotada acima. Formam uma introdução à série de julgamentos que são descritos detalhadamente desde o capítulo 6 até o 19.

2. A porta aberta no céu   Ap 4:1-3

A expressão *coisas depois destas* fala do que foi apresentado nos capítulos 2 e 3. João muda a sua atenção dos assuntos da Igreja para os assuntos de ordem celestial. A Igreja não aparece no cenário de Apocalipse até o epílogo do capítulo 19 onde repentinamente a encontramos voltando à terra. Isto indica que a Igreja não estará na terra durante os julgamentos descritos no livro. Da mesma maneira que João foi transladado, assim acontecerá com a Igreja quando do arrebatamento.

A palavra *trono* é mencionada catorze vezes neste capítulo e quarenta e seis vezes em todo o livro de Apocalipse, fazendo deste o livro do *trono celestial*.

A excelência, personalidade e perfeição de Deus são apresentadas nas pedras de jaspe, como translúcido à luz e à cornalina (ágata), que é da cor vermelha e simboliza o amor.

Ap 1:19
Ap 4:1
[b]
[c]
1 Ts 4:17
Ap 3:10
Ap 4:1
1 Ts 4:16-17
1 Co 15:51-53
Ap 4:2
[d]
Ap 4:3
Ap 21:11
Ap 21:19-20
[e]

O arco-íris como símbolo do pacto de Deus com Noé indica que, em meio ao julgamento, Deus será fiel a este pacto mesmo que a tormenta esteja por desabar. O arco-íris completamente circular e verde é símbolo da esperança do pacto perpétuo.

Ap 4:3
Gn 9:8-17
[f]

3. Descrição dos vinte e quatro anciãos

A quem representam esses vinte e quatro anciãos? Os anjos não se sentam em tronos e nem são coroados, e muito menos entoariam o cântico dos redimidos, portanto os anciãos são representantes dos redimidos. São sacerdotes (vestidos de branco) e reis (coroados). Por que vinte e quatro? Duas vezes doze pode referir-se aos doze filhos de Israel e aos doze apóstolos, dando assim representação aos santos dos dois Testamentos da Bíblia. Doze é um número governamental na terra.

Ap 4:4
Hb 1:14
Cl 2:18
1 Pe 1:12
[g]
Ap 2:10, 3:11
Mt 19:28
Ap 3:21
Ap 21:12-14

4. O trono celestial

"Do trono saíam relâmpagos, vozes e trovões" indica o ambiente do céu antes de serem desencadeados os castigos sobre a terra. O trono de graça se tornou o trono de julgamento.

O ministério purificador, perfeito, do Espírito Santo está simbolizado pelas sete lâmpadas de fogo. Não ardem com o fogo do amor, mas sim com o da ira de Deus contra os inimigos.

Ap 4:5
Êx 19:16
Ap 8:5
Ap 11:19, 16:18
[h]
Is 11:2
Ap 1:4

5. Louvores celestiais diante do trono

Um mar de vidro, semelhante ao cristal mostra a santidade e a pureza do que está sentado no trono. No tabernáculo de Moisés havia uma fonte de bronze que nos templos posteriores foi ampliada e passou a se chamar *mar*. Sendo o tabernáculo terreno a figura do celestial, encontramos um *mar* no céu. Porém há várias diferenças entre o *mar* do templo de Salomão e o *mar de vidro*. O *mar* de Salomão contaminava-se com as atividades dos sacerdotes. No *mar* celestial encontramos o fato de que não há tal contaminação, já que Cristo foi sacrificado uma vez por todas. O *mar de vidro* é o próprio piso da sala do trono.

Ap 4:6-11
Ap 4:6
[i]
Êx 30:17-21
1 Rs 7:23-26
2 Cr 4:2-15
2 Cr 4:6
Hb 7:27
Ap 15:2-4

Os *quatro seres viventes* são os querubins do Antigo Testamento e simbolizam os atributos judiciais e a autoridade de Deus. São apresentados como possuidores de perfeita sabedoria. Proclamam a santidade daquele que está assentado no trono e adoram ao Criador.

Simbolicamente, no rosto dos *seres viventes*, Cristo é apresentado como Rei, Servo, Homem e Deus:
- ❏ *Leão*, onipotência e majestade
- ❏ *Bezerro*, serviço em favor dos homens
- ❏ *Homem*, inteligência e compaixão
- ❏ *Águia*, visão penetrante e ação repentina

Consideramos também o paralelo entre os quatro seres viventes com a ênfase que se faz a cada evangelho:
- ❏ *Leão*, monarquia e reino de Cristo (Mateus)
- ❏ *Bezerro*, serviço de Cristo (Marcos)
- ❏ *Homem*, humanidade de Cristo (Lucas)
- ❏ *Águia voando*, divindade de Cristo (João)

Este capítulo do trono termina com o hino dos anciãos, o primeiro dos vinte hinos de Apocalipse. Ao apresentarem suas coroas perante o trono, os anciãos indicam que unicamente o Senhor é digno de reinar. Isto serve como exemplo para todo o crente.

Ap 4:6
Ez 1:5-26
[j]
Ap 4:8b
Ap 4:7
[k]
Ap 5:5
Lv 9:2-8
1 Ti 2:5
Is 40:31
[l]
Mt 3:2
Mc 1:32-34
Lc 3:38
Jo 1:1
Ap 4:10-11
Ap 5:12

6. Quem é digno?

A mão direita representa autoridade e poder.

Escrito por dentro e por fora indica a totalidade e, assim como o número de selos, sete é o número da totalidade e da perfeição. Existe muita controvérsia quanto ao que este livro é, e o que ele contém. Podemos pensar que seu conteúdo é julgamento. Ao abrirem-se os selos, os julgamentos e castigos de Deus se desatarão. É possível que também seja o título de propriedade do planeta terra. Era costume entre os judeus, ao vender uma propriedade, passarem para as mãos do novo dono a carta de venda (o título de propriedade). Quando o homem foi criado, Deus o tornou proprietário da terra. Quando o homem caiu, ele perdeu todo o direito e domínio sobre o Paraíso, assim como também a vida eterna. Simplesmente o homem vendeu-se à escravidão. A terra então

Ap 5:1-3; Ap 5:1;
Mt 22:44; Hb
10:12; Sl 98:1;
Is 59:16
[m]
Ap 5:1
[n]
Ap 6
[o]
[p]
Jr 32:6-15
Gn 1:26-28
Gn 1:17-22
Rm 6:16
2 Tm 2:26
1 Pe 2:19

caiu em mãos de seu novo dono, Satanás, que tornou-se o *deus deste século*. Existia a lei de resgate. Cristo, ao vir a este mundo, e morrer na cruz, ganhou o direito de ser nosso *parente próximo* e de nos resgatar.

Lc 4:5-7; Jo 12:31
2 Co 4:4
Lv 25:23-25
Cl 2:13-15

7. Pranto de João e a resposta

As lágrimas de João representam o lamento do povo de Deus através de todos os séculos. A tristeza de João era profunda; sem a abertura dos selos a terra não poderia ser resgatada das mãos de Satanás. Mas foi encontrado um que é digno, *o Leão da tribo de Judá, a raiz de Davi*. Sobre Ele, um dos anciãos diz: *venceu para abrir o livro*.

Ap 5:4-5
[q]
Jo 16:33

8. O Cordeiro imolado

E tinha sete chifres e sete olhos. Cristo aqui é representado como divindade.
☐ **Sete chifres:** onipotente
☐ **Sete olhos:** onisciente

Ap 5:6-7
Is 11:2-3
Ap 5:6b

9. O cântico novo

Tendo todos eles uma harpa. Em vários lugares de Apocalipse fala-se de harpas. Significa que existem instrumentos musicais no céu. Que bênção perdem os irmãos que acreditam que não deve haver instrumento de música na igreja!

Taças de ouro cheias de incenso, que são as orações dos santos. Diante de Deus nossas orações são preciosas, não se perdem nem desaparecerão. O ministério sacerdotal dos santos é valorizado perante Deus.

Ap 5:8-10
Ap 14:2, 15:2b
Sl 33:2
Ap 5:8, 8:3-4
Ml 3:16

10. Toda a criação proclama honra e glória ao Cordeiro

O louvor dado ao Cordeiro é universal. Os anciãos, ao cantarem... *compraste para Deus homens de toda tribo*, tornam nulo o ensinamento de que não lembraremos nada de nossa vida sobre a terra com relação ao que fizemos de mal. Se não temos memória, não existe nenhum sentido neste novo cântico. De todos os

Ap 5:11-14

grupos que cantam e proclamam a dignidade do Cordeiro, só os anciãos podem cantar sobre a sua redenção. Nem os anjos, nem tampouco nada do que foi criado, podem cantar ao seu redentor. Só o homem, vendido ao diabo, pode ser redimido.

1 Co 13:12b
Pv 20:27
1 Co 6:20

Lição 17

Os sete selos

1. O início da última semana de Daniel

Nesta lição apresentamos a abertura dos sete selos que abrange o estudo dos capítulos 6 a 8 de Apocalipse. Desde agora nossa atenção estará dirigida à terra e aos julgamentos que virão sobre ela. O período total dos julgamentos é descrito desde o capítulo 6 até o 20. Existem muitos pontos de vista com relação à conexão entre os selos, trombetas e taças. Em nosso estudo, o sétimo selo contém as trombetas e a sétima trombeta contém as sete taças (veja-se Lâmina 3). Muitos têm feito a si mesmos esta pergunta: Por que Deus não intervém no mundo para remediar o estado pecaminoso e caótico em que vivemos? Um estudo desses capítulos sobre o julgamento será a resposta eficaz a esta pergunta. Quando o Senhor manifestar a sua ira, os resultados serão terríveis e espantosos[a]. Este estudo é benéfico para os que não conhecem o evangelho, a paciência e a misericórdia de Deus.

Neste capítulo começa a se cumprir a última semana de Daniel 9:27. Daniel não foi convidado para subir ao céu, mas João o foi. Daniel viu tudo em visões noturnas, mas não compreendeu o significado das mesmas[b]. Mesmo que João não tenha compreendido muitas coisas, ele viu tudo com clareza.

Os quatro primeiros selos que serão abertos se apresentam mediante quatro cavalos com seus cavaleiros. Em alguma coisa se parecem aos julgamentos sobre os quais Deus falou a Ezequiel.

Para simbolizar os diferentes agentes usados na execução dos juízos divinos, utilizam-se diferentes cores para os cavalos.

Ap 6:1-8

Ez 14:21-22
[c]

Ap 6:1-2

2. Os sete selos

2.1 O primeiro selo: o cavalo branco
   O cavaleiro conquistador
Este cavaleiro é o chifre pequeno que Daniel viu.
Olhei, e vi um cavalo branco. A apresentação do pró-

Dn 7:8
[d]

prio anticristo será como de um homem de paz. O fato curioso que se destaca é que esse cavaleiro virá sobre um cavalo branco, simbolizando a paz. É notório que ele tem um arco, mas não tem setas, o qual também representa a paz. 1 Ts 5:1-3
[e]
Ap 6:2

Tão enganosa é sua aparência que existem muitos que crêem que aqui se fala do Senhor Jesus. Mas o cavaleiro desse cavalo branco é diferente do cavaleiro do capítulo 19 de Apocalipse. No capítulo 6 de Apocalipse está escrito acerca do anticristo que lhe *foi dada uma coroa*, mas, em contrapartida, o que se diz acerca do Senhor é que *sobre a sua cabeça havia muitos diademas*. Ao Senhor dos senhores e Rei dos reis não tem que se "dar" uma coroa, pois Ele tem em sua cabeça muitos diademas. Também é fácil observar a diferença que existe entre a descrição desse cavaleiro e as outras descrições bíblicas da conquista vitoriosa de Cristo.   Dn 11:23,24
Dn 11:32
Ap 19:12
Zc 9:9-14
Sl 45:1-5

Podemos entender, a partir do próprio nome "anticristo", que aquele ser tentará imitar a Cristo em todo aspecto durante a sua aparição, empreendimento no qual só terá êxito o suficiente para enganar os perversos. Os escolhidos serão protegidos do erro.   Mc 13:20

2.2 O segundo selo: o cavalo vermelho
O cavaleiro acompanhado da guerra
Ap 6:3-4
Ap 17:3,6

Neste julgamento o anticristo logo revela o seu verdadeiro caráter. A cor branca, símbolo da paz, torna-se vermelha, símbolo de violência e sangue. O cavaleiro que levava o arco sem setas agora tem uma grande espada. Este cavaleiro conduzirá as nações à guerra.

Muitos têm opinado que este cavaleiro representa o governo comunista, pelo fato de que ele semeia terror no mundo. Ele procura armar-se mais do que todas as nações e seu símbolo nacional é a cor vermelha. Apesar de tudo, o comunismo na forma que se tem manifestado não preenche todos os requisitos para cumprir essa profecia em sua totalidade; porém, pode-se destacar que ele tem o espírito do anticristo, como têm tido também as nações e os reinos representados por homens perversos como Júlio César, Napoleão, Hitler, Stalin e outros[f].

Este cavalo com seu cavaleiro cumprirá as descrições
do profeta Daniel.   Dn. 11:38-39

2.3 O terceiro selo: o cavalo negro   Ap. 6:5-6
O cavaleiro portador da fome

Inclusive também em sua cor, o cavaleiro deste julgamento representa um quadro de morte (Lm 4:8-9). Ele traz uma morte espantosa. Este julgamento será também econômico, cujo efeito será maior sobre os pobres. *Não danifiques o azeite e o vinho.* Estes são artigos de luxo que só aparecem na mesa dos ricos. O mundo em que vivemos no presente momento sofre de um mal apresentado por este juízo. Os ricos tornam-se mais ricos e os pobres tornam-se mais pobres. A classe média está desaparecendo. Concluímos então que o juízo que vira à terra fará com que esta brecha se torne ainda mais notória e, como resultado, sobrevirá morte como nunca antes se registrou na terra.

Um denário era o salário mínimo de um dia. Uma *libra* era uma medida tão pequena que apenas dava para uma só pessoa comer.

2.4 O quarto selo: o cavalo amarelo   Ap 6:7-8
O cavaleiro chamado Morte

Este cavaleiro tem por nome Morte e seu acompanhante é o inferno. Amarelo pode ser traduzido como "pálido" ou "verde", o qual representa a cor de um cadáver. O quadro representado pelo reinado do anticristo agora se torna claríssimo. É espantoso! Por todo o lado haverá guerras, fomes, pestilências e cadáveres abandonados. A putrefação e pestes resultantes, ocasionando mortandade, se estenderão. *As feras da terra* perderão seu temor natural ao homem, estarão sob o controle do anticristo, o inimigo perverso, e atormentarão os homens. Devido a este juízo morrerá a quarta parte dos habitantes da terra. Logo em seguida será conhecido o número dos atormentados pelos juízos restantes.

2.5 O quinto selo: o clamor dos mártires   Ap 6:9-11
Clamor das almas justas

Com a abertura do quinto selo temos uma persegui-   Hb 10:32-34
ção, com o martírio universal dos crentes. As almas que   Ap 13:10
aqui clamam contra seus carrascos parecem ser judeus,
por sua insistência na vingança contra quem prossegue

com a matança na terra. Nisto entendemos que são as almas dos judeus justos saindo da tribulação. Devido ao fato de estarem debaixo do altar, entende-se que foram cobertos pelo sacrifício do Cordeiro. No capítulo 7 encontramos os gentios que são salvos na tribulação.

Sl 94:1-2
Ap 7:14
Lv 8:15

Surgem a seguir algumas características destas almas:
- São mártires saídos da tribulação
- Têm voz, e podem clamar, podem ouvir
- Podem argumentar, têm emoções
- São inteligentes, têm memória
- Podem se vestir, têm vestiduras
- Falavam em estado de descanso

Ap 6:10-11

Entendemos que a palavra alma muitas vezes faz referência à pessoa como um todo.

[h]
[i]
Tg 1:21

2.6 O sexto selo: o grande terremoto
O selo da ira

Ap 6:12-17

O terremoto descrito aqui é mundial, tendo efeito sobre todos os moradores da terra. Pode-se pensar que acontecimentos tais como o escurecimento do sol e a aparência vermelha da lua serão resultados deste cataclisma. Uma atividade sísmica desta magnitude afetará todos os moradores da terra. Fará com que grande quantidade de poeira e de fumaça de fogo se levantem no ar. Como resultado o sol ficará escurecido e a lua aparecerá vermelha como o sangue.

As estrelas do céu que *caíram sobre a terra* devem ser meteoros. Uma chuva tão abundante de meteoritos, como a mencionada aqui, seria tão devastadora e causaria grandes danos em casas, edifícios, veículos ou qualquer objeto exposto ao choque direto — tudo isso sem mencionar o perigo do fogo.

Não deixamos de notar a palavra *como* que se repete nos versículos quatro vezes. João teve muita dificuldade em explicar esses acontecimentos, o que nos assegura que serão terríveis e espantosos, por isso nos é difícil ter uma visão clara a respeito.

Notemos também que todo o ser humano será afetado, alterando-se a ordem social. Tudo se tornará um caos e a anarquia entrará em ação.

É tão terrível o juízo de Deus, que os homens perversos clamam à natureza para que os esconda do Cordeiro. Apesar da ira do Senhor tão visivelmente manifesta — com o conhecimento dos homens da procedência de tal ira — as pessoas se recusam a se arrepender de seus caminhos perversos.

O estudante pode tomar nota desses versículos que nos falam do sexto selo.
Is 54:10; Na 1:5; Ez 38:20

3. Divisão parentética. Os 144.000 e a multidão vestida de roupas brancas
Ap 7:1-8

Encontramos no capítulo 7 um parêntese no período do juízo. Dentro desse parêntese, achamos dois grupos de santos redimidos durante a tribulação: um é dos judeus, e o outro, dos gentios[j].

Muitos estudos nos indicam que esse parêntese não seria cronológico, mas vemos que deve se entender em sentido cronológico devido às palavras *depois destas coisas*, que são idênticas às de Apocalipse 4:1.

3.1 O remanescente de Israel chamado e selado
Ap 7:1-8

Os quatro anjos estão encarregados dos *quatro ventos* dando a entender os pontos cardeais: Norte, Sul, Leste e Oeste.
Ap 7:1
Is 11:12

O outro anjo mencionado aqui não é Cristo. A frase *outro anjo* não fala necessariamente do Senhor Jesus, mas vemos que o *outro anjo* cumpre as funções de um sacerdote. Porém, no capítulo 8, a frase que estamos analisando tem a ver com Jesus Cristo; da mesma maneira, no capítulo 10, *o anjo forte* é o próprio Senhor Jesus.
Ap 7:2

Um descanso nos juízos é declarado com o propósito de selar os 144.000 judeus. O selo que eles recebem os protege e os capacita a atravessar a tribulação. Sempre tem havido um remanescente do povo de Deus. Agora, esse remanescente será preservado para enfrentar a tribulação. Muitos pensam que eles serão os evangelistas da tribulação, mas nós vemos que seus ministérios serão como testemunhas para anunciar que os juízos provêm de Deus. Portanto, sua missão principal não será pregar o evangelho. Também terão um ministério como remanescentes, guardando assim um povo para Deus na terra, mesmo quando as massas se dedicarem tão-somente a blasfemar o nome de Deus.
Ap 8:3
Ap 10:1
Ap 7:3
Ap 14:3b
Ez 9:4
1 Rs 19:18
[k]

Sem informar a razão, nos textos faltam as tribos de Dã e Efraim. Possivelmente não estão incluídas por causa de sua idolatria. Elas deixaram que Jeroboão, rei de
Ap 7:9-17
Ap 7:5-8
Dt 29:18-21
1 Rs 12:26-30
Js 19:47

Israel, colocasse bezerros de ouro em meio às suas tribos, incluindo a cidade de Betel (casa de Deus), mudando seu nome para Bete-Ávem (casa de vaidade). Jz 4:45 Os 4:17

Alguns têm afirmado que os judeus salvos só serão 144.000, mas esta é uma afirmação não bíblica. Aqui trata-se de um grupo especial com uma missão específica. [1]

3.2 Grande multidão de redimidos que saem da tribulação
Ap 7:9-17

O grupo que agora vemos é *de todas as nações*, e isto incluirá tanto judeus como gentios. Vemos que as almas que estavam sob o altar agora estão *diante do trono*. Os primeiros três anos e meio se cumpriram, e no que resta da tribulação Deus derramará a sua ira sobre os perversos que não se arrependeram de suas perversidades.

Segue uma lista das características da multidão:
- *Uma grande multidão, que ninguém podia contar* (Ap 7:9)
- *De todas as nações, tribos, povos e línguas*
- *Que estavam...diante do trono e perante o Cordeiro*
- *Trajando compridas vestes brancas e com palmas nas mãos*
- *Vieram da grande tribulação*
- *Lavaram as suas vestes e as branquearam no sangue do Cordeiro* (Ap 7:14)
- *Estão diante do trono de Deus* (Ap 7:15)
- *E o servem de dia e de noite no seu templo*

Muitos têm dito que durante a tribulação os "crentes" que ficaram depois do arrebatamento da Igreja poderão ser salvos. A isto respondemos: Não! Não nos enganemos. Os que serão salvos na tribulação não serão os que esquentavam os bancos das igrejas. Se não tiverem coragem para seguir a Cristo agora, durante a presente época da graça, não o farão quando o anticristo estiver governando. Não o farão quando, diante de seus olhos, cometerem violência e homicídios contra seus familiares. Serão salvos os ímpios que nunca entraram numa igreja. Ao verem os juízos dos seis primeiros selos eles se arrependerão e pagarão qualquer preço para estar com Cristo. O preço que terão de pagar é o de sua própria vida. Serão decapitados por causa de Cristo.

2 Ts 2:7-12
Hb 6:4
Hb 10:26

Ap 20:4

4. O sétimo selo   *Ap 8:1-5*

O sétimo selo contém três coisas:
- *Silêncio... por cerca de meia hora*   *Ap 8:1*
- *Sete anjos... lhes foram dadas sete trombetas*   *Ap 8:2*
- *O anjo tomou o incensário, e encheu-o de fogo do altar e o lançou sobre a terra*   *Ap 8:5*

O silêncio é espantoso. Em nenhuma outra parte da Bíblia menciona-se algo semelhante. O tempo, meia hora, pode ser simbólico ou literal, mas enfatiza a gravidade do que se segue. Com relação a esse silêncio nos julgamentos, Antonio Jaramillo escreveu: *Ap 8:1* [m] [n]

"É uma trégua carregada de mutismo. Um sossego desesperante de silêncio e mudez."

Analisando o contexto parece-nos que o sétimo selo é o juízo das sete trombetas.   *Ap 8:1-2*

O *outro anjo* do versículo 3 deve ser o próprio Senhor Jesus em seu ministério sacerdotal. Aqui nos indica que as orações dos santos, como incenso, sobem à presença de Deus. Não só vemos o Senhor em seu ministério sacerdotal mas também como Juiz ao jogar o incensário cheio de fogo sobre a terra. Notemos que :
- O fogo consome
- O fogo purifica

Ap 8:3
Ef 2:18
Hb 13:15
1 Pe 2:5
1 Tm 2:5
[o]
[p]
Hb 12:29
Ml 3:2-3
Ap 13:3

Lição 18

As sete trombetas

1. Rompe-se o profundo silêncio

Muitas têm sido as tentativas de entender o significado das trombetas e dos juízos em geral. Nós nos inclinamos à interpretação literal. Sem menosprezar outros pontos de vista, pensamos que esta preferência para o literal evitará confusão, pois não é mesmo possível conhecer os significados precisos das profecias que deverão cumprir-se no futuro.

No livro de Apocalipse pode-se apreciar o ministério dos anjos melhor do que em qualquer outra parte da Bíblia. Os anjos são os que exercitam a vontade de Deus. Estudaremos agora acerca dos sete juízos desencadeados pelos anjos que tocam as trombetas, designados para indicar a plenitude do poder de Deus em assuntos judiciais.[a]

As trombetas de Apocalipse são um só conjunto. O sete indica plenitude, então o anúncio que fazem é perfeito e total. Seu som sai do profundo silêncio que houve no sétimo selo[b].

Os juízos que seguem são juízos da ira de Deus contra os malvados que têm ficado na terra.

Muitas vezes as trombetas eram usadas para fazer anúncios, chamados de alerta e outros propósitos parecidos, como, por exemplo, o avanço de um exército para a guerra.

As setes trombetas podem dividir-se em dois grupos, as quatros primeiras e as três últimas, conhecidas como os "Ais".

As trombetas nos recordam os juízos contra o Egito.

Nm 10:1-9
Jl 2:1
[c]
Ap 8:6-13
Ap 9:1-11:18
Êx 9:18-28
Mq 7:15-17

2. As sete trombetas
2.1 A primeira trombeta

Ap 8:6-7

O granizo, o fogo e o sangue simbolizam a ira de Deus.[d] O efeito deste juízo será totalmente catastrófico, especialmente para os sistemas de vida vegetal.[e] Os três elementos usados neste juízo formam um terrível conjunto de destruição para a terra e seus habitantes.[f]

2.2 A segunda trombeta **Ap 8:8-9**
Disse: *"Como que um grande monte"*. É difícil dizer de que se trata, mas o resultado do juízo é claro. A sentença é sobre o mar e seu efeito será de grande destruição. As perdas materiais e humanas ocasionadas serão enormes.

2.3 A terceira trombeta **Ap 8:10-11; Dt 29:18b; Jr 23:15; Pv 5:4; Lm 3:15,19**
A estrela é Absinto. O absinto é símbolo de amargura.
O resultado deste juízo é a destruição das fontes de água doce para a terça parte dos habitantes da terra.

2.4 A quarta trombeta **Ap 8:12-13**
O resultado deste juízo será trazer desânimo aos moradores da terra. Sempre a luz traz alegria. Um dia escuro é "um dia triste". Que escuridão terão os malvados naqueles dias de juízo! Por causa deste juízo haverá um esfriamento da terra.

3. Os dois primeiros ais! **Ap 9:1-11:19**
3.1 A quinta trombeta: o primeiro ai! **Ap 9:1-12**
Uma estrela que do céu caiu seria o anjo do abismo, possivelmente o próprio Satanás. É de um ser que se fala porque se diz: *foi-lhe dada a chave do poço do abismo*.
Segundo alguns autores, os eventos desta trombeta serão todos no mundo espiritual e os homens não verão com seus olhos estes demônios terríveis chamados gafanhotos. No entanto, estamos inclinados a pensar que eles serão visíveis tal como João os viu. Os homens que nesta época estiverem sobre a terra, estarão destinados a passar o mais terrível dos dias. Estes três anos e meio serão para eles uma ante-sala do próprio inferno.
O tormento deste juízo será tanto que os homens buscarão a morte, mas não a acharão.

3.2 A sexta trombeta: o segundo ai! **Ap 9:13-21**
Os quatro anjos mencionados aqui têm de ser anjos caídos, tão daninhos eram que Deus os manteve atados até este momento.
Que estavam preparados para aquela hora, e dia, e mês, e ano. Esta frase nos faz ver que todos os eventos que estamos contemplando funcionam segundo o horário preparado por Deus há muito tempo. Quando comparamos com Mateus 24:22 nos vem a pergunta: Como

pode ser cortado o número de dias se o horário já está determinado? Possivelmente a resposta seja que o número de dias é igual, mas sua duração será encurtada. Deus pode efetuar isto em nosso meio para medir o tempo, sem que nós o saibamos. Explicar isto está além do alcance da presente obra, mas tem a ver com a física e a teoria da relatividade. O certo é que atualmente existe a idéia generalizada de que não se tem tempo para fazer as coisas como antes. O tempo nos faz falta para tudo. Não devemos esquecer que Deus fez regressar a sombra para Ezequias (2 Reis 20:11).

Em Judas 6, fala *de anjos que não guardaram o seu principado ... em prisões eternas.* Citamos aqui Ivan Barchuk:

Há uma antiga tradição judaica no sentido de que os maus espíritos se mantém prisioneiros junto ao rio Eufrates. Também a cidade de Babilônia, que está junto ao Eufrates, chama-se a morada dos demônios e dos espíritos imundos (Apocalipse 18:2).

É preciso recordar, além disso, que os arredores do Eufrates eram antes o paraíso. Por isso, parece que este lugar agrada aos anjos caídos, como recordação da vitória deles sobre o homem. Mas o Senhor converteu este lugar para eles em prisão.[g]

Os quatros anjos soltos de suas prisões têm a incumbência de matar a terça parte dos homens e também têm à sua disposição um exército de duzentos milhões de cavalos.

Ap 9:15

Ap 9:16

[h]

4. Os resultados das seis primeiras trombetas

Ap 9:20-21

Os outros homens, que não foram mortos por estas pragas, não se arrependeram. Deus não fechou a porta do céu ao terminar os primeiros três anos e meio de tribulação, mas muitos dos homens que sobreviveram a esses juízos são tão malignos, que por nada se arrependem. Preferem morrer no juízo em vez de voltarem-se para Deus. Embora nestas condições tão terríveis, havendo sido atormentados pelos mesmos demônios do inferno e mortos por seus exércitos, até o último momento seguem com sua idolatria e adorando os demônios.

5. Visões parentéticas

Ap 10:1 - 11:13

Assim como houve entre os sexto e sétimo selos um parêntese, também acontecerá antes da sétima trombeta.

5.1 O anjo com o livrinho *Ap 10:1-11*

O outro anjo forte deste texto pode ser o Senhor Jesus. *Ap 10:1*
Suas características são como seguem:
- Forte — *Pv 21:11*
- *Arco-íris sobre sua cabeça* — *Gn 9:13*
- *Seu rosto era como o sol* — *Ml 4:2*
- *Seus pés como colunas de fogo* — *Ap 1:15*

Ao pôr um pé sobre a terra e o outro sobre o mar demonstra seu legítimo domínio sobre a terra. *Ap 10:2*

Há muitas teorias acerca do livrinho e seu conteúdo, mas mencionaremos apenas algumas: *Ap 10:2*
- É o mesmo livrinho dos selos [i]
- É outro livro que também contém juízo [j]
- É o livro de Daniel
- É a Bíblia

As duas primeiras teorias na lista anterior não nos parecem ser as melhores, pensamos que a mais apropriada é a última.

Agora nos são apresentados os *sete trovões*. Possivelmente sejam mais juízos ou pronunciamentos de juízos, mas não podemos saber nada acerca deles. Deus não achou conveniente dar-nos a conhecer seu significado, então o melhor que fazemos é não nos preocupar com ele. *Ap 10:4* *Jó 26:14b*

Que não haveria mais demora. Tem chegado o momento da expressão máxima da ira de Deus. Assim como Ele pôs termo aos dias do homem no tempo de Noé, assim também fará com o homem para o juízo final. Gênesis 6:3 não constitui uma declaração da duração da vida de um indivíduo, mas do tempo que Deus deu ao homem para que se arrependa de sua maldade pela pregação de Noé. Em palavras simples: A hora chegou! *Ap 10:6b* *Gn 6:3* *1 Pe 3:20*

As descrições, palavras e ações anotadas aqui, são parecidas com as de Daniel. Tanto ele como João mostram anjos, parados à margem, declarando que Deus é soberano e dono da criação. Nas duas descrições estes anjos levantam a mão e juram por Deus. Em Daniel se faz a declaração que o tempo será de três anos e meio; aqui em Apocalipse se anuncia *que não haveria mais de-* *Ap 10:5-7* *Dn 12:7* *Dn 10:4-8* [k] *mora*. Por esta razão, temos chegado ao ponto de maior intensidade na tribulação.

Com o toque do sétimo anjo, se cumprirá o *mistério de Deus*. Lendo o contexto da sétima trombeta nos damos conta de que o mistério aqui nomeado é a consumação da ira de Deus. O homem ímpio tem se perguntado: Quando será o fim? Para ele é um mistério que Deus tem guardado. Este mistério será consumado sobre a terra com os eventos e juízos que seguem a sétima trombeta. Então serão destruídos *os que destroem a terra*. O mistério de Deus então será descoberto: *A arca da sua aliança foi vista no seu santuário*. Para o crente, no céu com Cristo, com os profetas, com os servos de Deus, será maravilhoso. Para o morador da terra será espantoso e sinal da procedência e razão do grande juízo.

João agora está completando a revelação de Deus para o homem, a qual havia sido um mistério. Com Apocalipse se completa o que faltava. O *livrinho* tem de ser aquela revelação, já que outros livros só podem ser lidos, mas a Palavra de nosso Deus tem de ser comida. Em sua boca era doce, mas no ventre era amarga. João já havia digerido o conteúdo das palavras que escrevia e se deu conta do terrível castigo que esperava o homem que não se arrependesse de seu pecado.

Ap 10:7
Ap 11:15-19
Ap 11:18
Ap 11:19
Ez 3:1-3
Cl 1:26-27
Lc 4:4
Ap 20:11-15

5.2 O templo e as duas testemunhas

Ap 11:1-13

Este parêntese abarca toda a tribulação. Os versículos 1 e 2 fazem referência à segunda metade da tribulação. Desde o versículo três começa o ministério das duas testemunhas que cobre a terceira metade da tribulação. Este espaço parentético acaba no versículo 13. Desde o versículo 14 volta-se à linha principal da ação com a sétima trombeta.

João mede o templo de Deus. Ao medir o templo, o altar e *os que nele adoram*, João está tornando conhecido que é propriedade de Deus.

São muitas as escrituras que ensinam que o templo voltará a ser construído em Jerusalém para o tempo da tribulação. Ao chegar à metade da tribulação, o templo será profanado pelo anticristo. Durante esta primeira parte, Israel fará um pacto com o anticristo e terá tudo

Ap 11:1-2
Zc 2:2,4
[1]
2Ts 2:3-4
Dn 9:27
Mt 24:15,21

sob controle. O povo judeu pensará que o anticristo é seu Messias. Disto concluímos que Israel construirá o templo novamente, mas na parte final da tribulação será outra vez pisado pelos gentios.

Ap 11:1-2

5.3 As duas testemunhas

Aparecem as duas testemunhas para testificar por um período de 1.260 dias, o que corresponde aos primeiros três anos e meio da tribulação. Isto é, a primeira metade da última semana que fora revelada a Daniel.

Ap 11:3-13
Ap 11:3
Mt 24:15
Dn 9:27; 12:11

São muitos os possíveis candidatos que poderiam ser as duas testemunhas, cada um com argumentos a seu favor. No entanto, Deus não está promovendo uma eleição para que escolhamos a alguns deles. É possível que nos surpreendamos ao conhecê-los. Alguns condidatos são os seguintes:

☐ Elias   Ml 4:5-6; Ap 11:6; 1 Rs 17:1; Tg. 5:17; Ap 11:5; 2 Rs 1:10-12; Jr 5:14; Lc 9:54-55
☐ Enoque   Gn 5:24; Jd 14-15
☐ Moisés   Ap 11:6; Êx 7:10,19

Outras sugestões são inumeráveis, tais como: Eliseu, Josué, Zorobabel,[m] etc. Quase todos os comentaristas tratam extensamente acerca da identificação destas testemunhas. Nós nos inclinamos a pensar que poderão ser Elias e Moisés (Mateus 17:2-3), mas sua identificação não é tão importante como sua atividade durante os dias de sua visita aqui na terra.

Como agentes de juízo eles farão o seguinte:

☐ *Sai fogo de sua boca e devora seus inimigos*   Ap 11:5
☐ *Se alguém quer fazer-lhes dano deve morrer da mesma maneira*   2 Rs 1:10-12
☐ *Têm poder para fechar o céu, a fim de que não chova nos dias de sua profecia*   Ap 11:6 / Tg. 5:17
☐ *Têm poder sobre as águas para convertê-las em sangue*   Êx 7:14-25
☐ *Para ferir a terra com toda a praga, quantas vezes quiserem*

A besta que *sobe do abismo* fará guerra contra eles para vencê-los. Ele terá vitória não pela força de seu exército, mas porque o tempo se terá cumprido. É notório que todos os moradores da terra verão seus corpos — seguramente pela televisão — e se alegrarão com a morte deles. Mas depois de três dias e meio serão ressuscita-

Ap 11:7
Ap 11:10

dos. Aparentemente, nem todos os moradores da terra os verão, já que *grande temor caiu sobre os que os viram*. Seguramente o anticristo fará todo o possível para que a notícia da ressurreição das duas testemunhas não seja difundida.

Como resultado final deste parêntese, as duas testemunhas serão arrebatadas por Deus e se manifestará um grande terremoto que derrubará a *décima parte da cidade*. Neste evento morrerão sete mil homens, *e os demais... deram glória ao Deus do céu*. Esta atitude deve entender-se no mesmo sentido de quando Josué pediu que Acã desse glória a Deus.

	Ap 11:11
	Ap 11:13
	Js 7:19-20
	Js 7:24-25

6. A sétima trombeta: o terceiro ai! (veja-se Lâmina 3)   Ap 11:14-19

Praticamente, com exceção dos capítulos parentéticos, e as passagens mileniais e eternas, o restante de Apocalipse é uma ampliação nesta sétima trombeta. Podemos dizer que o terceiro ai inclui os juízos das taças, o início do juízo final (que tem o propósito de purificar a terra), a expulsão de Satanás do céu e muito mais.

Com a sétima trombeta chegamos ao fim da tribulação e ao início do reinado milenial; no entanto, há muita coisa incluída no período final da tribulação, pois só temos estudado a metade do livro de Apocalipse.

Uma das características da profecia é falar no tempo passado. Expressa-se desta maneira, já que seu cumprimento é tão certo como algum fato transcorrido na história. Por esta razão, Isaías pode falar em tempo passado de eventos que teriam seu cumprimento centenas de anos mais tarde, na pessoa de Cristo. Portanto, ao anunciar *que os reinos do mundo viriam a ser de nosso Senhor e de seu Cristo*, o anjo fala de eventos futuros que estão por cumprir-se brevemente.

Abriu-se no céu o templo de Deus, e a arca da sua aliança foi vista no seu santuário. O véu que agora está rasgado será tirado e teremos livre acesso ao lugar Santíssimo, então *se cumprirá o mistério de Deus*. Para o crente será o dia tão esperado, mas será uma cena terrível para os iníquos, os perversos, os idólatras, os imundos (veja-se Apêndice 6) e todos os malignos, porque então verão o furor de Deus. Do mesmo templo celestial, os juízos das taças serão derramados.

	Ap 11:15
	Is 53:3-9
	Ap 11:19
	Mt 27:50-51
	Ap 10:7
	Ap 15:8
	Ap 16:1

Lição 19

A mulher e o dragão

1. Capítulo parentético

Este capítulo parentético parece ter o seu cumprimento na metade da grande tribulação. Também encontramos alguns versículos que devem ser entendidos de maneira histórica. Existe muita controvérsia relacionada com a interpretação deste capítulo. Não pretendemos torná-lo fácil, mas sabemos que podemos examinar os símbolos usados neste capítulo e chegar a certas conclusões referentes aos seus significados.

2. A mulher vestida de sol — Ap 12:1-2

Identificamos a mulher destes versículos com Israel. A relação é estabelecida por várias razões, algumas das quais são:

- ❏ Em muitas ocasiões fala-se de Israel como *a filha de Sião e a desposada*. — Jr 6:2; Os 2:19-20
- ❏ Isaías fala de Israel como uma mulher que está para dar à luz e concebe *um filho varão* e também usa a frase *seus filhos*. — Is 9:6, 66:7; Mq 5:3
- ❏ *Vestida do sol, tendo a lua debaixo dos pés, e uma coroa de doze estrelas sobre a cabeça,* relaciona-se com os filhos de Israel, os progenitores da raça escolhida. — Gn 37:9-10
- ❏ Em Daniel vemos que Miguel é o príncipe do povo de Israel. Miguel também aparece aqui neste capítulo vinculado a Israel. — Dn 12:1; Ap 12:7; [a]

Concluindo, a mulher de Apocalipse 12 é Israel. Rejeitamos o fato de que esta mulher seja Maria, a mãe de Jesus.

Seguindo a história, vemos que Satanás tentou destruir, desde o início, a descendência real da qual Cristo teria de nascer. Desde Caim (que assassinou Abel) até a matança das crianças por Herodes, Satanás tem persistido em seu projeto. Então, a figura de uma mulher grávida que *gritava com as dores de parto* é perfeita.

Como *um grande dragão vermelho*, Satanás se apresenta de forma completamente diferente do que era. O terrível ser era a *estrela da manhã, filho da alva, o selo da perfeição, cheio de sabedoria, perfeito em formosura, querubim da guarda ungido,* e muito mais. Mas agora, por sua maldade, transformou-se *numa serpente, um dragão,* um monstro.

A sua cauda levou após si a terça parte das estrelas do céu, e lançou-as sobre a terra. Com este versículo explica-se a presença dos demônios. Neste caso, as estrelas representam anjos e as que foram lançadas sobre a terra devem ser anjos caídos (demônios).

E *ela deu à luz um filho varão* não significa que Maria tinha dado à luz a Cristo. Fala sim que Israel, havendo sofrido durante séculos, e apesar dos desígnios de Satanás, através de Maria deu à luz a Jesus, que devia nascer da descendência escolhida por Deus. O *filho varão* foi Jesus.

Ap 12:3
Is 14:12
Ez 28:12,14
Ap 12:3,9
Ap 12:4
Jud 5-6
Ap 12:5

3. Guerra no céu, Satanás é expulso

Até o presente momento, Satanás é *o príncipe das potestades do ar* e está operando neste mundo. Mas virá o dia quando Deus já não mais o tolerará na atmosfera, e ele será *precipitado na terra.* Virá o dia do juízo para Satanás e seus exércitos quando não se achará mais lugar para eles no céu.

Sabemos que Satanás é o acusador e que lança culpa sobre os santos *diante de nosso Deus de dia e de noite.* Este tema vai se esclarecendo ao lermos a história de Jó. Sua aflição não foi por ele ter cometido algum grande pecado, mas sim porque Satanás havia dito que Jó não amava a Deus. Deus teve de permitir tudo o que aconteceu com Jó para provar ao mundo, aos anjos e ao próprio Satanás, que Jó lhe servia porque o amava.

Como conseqüência desta guerra, Satanás será lançado do *ar* à terra e começará a exercer todos os seus poderes através de toda a obra maligna, sabendo que lhe resta pouco tempo.

Ap 12:7-12
Ef 2:2
Ap 12:9
Ap 12:8
Ap 12:10b
Jó 1:9,11
Jó 2:5
Ap 12:12

4. A mulher perseguida pelo dragão   Ap 12:6,13-17

A mulher será milagrosamente protegida da fúria de Satanás. Assim como a Igreja foi arrebatada para o céu, a mulher será transladada para o deserto durante a última parte da tribulação. Citamos Frank M. Boyd:

> *Deserto.* Versículo 14. Leia também Oséias 2:14-22; Habacuque 3:3-6. Parecem existir verdadeiras e sólidas bases, a julgar por Isaías 16:1-5 e 63:1-4, para se crer que a nação de Israel será preservada do aniquilamento pela fuga do remanescente para o deserto de Edom e Moabe, para as ruínas rochosas de Sela ou Petra (roca). (Leia 2 Reis 14:7; Salmo 60:9; 2 Crônicas 25:11,12 onde encontram-se citações bíblicas desta antiqüíssima cidade.) Até hoje seus templos maravilhosos, suas casas de comércio e residências lavradas nas paredes rosadas dos precipícios e das montanhas que rodeiam o profundo vale de pedra constituem uma maravilha arquitetônica. [b]

Possivelmente, o remanescente representado pela mulher será o mesmo grupo dos 144.000 do capítulo 7. Estes 144.000 são apresentados como testemunhas e também selados. Em tal caso, estarão presentes para ser testemunhas do juízo de Deus sobre os perversos, que por acaso sobrevivam ainda sobre a terra. A mulher é a porção de Israel que fugirá milagrosamente para o deserto. Nada poderá fazer Satanás contra ela, nem tampouco contra o resto (remanescente), porque são selados por Deus. Não obstante, o dragão fará todo o possível para acabar com os outros judeus. Porém, não terá êxito em nenhuma dessas tentativas porque todos os crentes judeus que ainda se encontrarem na terra serão protegidos por Deus.

Lição 20

As duas bestas

1. Do mar e da terra

No capítulo que estudaremos agora, encontramos duas bestas, uma que sai do mar e outra que sai da terra.[a]

No capítulo 6 nos foi mostrado quatro cavaleiros, que representam diferentes aspectos do mesmo personagem indicado no capítulo 13. Poderíamos dizer que no capítulo 6 expressou-se esses eventos de um ponto de vista celestial. Ali os vemos como juízes de Deus enviados em forma de cavaleiros. Nesta ocasião eles são vistos por observadores da terra, e por isso João dá mais detalhes concernentes às suas ações perversas.

Até o dia dos acontecimentos haverá muitos comentários acerca deles e de sua localização no tempo. É difícil discutir os méritos de cada interpretação, pois só Deus sabe qual será a mais correta. Para nós este capítulo é um tema paralelo com a apresentação do primeiro cavaleiro, mas os acontecimentos deste capítulo não são paralelos no tempo e fazem parte da segunda metade da tribulação.

2. A besta que sobe do mar

	Ap 13:1-10

É possível que a referência ao *mar* signifique as massas humanas, *povos, multidões, nações e línguas*. É também possível que signifique a área ao redor do mar Mediterrâneo, onde acontecerão estes eventos.

	Ap 13:1
	Ap 17:15

A besta que sai do mar é identificada com vários personagens bíblicos:

	2 Ts 2:6-12
☐ *O rei da Babilônia*	Is 14:4
☐ *O chifre pequeno*	Dn 7:8,20-25
☐ *Um rei altivo de rosto*	Dn 8:23
☐ *O desolador*	Dn 9:27
☐ *O rei... se ensoberbecerá*	Dn 11:36
☐ *O assírio*	Mq 5:5
☐ *O homem de pecado, o iníquo*	2 Ts 2:3,8

Comumente, ele é conhecido como o anticristo. É uma pessoa de carne e osso, não uma figura simbólica.

A seguir, apresentamos um estudo paralelo entre a quarta besta de Daniel e a primeira besta de Apocalipse realizado por Salem Kirban:[b]

Daniel	Apocalipse	
☐ Subia do mar (7:3) ☐ Dez chifres — dez reis (7:7,24)	☐ Eu vi subir do mar (13:1) ☐ Dez chifres — dez reis (13:1; 17:12)	Esta besta tem características de cada uma das primeiras três bestas (leão, urso e leopardo) (Dn 7:4-6)
☐ Outro chifre (o anticristo) torna-se um líder dominante (7:24-26)	☐ A besta como pessoa torna-se um líder dominante (17:12-13) ☐ Como leopardo (13:2)	
☐ *Pisoteava com seus pés* (7:7) ☐ *Dentes grandes de ferro* (7:7)	☐ Pés como de urso (13:2) ☐ Boca de leão (13:2) ☐ Cor vermelha (17:3)	
☐ Blasfemo (7:25)	☐ Blasfemo (13:5) ☐ O dragão lhe dá poder (13:2)	
☐ Persegue os santos (7:21) ☐ Tem poder por um tempo, tempos e meio tempo (1+2+½=3½ anos) (7:25) ☐ Derrotado por Deus, que estabeleceu o seu reino (7:21-22,26-27)	☐ Persegue os santos (13:7; 11:7) ☐ Tem poder por 42 meses (3 ½ anos) (13:5) ☐ Derrotado por Deus, que estabelece o seu reino (19:11 - 20:6)	

Nota: Para outros detalhes, veja as lições de Daniel, especialmente a 7.

Como imitador de Cristo, o anticristo morrerá de forma agressiva e assombrosamente ressuscitará; a morte será devido a uma ferida que ele receberá na cabeça (*ferido* provém do grego "esfagméneen", que significa matar violentamente). Como conseqüência, *toda a terra se maravilhou, seguindo a besta. Uma de suas cabeças* há de ser o anticristo, que é a *cabeça* da Nova Roma (veja-se a Lição 22, seção 4). — Ap 13:3

A besta abrirá sua boca em blasfêmias contra Deus, e lhe será permitido *fazer guerra aos santos, e vencê-los.* Sua adoração virá de todos os moradores da terra, que não estão escritos no livro da vida do Cordeiro. — Ap 13:6-8

A exortação *se alguém tem ouvidos, ouça* é repetida por parte do Senhor sempre que Ele deseja enfatizar algo — Ap 13:9 / Ap 2:7,11,17,29 importante aos crentes; de forma que a exortação que segue é para os crentes da tribulação. Não obstante, podemos nos dar conta de que também é aplicada aos crentes de todos os tempos. Ap 3:6,13,22

Nisto repousa a perseverança e a fidelidade dos santos. Quando o inimigo vem contra nós é muito mais fácil aplicar a lei e dizer olho por olho e dente por dente; é muito difícil para nós lhe oferecer a outra face. Durante a tribulação o inimigo não só pedirá um olho ou uma face, como também a própria vida, a família, a mulher e os filhos. Será uma perseguição como ninguém poderá imaginar. *Se alguém deve ser morto à espada, necessário é que à espada seja morto.* Que ninguém esqueça que a cruz de Cristo não é fácil de ser levada. Ap 13:10 Ap 12:11 Mt 5:38-40 Mt 24:21 Hb 13:12-13

3. A besta que sai da terra   Ap 13:11-18

Citamos Herbert Lockyer [c], com uma lista de contrastes entre a primeira besta e a segunda:

A primeira besta	A segunda besta
Sai do mar (desordem)	Sai da terra (governo ordenado)
Instrumento de Satanás (dragão)	Instrumento da primeira besta
Vice-rei de Satanás	Porta-voz da besta
Poder secular	Poder espiritual
Tem dez chifres	Tem dois chifres
Um gentio?	Um judeu?
Supremo em autoridade	Subordinada à primeira besta
Glorifica-se a si mesmo	Desafia a primeira besta
Aparece primeiro	É a segunda a aparecer
Governa a partir de Roma	Governa a partir da Palestina
Notável por seu poder brutal	Notável por sua astúcia
Líder político	Líder eclesiástico
Falsa deidade	Falso profeta

4. As duas bestas

Citando o mesmo autor do quadro acima, apresentamos a seguir uma lista de características parecidas. [d]

❏ São de baixo, não de cima.
❏ São fiéis aliadas e atuam como uma.

❏ Vão sofrer a mesma condenação.
❏ São imitadoras do Cordeiro.
❏ São pessoas como outra qualquer.
❏ Farão sinais (prodígios mentirosos)

Mesmo que a segunda besta se apresente depois da primeira, as duas estarão em ação ao mesmo tempo (Ap 13:11-12).

Em Apocalipse 13:11 está expresso literalmente em grego "do mundo subterrâneo", o que é traduzido por *da terra*. A origem da segunda besta corresponde então ao mundo dos espíritos *em prisões eternas, na escuridão, para o juízo do grande dia* (Jd 6). Conseqüentemente, a segunda besta tem a mesma origem da primeira.

Assim como a primeira besta tentou imitar a Jesus, também esta besta o fará, a qual se apresentará com *dois chifres semelhantes aos de um cordeiro*. Mas João observa o seu verdadeiro caráter, pois *falava como dragão*.

Ela tem poder para fazer milagres enganadores com o propósito de que os homens da terra adorem à imagem (estátua) da primeira besta. Infunde vida e faz com que aquela imagem possa matar a todos os que não a adorem. Que poder infernal! Até pode supostamente dar vida. Mas esta vida será apenas vida-motor (robotizada). Também faz com que todos os moradores da terra recebam sobre si a marca da besta, sem a qual a pessoa morrerá e não poderá comprar nenhum alimento nem adquirir qualquer serviço, tendo de tornar-se escravo total da besta, senão a sua morte será certa.

O quadro abaixo demonstra a astúcia de Satanás para imitar a santíssima trindade.

Legítimo	Imitação
❏ Deus o Pai ❏ Deus o Filho (Jesus) ❏ Deus o Espírito Santo	❏ O dragão (Satanás) ❏ A primeira besta (o anticristo) ❏ A segunda besta (o falso profeta)

Muitos têm tentado decifrar que personagem está indicado pelo número 666. Diz: *"Aqui há sabedoria"*. Estamos convencidos de que seria possível relacionar este número com qualquer nome, desde que nos puséssemos a procurar uma fórmula para este propósito. Coisa interessante nos diz a Palavra: *"É número de um homem"*. O homem foi criado no sexto dia; o número 666 é um trio do número seis, o número do homem, enquanto o sete corresponde ao número de Deus. Acreditamos que o tempo para se poder entender esse número de forma específica ainda não chegou. Mas para a pessoa que for iluminada pela Palavra de Deus durante a tribulação, sua interpretação será fácil. O quadro pintado por esses versículos é de um mundo dominado pela falsa trindade satânica, sob seu controle absoluto. Entendemos que o período mencionado representa a segunda parte da tribulação. Mesmo que esse trio satânico esteja sobre a terra durante a primeira metade da tribulação, o tempo de seu poder para exercer a dominação total será de quarenta e dois meses. Este corresponde à segunda parte da tribulação. O fato de se impor o selo com o número 666 fará com que muitos caiam no engano de ser selados porque pensarão que o anticristo é seu Messias, mas o remanescente não se deixará enganar.

5. Os 144.000
Ap 14:1-5

São muitos os estudiosos que afirmam que os 144.000 apresentados nos capítulos 7 e 14 constituem um só grupo. Sem desconsiderar a validade desta interpretação clássica, a seguir o autor apresenta um ponto de vista que será novo para muitos.

Possivelmente — e para os propósitos do presente estudo — o grupo de 144.000 (do capítulo 14) não é o mesmo do capítulo 7. Cremos que haverá um remanescente fiel de 144.000 judeus (na terra, Ap 7:4b) e um grupo de 144.000 *primícias para Deus e para o Cordeiro* (que chegam ao céu na primeira ressurreição, Ap 14:4b). Estas primícias são pessoas que buscaram um lugar perto do Senhor como João fez, *que estava reclinado próximo a Jesus* (Jo 13:23). Embora João tivesse um relacionamento tão estreito com Jesus, isso não o tornou mais apóstolo ou mais salvo. Não é que Deus faça acepção de pessoas, o homem é que muitas vezes não aproveita a companhia de seu Criador. Vale a pena nos perguntarmos: Quando foi a última vez que buscamos este lugar íntimo perto do Senhor?

Levando-se em conta de que não se trata de um assunto que muda os fundamentos da fé, temos proposto que serão dois grupos de 144.000 para o exame do leitor. Em apoio a este ponto de vista, observamos que:

- ❏ São judeus (capítulo 7) selados para atravessarem a tribulação (na terra) e os 144.000 do capítulo 14 se encontram com o Cordeiro *sobre o monte de Sião* (figura do céu).
- ❏ Na Bíblia *"primícia(s)"* nunca é usada com relação a Israel, mas usa-se com relação à Igreja (1 Co 15:23, Tg 1:18).

❏ *Tinham sido comprados da terra* (Ap 14:3b). Esta linguagem fala de toda a terra, não somente dos judeus. O grupo do capítulo 7 é nomeado especificamente como de judeus.

❏ Com relação à regra de não separar eventos entrelaçados por palavras *depois destas coisas* ou similares (método usado no Apêndice 7), os 144.000 judeus (capítulo 7) seguem o sexto selo (última parte da tribulação) e o outro grupo do capítulo 14 está no céu (sobre o monte de Sião) depois da apresentação das bestas (início da tribulação).

Destacamos que esta interpretação concernente aos dois grupos de 144.000 não tem nada a ver com certas seitas falsas que limitam o número de 144.000 a pessoas salvas. Que céu tão pequeno e que deus tão minúsculo o destas seitas! A Bíblia descreve um céu amplo para milhões e milhões de salvos e um Deus que nem o próprio universo pode conter.

6. A mensagem dos três anjos

Ap 14:6-13

Os versículos dessa passagem contêm muita revelação. Apesar do tempo ter-se cumprido para que os homens sejam julgados, Deus ainda mostra misericórdia. Por um momento tratemos de imaginar a situação nos céus e sobre a terra:

❏ A ressurreição dos mortos em Cristo e o arrebatamento da Igreja já ocorreram. Os santos estão com Cristo no céu. Estão no céu os santos da Igreja e os vinte e quatro anciãos; mas ainda não saiu nenhum redimido da tribulação. — Ap 4:1

❏ A tribulação começou, o anticristo se apresentou como homem de paz, mas logo se revelou como homem de guerra. O anticristo, com seu *falso profeta*, começa a dominar o mundo. — Ap 6:1-2 / Ap 13:1

❏ Deus, em sua graça, manda pregar o evangelho aos moradores da terra e lhes anuncia, através de seus anjos, que não recebam sobre si a marca da besta. Também anuncia-lhes a queda de Babilônia, de acordo com a profecia, mas falando das coisas que ainda não aconteceram *como se já tivessem acontecido*. Com toda a clareza é anunciado o fim que aguarda os ímpios que não aceitaram a mensagem dos anjos. Muitos são os que recebem a mensagem. O — Ap 14:6 / Ap 14:9-11 / Ap 14:8 / Rm 4:17 / Ap 14:10

anticristo, sob a direção do dragão, manda matar todos aqueles que não receberam a sua marca. Isto inicia uma perseguição contra os crentes da tribulação, a qual jamais foi vista em toda a história. Ap 7:14 Ap 13:7

☐ Deus dá alento a esses pobres crentes, que enfrentam uma morte iminente, com as palavras *bem-aventurados os mortos que desde agora morrem no Senhor*. Deus tem guardado para eles uma bem-aventurança especial. Ap 14:13

☐ Em meio a tudo isto, o Senhor selou para si um grupo de 144.000 de Israel. Eles serão testemunhas e passarão através da tribulação. Ap 7:1-8

Tem-se dito que muitos não podem aceitar o evangelho por que ele é pregado pelos próprios homens pecadores, mas, durante o início da tribulação, o evangelho será pregado por anjos. Ainda assim, o homem ímpio o rejeitará.

7. A colheita na terra　　Ap 14:14-20

Nesta seção termina a parte parentética que começou com o capítulo 13. Recordemos que, como esta, há outras seções parentéticas anteriores; de igual modo, existem outras posteriores a esta. A localização da presente seção é fácil, e deve vincular-se com os acontecimentos da famosa batalha do Armagedom.

Cristo aqui se apresenta como o Juiz. Este texto é paralelo com a vinda de Cristo à terra, mencionada no capítulo 19.

E o lagar foi pisado fora da cidade. O Senhor virá para pelejar contra as hostes do anticristo que estão reunidas no vale de Megido. *E saiu sangue do lagar até os freios dos cavalos*. Então Jesus chegará à cidade de Jerusalém e fará sua entrada verdadeiramente triunfal, depois de haver descido sobre o monte das Oliveiras. Ap 14:20 Ap 19:11-21 Zc 14:1-4

8. Guerras proféticas

Convém estudar três guerras, que até o presente momento não aconteceram. Este resumo provém do estudioso da profecia Salem Kirban:

☐ Participam a **Rússia e seus aliados contra Israel**. Esta guerra terá lugar antes ou durante os primeiros três anos e meio da tribulação, isto é, pode ser a qualquer momento. Por motivos Ez 38:1 - 39:16

que nos são desconhecidos, mas para tomar posse de uma possível riqueza mineral de Israel, a Rússia atacará Israel. O fim desta guerra será uma intervenção milagrosa de Deus por meio de um terremoto com chuvas de granizo, aniquilando os exércitos russos. Os judeus estarão recolhendo os escombros e sobras durante sete anos, e lhes tomará mais de sete meses a atividade de enterrar os mortos.

Êx 9:18-34; Sl 105:32

☐ **A batalha de Armagedon,** entre os exércitos do anticristo contra todas as nações e Jesus, tem lugar ao terminarem os sete anos de tribulação, perto de Jerusalém. O anticristo desafiará a Deus, buscando destruir as 144.000 testemunhas e Jerusalém. A batalha terminará com a vinda de Cristo em glória.

Jl 3:9,12
Zc 14:1-4
Ap 14:14-20
Ap 16:13-16
Ap 19:11-21
Ez 39:17-29

☐ **A última rebelião** de Satanás contra Deus terá lugar no fim do milênio. Deus dará a Satanás uma oportunidade a mais para enganar as nações. O diabo terá êxito enganando a milhões de pessoas nascidas durante o milênio. Seus exércitos virão contra os crentes em Jerusalém. Deus, no entanto, fará que desça fogo do céu sobre eles. Satanás será lançado no lago de fogo onde estarão o anticristo e o falso profeta, então serão atormentados dia e noite por toda a eternidade.

Ap 20:7-10

[e]

Com a guerra entre Iraque (Babilônia) e as nações do mundo, que ocorreu em 1991, é fácil pensar que possivelmente haja outra guerra para acrescentar-se à lista anterior. A dita guerra daria um cumprimento mais amplo a certas profecias com respeito a Babilônia, especialmente as de Isaías no capítulo 13 de seu livro (Is 13:1-14; Jr 51:27-30). Se esta guerra está por cumprir-se, então podemos esperar que seja antes ou durante a tribulação. Seu fim será a destruição total do Iraque. Na guerra de 1991 não faltou muito para se cumprir esta profecia. É possível que o mundo contemple coisas cada vez mais assombrosas e terríveis enquanto se aproxima a vinda de nosso Senhor.

Lição 21

As últimas pragas

1. Preparação para o derramamento da ira de Deus   Ap 15:1-8

Novamente continuamos com a linha principal de ação. O capítulo 15 tem uma relação ininterrupta com Apocalipse 11:18,19. Nos dois capítulos encontramos o templo de Deus aberto no céu. Distingue-se este capítulo pela ira de Deus diferentemente da ira do Cordeiro, que acabamos de observar na seção pertencente a Apocalipse 14:14-20.[a]

Este capítulo contém três temas predominantes: [b]
- ❏ A ira de Deus   Ap 15:1
- ❏ As harpas de Deus   Ap 15:2b
- ❏ A glória de Deus   Ap 15:8

A expressão *a ira de Deus* aparece seis vezes no livro de Apocalipse. Seis é o número do homem. Deus consumará sua ira com juízos de sete, e seis poderia indicar que sua *ira* está dirigida ao homem perverso sobre quem vem a consumação *da ira de Deus*.   Ap 14:10,19; Ap 15:1,7; Ap 16:1,19; [c]; Ap 15:1b

Um mar de vidro misturado com fogo. Temos de enfrentar três inimigos: o mundo, a carne e o diabo. Os crentes saídos da tribulação terão enfrentado um inimigo a mais: a besta. O fogo, então, representa as provações que terão de sofrer para chegar até o céu.   Ap 15:2; 1 Pe 1:7; 1 Pe 4:12; [d]

Em preparação para os juízos posteriores, os santos saídos da grande tribulação *tinham as harpas de Deus e cantavam o cântico de Moisés ... e o cântico do Cordeiro.*   Ap 15:2-3

E os sete anjos... saíram do templo. O juízo provém do mesmo templo celestial. Os anjos saem não como servos ou mensageiros, mas como administradores reais do juízo, *cingidos à altura do peito com cintos de ouro.*   Ap 15:6

A ira de Deus é repartida entre os sete anjos por um dos seres viventes e estará contida em sete taças de ouro.   Ap 15:7

E o templo se encheu de fumaça pela glória de Deus. Em várias ocasiões se tem manifestado esta fumaça, que simboliza a presença de Deus, assim como a sua ira e juízo.   Ap 15:8; Êx 19:18; Is 6:4; 2 Sm 22:7-9; Sl 37:20; Jl 2:30-31

2. As sete taças da ira (veja-se Lâmina 3)

[e] Ap 16:1-21

Estes juízos são parecidos com os juízos que Deus mandou sobre o Egito, e por isso, seguramente, o coro celestial do último capítulo recordou o cântico de Moisés. A seguir daremos um breve resumo das sete taças da ira de Deus.

2.1 A primeira taça

Ap 16:2
Êx 9:8-12
Dt 28;15,27,35
[f]
[g]
[h]

Aparecerá uma úlcera maligna nos homens que têm a marca da besta. Quer dizer, essa praga recairá sobre todos os moradores da terra, com exceção das 144.000 testemunhas judias, a mulher e poucos indivíduos em lugares afastados. Haverá também pessoas vivendo em pontos distantes. Muitas dessas pessoas escaparão da obrigação de tomar a marca da besta. Será a misericórdia de Deus que determinará quem pode evitar a marca.

2.2 A segunda taça

Ap 16:3
Êx 7:17-21
Ap 11:6
Gn 7:4

O mar em sua totalidade é convertido em sangue, matando todo ser vivente que habita nele. É difícil imaginar a pestilência terrível que este juízo ocasionará. Ao recordar a purificação da terra que Deus fez nos dias de Noé, deixando somente oito pessoas vivas, não é difícil compreender quão terríveis e custosos serão esses juízos.

2.3 A terceira taça

Ap 16:4,5
Ap 8:10

Toda fonte e rio de água doce são convertidos em sangue. Este juízo é o mais terrível que ocorreu até aqui, já que seu efeito será universal. Por mais terrível que seja, declarará o anjo das águas que é justo *e também ouvi uma voz do altar responder: Na verdade, ó Senhor Deus Todo-Poderoso, verdadeiros e justos são os teus juízos.*

Ap 16:7

2.4 A quarta taça

Ap 16:8-9

O sol alcança tal gradação de poder a ponto de *queimar os homens com fogo*. Também o efeito deste juízo é universal. Trata-se de um juízo aterrador, mas sem resultar no arrependimento dos corrompidos. Aqueles que têm sobrevivido até este ponto da tribulação são perversos, *e havendo conhecido a Deus não o glorificaram como*

Rm 1:21

Deus. Em vez de se arrependerem de seu pecado, blasfemam o nome de Deus e *não se arrependeram para dar-lhe glória.* | Ap 16:9
Ap 9:20

2.5 A quinta taça
O juízo chega diretamente ao trono da besta. Tão carregado de trevas será o mundo que obrigará seu governador e seguidores a morderem suas línguas de dor. | Ap 16:10-11

2.6 A sexta taça
Ao secar-se o grande rio Eufrates, é possível que o governo satânico pense que a providência lhes tem feito um favor de abrir o caminho para que os exércitos mundiais possam reunir-se para a batalha de Armagedom. Os três espíritos com formas de rã que saíram da boca do dragão, a besta e o falso profeta, são vistos por João de maneira espiritual. Que coisas terríveis e feias veríamos, se pudéssemos contemplar também com olhos espirituais o mundo dos demônios. É possível que o anticristo necessite fazer esta demonstração de seu poder para contrabalançar os prováveis rumores de que Deus vai triunfar. Os homens começarão a duvidar, já que o anticristo não terá nenhum poder para deter os juízos de Deus. | Ap 16:12-16

2.7 A sétima taça
A taça é derramada pelo ar, o assento do reino de Satanás. *Está feito,* a segunda vinda de Cristo se converte em uma realidade. *Relâmpagos, vozes, trovões* são parte do juízo final da tribulação. Todos os juízos descritos daqui em diante são parte da última taça. *E um grande terremoto, como nunca tinha havido desde que há homens sobre a terra, tal foi o terremoto, forte e grande.* O resultado deste terremoto é que *a grande cidade fendeu-se em três partes.* A grande cidade é Babilônia. É dito que as cidades das nações caíram — e não um certo lugar ou uma certa parte, — mas todos os lugares. A destruição é de caráter universal. Tão terrível é que *todas as ilhas fugiram, e os montes não mais se acharam.* | Ap 16:17-21
Ap 16:17b
Ap 16:18
Ap 16:18
Ap 16:19
Ap 18:2,10,18,19,21

Como se estes atos não fossem suficientes para promover o arrependimento, Deus, em sua ira, enviará *uma grande saraivada*.

O peso de um talento é de quarenta e três quilos, quer dizer, cada granizo será um armamento destruidor que acarretará morte instantânea ao infeliz que se encontrar em seu caminho. A destruição proporcionada por este juízo será terrivelmente grande! Mas com tudo isto o homem seguirá em sua blasfêmia contra Deus. Os capítulos 17, 18, 19:11-21 são amplificações dos acontecimentos apresentados aqui. Além disso, Apocalipse 14:14-20 é paralelo aos capítulos mencionados, assim como todas as porções da Escritura que falam do Armagedom e da segunda vinda de Cristo.

Ap 16:20
Ap 16:21
Zc 14:4

3. Considerações

É provável que o terremoto mencionado aconteça quando Jesus descer e puser seus pés no monte das Oliveiras.

O Salmo 2 terá seu comprimento com os acontecimentos da última taça e, com esta, os juízos terminam. O caminho está aberto para que Cristo e as hostes celestiais cheguem à terra para preparar o reinado milenial de Jesus.

Lição 22

A queda da Babilônia

1. Personagens do capítulo 17
Faremos o estudo do capítulo 17 por meio dos personagens que se apresentam. Os atores principais são:
- A grande meretriz = a mulher = GRANDE BABILÔNIA = a grande cidade
- A besta com sete cabeças e dez chifres
- O Cordeiro = Senhor dos senhores e Reis dos reis
- Povos, multidões, nações e línguas

2. A mulher — Ap 17
Esta mulher tem as seguintes características:
- *Está assentada sobre muitas águas* — Ap 17:1b, 15
- *Com ela se prostituíram os reis da terra* — Ap 17:2a
- *Os que habitam na terra se embebedaram com o vinho da sua prostituição* — Ap 17:2b
- *Está montada numa besta escarlate* — Ap 17:3
- *Estava vestida de púrpura e de escarlate, e adornada com ouro, pedras preciosas e pérolas. Tinha na mão um cálice de ouro cheio das abominações e da imundícia de sua prostituição.* — Ap 17:4
- *E na sua testa estava escrito: Mistério, a GRANDE BABILÔNIA, A MÃE DAS MERETRIZES E DAS ABOMINAÇÕES DA TERRA* — Ap 17:5
- *Embriagada com o sangue dos santos e com o sangue das testemunhas de Jesus* — Ap 17:6
- *As sete cabeças são sete montes, sobre os quais a mulher está assentada. São também sete reis* — Ap 17:9b-10
- *A mulher que tens visto é a grande cidade que reina sobre os reis da terra* — Ap 17:18

É notório onde a mulher está sentada:
- *Sobre muitas águas, que são povos, multidões, nações e línguas* — Ap 17:1b, 15

☐ Sobre *uma besta escarlate* — Ap 17:3
☐ Sobre *sete montes* — Ap 17:9b
☐ Sobre *sete reis* — Ap 17:10
Referente à mulher, afirmamos:
☐ É uma cidade — Ap 17:18
☐ É muito poderosa — Ap 17:18b, 15
☐ É muito rica — Ap 17:4
☐ É idólatra — Ap 17:4-5
☐ É inimiga do evangelho — Ap 17:6

A mulher é *a GRANDE BABILÔNIA, A MÃE DAS MERETRIZES E DAS ABOMINAÇÕES DA TERRA*. Muitos têm assegurado que a mulher é a Igreja Católica Romana. Mas o mistério desta Babilônia parece ser mais amplo. Ela será a igreja apóstata dos últimos dias: Laodicéia, a igreja desventurada, miserável, pobre, cega, nua. A ela se unirão todos os "fracos" de diferentes igrejas, sejam católicos, evangélicos ou outros. Embora estando presentes membros de todas as denominações religiosas, é válido considerar que o sistema romano (político) e o papado (religioso) serão os que permitirão tal união. A expressão *sobre sete montes* assinala que será Roma a identificar-se com a mulher.

Algo de muita pertinência nos descreve Boyd:

Em Apocalipse 21:9, 10 a Igreja é simbolizada também por uma cidade. A noiva, a Esposa do Cordeiro, deve ter sido uma "virgem casta", a Igreja. A virgem casta, desposada e apresentada assim, converte-se em Esposa; portanto a cidade santa, a noiva, a Esposa do Cordeiro constitui um símbolo da Igreja.[a]

Assim como a cidade santa e a Igreja são uma só, assim também BABILÔNIA é uma com a Igreja apóstata que tem sua sede na cidade de BABILÔNIA, a qual, para os crentes da igreja primitiva, era ROMA (1 Pe 5:13).

Roma é a única cidade que preenche os requisitos que terá de cumprir a mulher descrita aqui. Ela é a sede principal do cristianismo apóstata de hoje, e o será durante a tribulação. Suas instituições e dogmas têm feito pouco caso do evangelho de Cristo. Não há sobre a face da terra um governo que possa manter uma representação diplomática tão grande como a que o Vaticano (Roma) mantém através de sua Igreja; certamente ela está sentada sobre *povos, multidões, nações e línguas* como nenhuma outra.

3. A besta
A besta é descrita dessa forma:

❏ *"Uma besta escarlate cheia de nomes de blasfêmia, que tinha sete cabeças e dez chifres"* Ap 17:3
❏ *Era e já não é, e subirá do abismo, e irá à sua destruição* Ap 17:8

Esta besta se identifica claramente com a primeira do capítulo 13. É o mesmo anticristo, que fará sua aparição como grande campeão da Igreja. Mas a Igreja apóstata será devorada pelos dez chifres da besta. A besta não permitirá nenhuma competição, por ter ciúmes dela. Ap 13:1 Ap 17:3 Ap 17:16

4. As sete cabeças Ap 17:3
Estas cabeças também são identificadas como:

❏ *Sete montes, sobre os quais a mulher está assentada* Ap 17:9
❏ *São sete reis* Ap 17:10

Diz-se deles *que cinco já caíram, um existe, o outro ainda não é chegado. A besta que era, e já não é, é o oitavo rei. Pertence aos sete, e vai à sua destruição.*

A maioria dos comentaristas sustenta diferentes pontos de vista em relação a estes setes reis; eis algumas opiniões:

❏ Que são sete áreas geográficas mundiais, sobre as quais a mulher tem domínio.
❏ Que são diferentes imperadores do Império Romano.
❏ Que são sete impérios, cuja identificação varia, segundo o autor. Como exemplo, poderíamos dizer que são: Babilônia, Média, Pérsia, Grécia, Roma antiga, Roma presente, Roma nova.[b][c]

Há muitas outras teorias. No entanto, preferimos a última possibilidade, segundo a qual a sétima cabeça é o reino do anticristo. Pela dificuldade de identificação das sete cabeças, e por não ser um ponto de importância transcendental em nossa interpretação, não nos estenderemos mais.

5. Os dez chifres Ap 17:3b
Sua identificação é descrita assim:

❏ *Dez chifres* Ap 17:3
❏ *São dez reis* Ap 17:12

O anjo diz deles:
- *Ainda não receberam o reino*
- *Mas receberão autoridade, como reis, por uma hora, juntamente com a besta*
- *Guerrearão contra o Cordeiro, e o Cordeiro os vencerá*
- *Odiarão a prostituta, e a tornarão desolada e nua, e comerão as suas carnes, e a queimarão no fogo. Pois Deus lhes pôs no coração o realizarem o intento dele.*

Já estudamos a respeito destes dez reis no livro de Daniel. Eles representam dez nações européias com seus respectivos líderes, dos quais se levantará o chifre pequeno descrito em Daniel.

6. O Cordeiro   Ap 17:14
Sua descrição:
- *É o Senhor dos senhores e o Reis dos reis*   Ap 17:14
- Está acompanhado pelos eleitos e fiéis   Ap 17:14

O Cordeiro é o ator principal do livro de Apocalipse. O inocente Cordeiro agora tornou-se Senhor dos senhores e Rei dos reis. Aleluia!

7. Povos, multidões, nações e línguas   Ap 17:15

Segundo a interpretação que escolhemos para os sete reis, podemos concluir que estes *povos, multidões, nações e línguas*, aqui mencionados, são de todo lugar e de todo o tempo de reinado dos sete reis. Nenhum outro poder religioso neste mundo tem-se expandido tanto, com tanto poder sobre o mundo, como a Igreja romana com o papado. Ela, na verdade, senta-se sobre *povos, multidões, nações e línguas* em franca aliança com os reis deste mundo.

As *multidões*, os perdidos, são os que se têm rebelado contra Deus. Eles escolheram a besta, para servi-la; mas agora seus agentes, os dez reis, se levantam contra a Igreja apóstata para desnudar e devorar suas carnes. Que desespero deverá tomar conta deles! Rejeitaram a Deus para seguir a besta, mas agora a besta os rejeita. Se você se enreda com Satanás, verá com quem se mete!

8. Considerações

Este capítulo apresenta grandes dificuldades e não podemos pensar que chegamos a uma interpretação completa. Apesar de tudo, parece-nos que aqui se apresenta a Igreja apóstata composta por pessoas de todas as denominações, cuja sede está em Roma, com seu poder concentrado em torno do papado. Esta igreja é chamada de prostituta. A prostituta se apresenta no cenário mundial e é exaltada sobre a besta e seus impérios. Logo que a prostituta tiver servido aos propósitos da besta, ela será destruída pelos dez reis (Ap 17:16).

Para nós, a mulher é a Igreja apóstata, e também é a cidade de Roma, que por sua vez é *BABILÔNIA ... A MÃE DAS MERETRIZES.* É também o centro comercial que se vê no capítulo 18. Não estamos de acordo com as interpretações que propõem duas Babilônias; é nosso ponto de vista que as duas são uma, em um só local, o qual corresponde a ROMA.

9. A queda da Babilônia

Ap 18

Babilônia é destruída por duas causas. As instituições da Igreja apóstata serão exterminadas pelos dez reis da besta, que têm sua sede principal em Roma; além disso, a cidade comercial será devastada, devido aos efeitos produzidos na terra pela sétima trombeta.

Ap 17:16

Ap 16:17-19

Ao entrar no estudo do capítulo 18, contemplamos o mesmo fim do sistema mundial gentílico: seu fim eclesiástico, comercial, político, e físico.[d]

A Babilônia mencionada aqui (não é a antiga, nem tampouco uma reconstrução da original) é ROMA. Roma está apenas a vinte e quatro quilômetros do mar Tirreno, com acesso por navegação através do rio Tíber. Este rio tem problemas de sedimentação, mas, com os avanços da tecnologia para a limpeza, não nos surpreenderia ver Roma se convertendo em cidade portuária.[e] Como a capital do anticristo, terá as riquezas da nações e batalhões de muitas guerras à sua disposição, tornando-se a cidade rica e comercial descrita aqui.

A exortação do versículo 4 é para hoje em dia e todo o tempo. É uma exortação para não se cair presa do mundo nem *da concupiscência dos olhos*. O crente tem de sair de Sodoma e Gomorra antes que seja muito tarde. Não sejamos como a mulher de Ló.

Ap 18:4
Tg 4:4
1 Jo 2:15
Lc 17:32
Gn 19:26

A destruição da grande cidade apóstata é total; os malvados moradores da terra, que ganhavam muito com o comércio de Babilônia, agora se encontram em grande lamento.

Ap 18:17-19

Assim como a destruição da grande cidade da Babilônia antiga foi permanente, assim será também a destruição da Babilônia (Roma) dos últimos dias.

Ap 18:21b

10. Considerações

Como estamos enfatizando desde o princípio, Babilônia é mais que uma cidade — seja a antiga ou a nova — plenamente identificada como Roma. Quando falamos de Babilônia, estamos falando de um conceito. (Veja-se as considerações ao final da Lição 5 para maior informação acerca da Babilônia como sistema.)

10.1 Babilônia e sua relação com a Igreja romana

Esta parte em que abordaremos a união da Babilônia com a Igreja romana é um resumo do livro *La Biblia a su alcance* (A Bíblia ao seu alcance), capítulo 8, de Frank Boyd (Editorial VIDA). O que se apresenta a seguir não são notícias recentes. A conexão entre Babilônia e a Igreja romana está bem estabelecida.

Ninrode, *o poderoso caçador*, foi o fundador da Babilônia. Ele organizou a primeira rebelião contra Deus (Gn 10:9,10; 11:1-9). Eles queriam fazer para si mesmos um nome poderoso. Este *nome* seria para eles um orgulho, seria um sinal de grandeza.

Em Babilônia se produziu a primeira grande apostasia. Com a rebelião que Ninrode iniciou, instalou-se o culto babilônico. Os que foram iniciados nesta seita deixaram de ser da nacionalidade babilônica, assíria, egípcio, ou de qualquer outra, passando a ser membros de uma irmandade mística. Esta crença continua em sociedades secretas até hoje. Os iniciados supostamente possuíam sabedoria superior e podiam descobrir os segredos divinos escondidos. O líder desse grupo era conhecido como o pontífice e agia como sumo sacerdote, sendo sua palavra a lei sagrada.

Adoravam o "pai supremo", a "rainha do céu" ("o ser feminino encarnado") e seu "filho". Do "pai supremo" diziam que não exercia influência nos assuntos dos mortais, elevando a "rainha do céu" ao cúmulo da deusa máxima nos assuntos humanos.

Este sistema foi originado por demônios, que tiveram o objetivo de governar o mundo. Satanás continua com o mesmo plano ainda hoje (1 Tm 4:1,2), e Babilônia é a fonte de todo falso ensinamento e de toda idolatria (Jr 51:7; Ap 18:3).

No ano 487 a.C., a cidade da Babilônia foi capturada por Jerjes, e seus habitantes foram aniquilados. O sacerdócio babilônico teve de fugir e de Babilônia nasceram três correntes. Eram parecidas, e cada uma teve seu próprio "sumo pontífice". Radicaram-se no Tibete, Pérgamo e Mênfis. Continuam no Tibete até o nosso tempo. Os que fugiram para Pérgamo permaneceram ali por longo tempo. Com a morte de Atalo I, em 133 a.C. — que era pontífice e rei de Pérgamo —, a chefia do sacerdócio babilônico foi trasladada para Roma.

Os etruscos chegaram à Itália vindo da Lídia (região de Pérgamo) e trouxeram consigo a religião e rito babilônicos. Estabeleceram um pontífice, que exerceu poder de vida e morte sobre o povo. O pontífice foi aceito pelos romanos como chefe dos assuntos civis. Júlio César se elevou a esta categoria no ano 74 a.C. Foi eleito pontífice supremo da ordem de Babilônia, tornando-se herdeiro dos direitos e títulos de Atalo.

No ano 218 d.C. (de nossa era) o exército romano esteve aquartelado na Síria por causa da rebelião contra Macrino. Heliogábalo, que havia sido sacerdote do ramo egípcio da religião babilônica, foi escolhido imperador. Pouco depois foi eleito pontífice supremo pelos romanos. Com isto, os dois ramos ocidentais da apostasia babilônica se centralizaram no imperador romano.

Os imperadores romanos agiram como "sumos pontífices" até o ano 376 d.C. Foi então que Graciano se negou a ataviar-se com as vestiduras do sumo pontífice. Milner, na *História da Igreja,* diz que Graciano:

> Desde sua mais tenra infância apareceram sinais inegáveis de verdadeira piedade em Graciano, num grau superior às que se haviam observado em qualquer outro imperador romano. Um dos seus primeiros atos o demonstra. O título de sumo sacerdote pertenceu sempre aos príncipes romanos. Ele observou, e com justiça, que este título era por sua mesma natureza idólatra, e não correspondia a um cristão assumi-lo. Portanto, Graciano recusou vestir-se do hábito, embora os pagãos lhe outorgassem o título.

Mas os assuntos religiosos ficaram tão desorganizados que se tornou necessário escolher alguém para ocupar o posto. Seguindo a citação anterior, lemos:

> Aconteceu que Dâmaso, o bispo da Igreja cristã de Roma, foi eleito para ocupar este cargo. Dâmaso havia sido constituído bispo da Igreja no ano 366 d.C. pela influência dos monges do monte Carmelo, um colégio de culto babilônico, originalmente fundado pelos sacerdotes de Jezabel (muito antes de Cristo) e que continua hoje relacionado com Roma. **De maneira então que, no ano 378 d.C., o chefe da ordem babilônica passou a ser o chefe da Igreja cristã.** Este homem, Dâmaso, uniu em si mesmo o cargo de bispo cristão e todos os títulos e poderes do sumo sacerdócio da antiga apostasia babilônica.

Pouco tempo depois que Dámaso foi nomeado o pontífice supremo eleito, os ritos da Babilônia começaram a destacar-se. O culto da virgem Maria se estabeleceu no ano 381 d.C. Maria era adorada por todas as partes como a "mãe de Deus", a rainha do céu. No começo do século quarto este culto estava generalizado. O culto à rainha do céu havia substituído o culto a Cristo — Gibbon.

No Antido Testamento, Babilônia era inimiga de Jeová, o verdadeiro Deus, e de Jerusalém, seu santo lugar.

Deus concedeu a Babilônia poder civil, e com este poder ela levou cativo o povo de Deus. Quando a Babilônia literal deixou de existir, Roma se elevou ao poder e continuou seu antagonismo contra Deus.

Foi Roma que crucificou o Senhor Jesus Cristo, pôs fogo em Jerusalém e levou os vasos sagrados do templo. Além disso, desde então Roma tem corrompido a verdade e se tem oposto à piedade vital.

Com relação à obra de Deus, Roma é Babilônia. Mas é "Babilônia fora de seu lugar". É a Babilônia do mistério, e não a Babilônia literal. As características morais são as mesmas, mas o lugar mudou. — *Mistério e história de Babilônia*[f]

Não somente os comentaristas evangélicos destacam a conexão entre Babilônia e Roma, mas também sacerdotes e escritores católicos romanos reconhecem esta verdade. O Cardeal Bellarmino escreveu:

São João em Apocalipse chama Babilônia de Roma, posto que nenhuma outra cidade fora de Roma reinou em sua época sobre os reis da terra. E é uma verdade bem conhecida que Roma se assentava sobre sete colinas...[g]

Além disso, o famoso prelado francês, Bossuet, em seu comentário de Apocalipse, diz: "Os sinais são tão claros que é fácil decifrar Roma sob a figura de Babilônia".[h]

Para finalizar esta seção, o autor deseja ressaltar que o que temos dito de Roma refere-se ao sistema babilônico e sua parte nele. Não temos buscado criticar, mas apresentar fatos comprovados. Há ovelhas dentro da Igreja romana que buscam a Deus e têm corações sinceros. A eles rogamos: *Sai dela* (Ap 18:4).

Concluímos então que Roma é agora sede da Grande Babilônia. Mas seria um equívoco dizer que os capítulos 17 e 18 falam só de Roma como cidade.

Roma estabeleceu-se como sede principal da apostasia babilônica e tem-se introduzido dentro da Igreja cristã como já se observou. É sobre *povos, multidões, nações e línguas* que ela está assentada. Sob seu domínio estão incluídos todos os movimentos apóstatas dos últimos dias; se hoje não aparecem juntos é porque o tempo ainda não chegou, mas, no início da tribulação, todas as Igrejas apóstatas e contrárias à vontade de Deus estarão unidas em uma só.

Havendo seguido sua história desde a antigüidade, seria útil observar a Babilônia moderna. Nosso estudo tem assinalado Roma como cabeça da Babilônia que logo há de estabelecer-se na terra. No entanto, esta Babilônia, que será uma cidade rica e poderosa do Novo Império Romano, é a manifestação física de todo um conceito espiritual. A Babilônia como um conceito espiritual vive hoje no movimento da Nova Era e se relaciona com o conceito da Nova Ordem Mundial.

10.2 Desde a Babilônia até a Nova Ordem

Já estabelecemos a relação da Babilônia com a Igreja romana; não obstante, há ainda algo mais interessante para nossa época.

Vejamos resumidamente algumas características do movimento babilônico:

- Foi fundada em rebelião.
- Os iniciados afirmavam ter conhecimento "oculto" (sabedoria superior e segredos divinos).
- Era uma religião universal. Deixavam de ser babilônicos, assírios, egípcios etc. e passavam a ser membros de uma irmandade mística.
- Praticavam adoração à "rainha do céu" ou "o ser feminino encarnado".

O historiador grego Heródoto (cuja obra foi escrita aproximadamente 450 anos antes de Cristo) tratou acerca de Ninrode e sua rebelião. Ele indicou que Ninrode se casou com uma meretriz sensual que, além de ser uma prostituta, jactava-se desta perversão. Ninrode foi o responsável por unificar a rebelião do homem contra Deus na torre de Babel. O espírito do humanismo egoísta e sedução audaz contra o Criador era o que mais representava a torre que levantaram como produto da sublevação na planície de Sinear.

Com a morte de seu esposo Ninrode, Semiramis (a meretriz) ficou abandonada e desamparada. Sem força de caráter para sustentar-se, e como produto de sua vida pecaminosa, ela ficou grávida. Para encobrir sua vergonha, começou a difundir a notícia de que a gravidez foi "ordenada pelos deuses". Disse levar em seu ventre a reencarnação daquele que havia sido seu esposo: Ninrode. Mudou seu nome de Ninrode para Zaratustra e fundou uma religião: o Zoroastrismo. A mãe e seu "bebê-esposo" foram deificados.[i]

Outras fontes indicam que o bebê de Semiramis recebeu o nome de Tammuz. As reencarnações de Ninrode, segundo estas tradições, seriam múltiplas: Tammuz, Zaratustra, deus-sol etc. Rejeitamos totalmente a reencarnação, mas não é difícil pensar que o espírito demoníaco que dominava Ninrode deve ter-se manifestado repetidamente na história. Poderíamos chamar este espírito de "o caudilho". Adolfo Hitler, em seu livro *Mein Kampf*, confessa deixar-se possuir pelo espírito do super-homem, ou seja, "o caudilho".[j] A quantos ditadores este espírito tem possuído? É interessante que os homens que se revelaram como ditadores na história constantemente perseguem os cristãos ou os judeus até a morte. Seria o caso de um mesmo espírito satânico tê-los dominado?

Com a dispersão do homem, resultado da confusão das línguas (Gn 11), a religião do mistério de Babel foi levada por toda a terra. Evidências disto se encontram nos muitos símbolos da religião babilônica, espalhados desde as pirâmides da América Central até as do Egito. Literalmente, em todo o mundo estão os rastros da primeira religião apóstata. Citamos Ironside:

> Desde Babilônia, esta religião de mistérios se espalhou por todas as nações circunvizinhas... Onde quer que fosse, os símbolos eram os mesmos, e também, onde quer que fosse, o culto da mãe e do menino tornou-se o sistema popular. Seus cultos se celebravam com as práticas mais repugnantes e imorais. A imagem da rainha dos céus, com o menino em seus braços, se via por toda a parte, mesmo que os nomes pudessem diferir tanto como diferem as línguas. Tornou-se uma religião dos mistérios da Fenícia, sendo levada pelos fenícios aos confins da terra. Astarote e Tammuz, a mãe e o menino destes endurecidos aventureiros, se converteram em Ísis e Hórus no Egito, Afrodite e Eros na Grécia, Vênus e Cupido na Itália, e tiveram muitos outros nomes em lugares mais longínquos.[k]

Anteriormente, mencionamos que um dos ramos do sacerdócio babilônico chegou ao Tibete, o topo da terra onde os montes Himalaias são os mais altos do mundo. Hoje, este ramo da religião de Babel continua com suas práticas ocultas através dos "lamas" (homens "santos").

Podemos nos dar conta de que os ensinamentos dos lamas do Tibete, com suas artes de meditação e práticas místicas, têm tido muita influência sobre as religiões orientais, especialmente no hinduísmo.

Também assinalamos a conexão entre Ninrode, sua religião e o Zoroastrismo. Acrescentando-se a esta a extensão da rebelião original da Babilônia por todo o mundo como causa da confusão da língua única, podemos chegar facilmente à Índia, onde os adeptos do Zoroastrismo praticam sua religião até hoje. Ainda edificam "torres" altas para deixar em cima os cadáveres de seus mortos. Os abutres vêm comer o corpo[l] para, dessa forma, levá-lo ao céu, onde Ninrode quis, mas não pôde chegar.

Há amplas conexões entre as religiões orientais e a religião da primeira rebelião do homem contra Deus e também o movimento da Nova Era. O doutor Walter Martin explica:

A seita da Nova Era é um ressurgimento do ocultismo da antigüidade. Tem vínculos históricos com práticas religiosas da Suméria, Índia, Egito, Caldéia, Babilônia e Pérsia.[m]

Diz-se que é uma "nova" era. A história, no entanto, indica que não tem nada de "novo". A revista *Time* informou:

De forma que estamos na Nova Era, uma combinação de espiritualidade e superstição, de moda passageira e falsa; acerca da qual a única coisa certa é que não há nada novo.[n]

Considera-se que a sociedade Teosófica é a conexão moderna entre o hinduísmo e a Nova Era. Esta sociedade foi fundada por Helena Blavatsky nos últimos anos do século dezenove. Isto teve lugar nos Estados Unidos. Madame Blavatsky promoveu o espiritismo e a filosofia dos hindus. Este movimento se manifestou decididamente contra o cristianismo.

Blavatsky escreveu mais de vinte livros sob a influência de um "mestre superior" (o que nós, cristãos, chamamos de demônio). Ela dizia receber as comunicações telepaticamente.

A esta conspiração satânica, que é a mesma iniciada em Babel e chamada pelos discípulos desta seita "Era de Aquário", soma-se a sua fonte mais popular proveniente da música "rock", começando com os "Beatles". Eles têm sido os protagonistas mais destacados para a difusão da Nova Era. Toda a cultura "hippie", com seu "amor livre" e as drogas, tem raízes que podem ser traçadas até a apostasia mais antiga da humanidade. Crendo ter encontrado algo "novo", têm caído nas armadilhas mais primitivas da degradação.

Assim como a remota Babel, a Nova Era foi fundada em rebelião. Seus seguidores afirmam ter conhecimentos "ocultos" (sabedoria superior e segredos divinos). Buscam a universalidade e a união mundial sob seu líder vindouro, que traz uma "Nova Ordem Mundial". Praticam a adoração ao "ser feminino encarnado".

Mais adiante, estaremos analisando estes fatores, especialmente a prática da adoração ao "ser feminino encarnado". Antes disto, advertiremos acerca do treinamento que a Nova Era está impondo à sociedade e à Igreja.

10.3 Treinando a sociedade na Nova Era

Os ensinamentos da Nova Era tornaram-se tão populares e conhecidos que constantemente é difícil demonstrar, mesmo para os crentes, o erro de sua doutrina. Sutilmente infundem seus ensinamentos por meio de nossas escolas e instituições públicas. Com o mesmo engano com que se introduziu a religião babilônica dentro da Igreja primitiva, ela continua confundindo a Igreja moderna.

O movimento da Nova Era é tão astuto que põe novos nomes nas blasfêmias mais antigas. Práticas como a bruxaria, o espiritismo, o satanismo, a adoração ao diabo e o vodu são comuns, recebendo a rejeição da sociedade em geral. Agora, em vez de aproximar-se da bruxa local para que faça um encantamento de cura, a Nova Era lhe proporciona uma "medicina tradicional"[o]. Esta "medicina tradicional" — com a qual estamos preocupados — não é o tratamento médico por meio das substâncias naturais. Não nos opomos ao uso correto dos elementos naturais da criação de Deus para o bem do ser humano. O que estamos destacando são as práticas que, apesar de terem novos nomes, continuam sendo nada menos que práticas e participações com os mesmos demônios. Por exemplo: a Nova Era agora chama os curandeiros (que fazem encantamentos) de "praticantes da medicina tradicional". Não os chamam de curandeiros ou bruxos como antes. A nova linguagem forma uma imagem diferente que parece menos primitiva. Inclusive o nome soa como uma ocupação de muita dignidade. Então, a palavra "tradicional" passou a ser uma forma elegante de dizer o que antes se chamava bruxaria.

Antes o pecado se chamava pecado. O adultério, fornicação, homossexualidade, lesbianismo e outros atos lascivos eram conhecidos por seu próprio nome. Hoje eles são chamados "estilos alternativos de vida"[p]. Como é um "estilo alternativo", pode-se mudar como muda a moda. Já não há necessidade de evitar a conduta pecaminosa, pois a atividade que alguém "escolhe" é tão-somente uma "alternativa". É a mesma filosofia que diz à mulher que seu corpo lhe pertence e que ela pode provocar ou induzir o aborto porque tem "a liberdade reprodutiva". Esta "liberdade reprodutiva" é outra maneira para alternar com o adultério, fornicação e, sobretudo, o homicídio.

A Nova Era nos ensina a "necessidade" de "clarificação de valores". Esta atitude é compartilhada pela sociedade em geral. A idéia é que não existem absolutos com os quais um valor pode definir-se. Em outras palavras, pode-se abandonar os valores cristãos porque tudo é "relativo". "Clarificação de valores" vem a ser a nova terminologia para o "relativismo", uma doutrina da filosofia que expressa a falta total do absoluto. Dizem que o bem e o mal não dependem de algo estabelecido, como são os dez mandamentos, mas da cultura e dos tempos. Isto significa que um homem da selva pode matar, e está certo, pois é parte de sua cultura. Mas nós não podemos cometer homicídio porque temos outra cultura. O relativismo nos diz que os dez mandamentos não podem ser aplicados a todos. A Bíblia, ao contrário, está cheia de absolutos que devem aplicar-se a todos. Ao desfazer-se de absolutos, é fácil para um indivíduo desta geração em rebeldia fazer o que lhe vier à mente, abusando do livre-arbítrio. Se tudo é relativo, então a mentira já não é mentira porque o fim justifica os meios. Simplesmente, para o homem moderno "é preciso clarificar os valores". Obviamente esta filosofia, em que o relativo se opõe ao absoluto, não tem nada que ver com o cristianismo e seu Deus, que exige santidade para entrar em sua presença (Hb 12:14).

Desde o jardim da infância até os estudos universitários, os textos educativos atuais estão cheios das filosofias e pensamentos da Nova Era. A imprensa e os meios massivos de comunicação nos bombardeam diariamente com os pensamentos da Nova Era. Tão bem difundido está seu pensamento que nem nos damos conta. Terminologias novas abundam para explicar o pensamento da Babilônia "moderna" aos moradores da terra. Tudo soa tão normal, tão bem. Mas esta Nova Era não será aquilo que seus proponentes pensam.

Tudo isto, que se chama Nova Era, é um disfarce, um engano do antigo espírito da Babilônia. O apóstolo João nos ensinou que o espírito do anticristo *já está no mundo*. (1 Jo 4:3).

10.4 A manifestação da Nova Era e a Babilônia na Igreja

Possivelmente a manifestação mais blasfema da Nova Era e a ressurreição da Babilônia na Igreja vê-se na doutrina apóstata de "novamente imaginar Deus". Sabemos que Deus não pode ser "imaginado" como alguém que se lhe compare; no entanto, este movimento religioso propõe precisamente isso.

Em 1993, duas mil mulheres de vinte e sete nações, incluindo "protestantes" e "católicas", reuniram-se numa conferência nos Estados Unidos com o propósito de "novamente imaginar Deus". Durante o serviço da "santa ceia", usando leite e mel (em lugar dos elementos tradicionais) oraram a "Sofia", uma imagem feminina tomada de provérbios e usada para personificar a sabedoria. (Leite e mel eram elementos usados na preparação da "haoma", uma bebida intoxicante utilizada nos ritos da religião de Babel e no Zoroastrismo. Sofia é a palavra grega cujo significado é sabedoria; desta palavra também toma o nome a Sociedade Teosófica.)

Tomando a liberdade de interpretação e aplicando expressões simbólicas que vão contra toda a boa hermenêutica, será que as teólogas feministas procuram criar uma nova teologia "cristã"? (A religião babilônica, sendo de ordem "oculta" ou de "mistério", utilizava abundante simbologia. Isto não deve ser confundido com o uso da simbologia bíblica. O sistema babilônico faz uso dos símbolos para esconder a verdade, a Bíblia tem símbolos para dar mais luz à verdade.)

O que mais assusta é o êxito deste esforço. Como é possível que se atrevam a identificar sua crença com o cristianismo? Cristo foi eliminado do cristianismo! Uma das teólogas feministas, a reverenda Dolores Williams, mestra do seminário Teológico União de Nova York, disse: "Não creio que necessitemos de pessoas presas em cruzes com sangue gotejando por todo lado e coisas absurdas como estas".[q]

Durante esta conferência de "novamente imaginar Deus" nem uma só vez invocaram a Jesus, muito menos levaram em conta a significação redentora da cruz. Expressaram que a cruz é uma manifestação grotesca da imaginação masculina. A oração blasfema destas mulheres, muitas delas lésbicas, foi:

A nossa criadora, Sofia, somos mulheres feitas à sua imagem; com o sangue quente de nossos ventres damos forma à vida humana. Com néctar entre nossos músculos convidamos a um amante; com nossos fluidos corporais recordamos ao mundo seus prazeres e sensações.[r]

Esta oração parece algo da religião fundada pela esposa prostituta de Ninrode. É semelhante às preces utilizadas nas cerimônias das religiões e seitas que empregam atos eróticos de envilecimento como parte de seus ritos.

Esta blasfêmia, que afirmamos basear-se na religião antiga da Babilônia e na adoração ao ser "feminino encarnado" ou "rainha do céu", atualmente pode ser considerada como parte da religião apóstata que Apocalipse prenuncia e está tomando força dentro da Igreja protestante tradicional. Além disso, a relação com a Nova Era se revela escandalosamente. O propósito destes movimentos feministas é sacramentar a sexualidade da mulher. Isto não é algo novo e foi praticado em diversas religiões da mais remota antigüidade, e, como já temos visto, ainda mais dentro da religião babilônica. A novidade é a astúcia com que se está introduzindo sutilmente na Igreja Cristã.

Isso nos faz lembrar a astúcia com que Satanás operou para introduzir Babilônia dentro da Igreja, e posteriormente a doutrina de Maria como "mãe de Deus". Hoje o diabo está buscando ainda piores e novas blasfêmias. Não só está contente com a adoração à "rainha do céu", mas busca incorporar a prostituição religiosa dentro da Igreja "cristã". Que ousadia!

Oremos para que Deus nos proteja do erro, já que estas manifestações perversas hão de aumentar à medida que nos aproximamos do início dos eventos descritos em Apocalipse. Também tomemos nossos postos como atalaias do Senhor Jesus Cristo, decididos a lutar com armas espirituais contra esta blasfêmia. Não permitamos que introduzam sua maldade em nossas igrejas, enquanto estamos presentes na terra e podemos impedir.

Não somente se aproxima uma "Nova Idade", mas também uma "Nova Ordem Mundial". Possivelmente não há nada que o crente possa fazer para evitar o desenvolvimento da "ordem", mas é bom ficar prevenido de que estes eventos são parte do processo para estabelecer o anticristo como chefe do Novo Império Romano.

10.5 O que podemos fazer?

Ao considerar todas estas coisas, podemos sentir-nos impotentes diante da eventualidade do estabelecimento da "Nova Ordem". Apesar de tudo, nossa reação não deve ser de desespero nem de pesar, mas de alegria diante da realidade de que todas estas coisas assinalam a pronta vinda do Salvador, nosso Senhor Jesus Cristo.

Nossa esperança é escapar das coisas terríveis que a mesma Bíblia indica que virão. Nesta obra apresentamos amplas e numerosas razões para crer no arrebatamento de Igreja antes da tribulação. É certo que a Igreja tem sofrido tribulação, e certamente há de sofrer tempos difíceis, mas temos a fé e a certeza de que NÃO PASSAREMOS PELA GRANDE TRIBULAÇÃO preparada para a ira e o juízo de Deus sobre a humanidade. No entanto, esta segurança e fé não se podem converter em orgulho espiritual. Às vezes os irmãos que estão seguros de ir com Cristo no arrebatamento tornam-se orgulhosos espirituais por se sentirem um tanto "melhores" que os que vão ficar para sofrer a tribulação. Devo advertir que o orgulho é o pecado que arruinou Satanás.

Lembre-se dos jovens hebreus. Eles tiveram de passar pelo fogo. Estavam dispostos a ser fiéis a Deus, enfrentando a possibilidade da morte na fornalha. Se estivermos enganados em nosso ponto de vista, e a Igreja tiver de passar por parte ou por toda a grande tribulação, temos de estar decididos a servir a Cristo diante de qualquer situação. Não seríamos os primeiros mártires para Cristo! Indubitavelmente, nenhuma pessoa que está lendo estas palavras terá o privilégio de ser o último mártir para Jesus. Assim que, estimado leitor, cuide-se em sua maneira de pensar. Temos a fé e a convicção de que seremos arrebatados para estar com Cristo. Mas não deixe que esta fé o leve a crer que é melhor que os milhões de mártires que já venceram a corrida para chegar ao céu. Com seu exemplo, devemos prosseguir para *o alvo, pelo prêmio da soberana vocação de Deus em Cristo Jesus* (Fp 3:14).

Possivelmente, a única coisa que podemos fazer à medida que nos vamos aproximando de um eventual estabelecimento da Nova Ordem do anticristo é viver uma vida mais consagrada para Jesus. Identifiquemos as fontes de perversão que buscam sutilmente nos enganar. Estas podem ser achadas em todo lugar. Oremos por discernimento espiritual, para podermos perceber a maldade que ronda ao nosso redor. Sobretudo, tenhamos confiança no Deus de Daniel, que nos guardará da boca do leão e nos tirará da fornalha de fogo ardente. Recordemos, além disso, que Babilônia cairá. Cristo será o vencedor para sempre!

Lição 23

As bodas do Cordeiro e a segunda vinda

1. Os três aleluias da multidão celestial   Ap 19:1-8

Aleluia! há de ser e será um vocábulo celestial. Expressa louvores sem fim para Deus.

Os três aleluias expressos pela multidão celestial vêm em seguida aos três ais. Os três ais são juízos, enquanto os três aleluias são gritos de vitória. Que contraste: na terra o homem está sofrendo os juízos mais terríveis, e no céu os redimidos estão gozando dos benefícios dos três gritos de vitória: Aleluia! Aleluia! Aleluia!

1.1 O primeiro aleluia da multidão   Ap 19:1-2

Este *aleluia!* é um louvor pela justiça de Deus ao eliminar a grande meretriz. Ele *das mãos dela vingou o sangue dos seus servos.*

1.2 O segundo aleluia da multidão   Ap 19:3-5

Deste *aleluia!* nos é dito que é eterno, que *a fumaça dela sobe para todo o sempre.* Quando estivermos lá dez mil anos, mal teremos começado a louvar e adorar a Deus!

Como afirmação deste *aleluia!* ouviremos também os vinte e quatros anciãos e os quatro seres viventes dizendo: *Amém! Aleluia!* (Alguns acham que este é o terceiro *aleluia!*, assumindo que são quatro aleluias no total. O que podemos afirmar é que são três aleluias dados pela multidão.)

O louvor dos três aleluias! é universal no céu, tanto de *pequenos como grandes.*

1.3 O terceiro aleluia da multidão   Ap 19:6

João não tem palavras para explicar o que ouviu, ele só pode dizer *como a voz de fortes trovões... Aleluia! Pois já reina o Senhor nosso Deus, o Todo-poderoso.*

2. A ceia das bodas do Cordeiro   Ap 19:7-10

Aos três aleluias celestiais seguem-se as bodas do Cordeiro. Muito se tem falado que estas bodas ocorreriam durante a tribulação, o que não é verdade. As bodas do Cordeiro acontecerão ao fim da grande tribulação. Isto deduzimos porque elas seguem textualmente a seqüência das taças da ira.

Não podemos saber quais os "preparativos" que a noiva está realizando. Será que são só na terra ou também celestiais? De qualquer maneira, o certo é que *sua noiva* (a igreja) *se aprontou*. Possivelmente estes preparativos falem do tribunal de Cristo que os justos experimentarão durante a tribulação.

Ap 19:7b
2 Co 5:10
[a]

A quem é concedido que se vista de linho fino? O que é um linho fino? O linho fino é [sic.] as ações justas dos santos. É a Igreja e os redimidos de todas as idades que se vestem de linho fino.

Ap 19:8

Quem são os bem-aventurados? É a Igreja santa com todos os justos de todos os tempos.

Ap 19:9
Lc 12:43

João ficou tão comovido pela revelação que se prostrou aos pés do mensageiro angelical para adorá-lo. A resposta imediata foi: *não faças isso ... adora a Deus*.

Ap 19:10

Pois *o testemunho de Jesus é o espírito da profecia*. O espírito da profecia é o Espírito Santo. Os santos homens de Deus foram guiados pelo Espírito Santo quando profetizaram e falaram desde tempos antigos acerca de Cristo, de Jesus, que se chama *Fiel e Verdadeiro*.

Ap 19:10b
2 Pe 1:21

Ap 19:11

3. O apocalipse   Ap 19:11-21

O momento chegou, o dia pelo qual esperaram os patriarcas, esperaram os reis de Israel, esperaram os santos profetas e espera a Igreja; é o dia da revelação, do apocalipse, a segunda vinda de Cristo. Agora Jesus não se apresenta como bebê numa manjedoura, pobrezinho; agora Ele vem como aquele que tem *"olhos ... como chama de fogo", "O VERBO DE DEUS", "O PRÍNCIPE DE EXÉRCITO DO SENHOR", "O SENHOR DOS SENHORES E REI DES REIS".*

O Grande Rei vem seguido por seus exércitos celestiais. Eles se encontram vestidos de linho finíssimo e são os mesmos santos que participam das bodas do Cordeiro.

Ap 19:14
Ap 19:8,9

As forças do anticristo sairão do oriente e se reunirão

no Armagedom. Eles são os exércitos da última rebelião do sistema babilônico e se reunirão para fazer a guerra contra o Cordeiro. Ele é Rei dos reis e Senhor dos senhores. Sempre o foi, mas agora o momento chegou de Cristo Jesus estabelecer-se diante do mundo como tal. O Rei toma posse do que é seu. Aqueles exércitos não podem fazer nada contra a espada aguda que saiu de sua boca, pelo poder de sua palavra. O holocausto terminará com a possível morte de duzentos milhões de indivíduos.

Ap 19:16
Ap 17:14
Ap 19:15

Ap 19:21

Como resultado desta guerra, a besta e o falso profeta serão *"lançados vivos no lago de fogo"*.

Ap 19:20

Lição 24

Os mil anos e a eternidade

Sabe o Senhor livrar da tentação os piedosos, e reservar os injustos para o dia do juízo, para serem castigados (2 Pe 2:9). Olharemos o castigo ou a glória destinados aos seres humanos. Antes, que fim os esperava? Com Cristo será a glória! Deixe que Cristo viva em seu coração.

1. Os mil anos   Ap 20:1-10

Com o capítulo anterior terminam os sete anos da tribulação. A seguir temos um resumo das circunstâncias existentes na terra, no início dos eventos do capítulo 20.

❏ A besta e o falso profeta são lançados no lago de fogo.   Ap 19:20
❏ Os exércitos do anticristo foram derrotados.   Ap 19:21
❏ Satanás é preso por mil anos.   Ap 20:1-3
❏ Terá lugar o juízo das nações descrito por Cristo.   Mt 25:31-46

Embora o reinado do anticristo tenha sido universal e tenha-se estendido sobre todas as nações da terra, seu poder não alcançava muitos lugares. Não terá podido efetuar suas obras plenamente em algumas localidades (por exemplo, a selva amazônica). Desta maneira muitos poderão sobreviver à tribulação. Isto demonstra quão limitado é o dragão. Será impossível para o anticristo dominar todo o mundo porque Satanás não é onipresente. Tudo isto nos leva à conclusão de que nem todos os homens terão tomado a marca da besta, e será necessário o juízo das nações por Cristo para fazer a separação entre as ovelhas e os bodes. Aparentemente serão julgados segundo suas obras e pela maneira como trataram os perseguidos do anticristo.

2. Juízos e ressurreições

A seguir apresentamos uma lista de juízos e ressurreições retirada da obra *Grandes temas da Bíblia*. Apresentamos esta lista para análise do leitor: Ap 20:4-6 [a] [b]

☐ **Juízo da Igreja.** Este juízo é conhecido como tribunal de Cristo. Serão julgadas as obras do crente, não seus pecados. Os pecados do crente não serão recordados jamais. Mas toda a obra será julgada para, dessa forma, dar o galardão a cada um. Este galardão virá na forma de responsabilidade. O juízo tem lugar depois do rapto e antes das bodas do Cordeiro. `2 Co 5:10,11` `Rm 14:10` `Hb 10:17` `Mt 12:36` `Cl 3:24,25`

☐ **Juízo dos gentios.** Este juízo também é conhecido como o "juízo das nações" e acontece no final da tribulação. Os gentios que vieram a Cristo (as ovelhas) durante a tribulação serão recebidos no reino. Os ímpios (os bodes) serão lançados no lago de fogo por seus pecados. `Mt 25:32` `Sl 2:1-10` `Is 63:1-6` `Jl 3:2-16` `Sf 3:8` `Zc 14:1-3`

☐ **Juízo de Israel.** Este juízo acontecerá no final da tribulação. Cristo fará com que os judeus sejam reunidos e julgados. Assim como as ovelhas dentre os gentios, os crentes em Cristo entrarão no reino. `Ez 20:33-38`

☐ **Juízos dos malvados (juízo do grande trono branco).** Terá lugar depois dos mil anos. Este último juízo recairá, indistintamente, sobre todos os ímpios diante do grande trono branco. O Deus soberano se sentará no trono e os ímpios serão julgados segundo suas más obras. Os que não têm seus nomes escritos no livro da vida serão lançados no lago de fogo por toda a eternidade. `Ap 20:11-15`

3. As ressurreições [c]

☐ **Várias ressurreições efetuadas por Cristo e os profetas.** Estas ressurreições foram apenas sinais, e a pessoa ressuscitada voltou a morrer. `2 Rs 4:32-35; Lc 7:11-16; Mc 5:22-24; Jo 11:32-44`

☐ **A ressurreição de Jesus Cristo.** Foi profetizada muito tempo antes e é o fundamento da fé cristã, sem a qual ninguém teria esperança. `Sl 16:9-10` `Lc 24:5b` `1 Co 15:13-14`

☐ **A ressurreição dos santos em Jerusalém.** Embora os sepulcros se abrissem no momento da morte de Cristo, parece que os santos não saí- `Mt 27:52-53` ram dos sepulcros até que Cristo ressuscitou. Cristo é a primícia. Esta ressurreição é uma confirmação de que há mais do que uma só ressurreição.

❏ **A ressurreição da Igreja.** Esta ressurreição também é conhecida como o "rapto". *Os mortos em Cristo* serão ressuscitados primeiro e depois os santos que ainda estiverem com vida quando Cristo vier buscar a Igreja serão trasladados! 1 Co 15:51-58
1 Ts 4:13-18
1 Jo 3:2

❏ **A ressurreição do santos do Antigo Testamento.** É possível que os santos do Antigo Testamento não sejam arrebatados na primeira ressurreição. Isso está implícito em algumas passagens. Daniel 12 descreve a grande tribulação no versículo 1 e a ressurreição no versí-culo 2 como acontecimento imediatamente posterior. A ressurreição dos santos será antes do milênio. (O autor acredita que esta ressurreição será junto com a primeira ressurreição.) Jó 19:25-26
Dn 12:1-2
Is 26:19-21

❏ **A ressurreição dos santos da tribulação.** Ap 20:4-5

❏ **A ressurreição dos santos no milênio.** Não há uma profecia na Palavra de Deus referente a esta ressurreição, mas haverá mortos durante o milênio, o que faz supor que haverá tal ressurreição. Is 65:20

❏ **A ressurreição dos ímpios.** Ap 20:11-15

Algumas observações acerca das ressurreições:

❏ O propósito das ressurreições é dar um corpo eterno.

❏ Com respeito à *primeira ressurreição*, Chafer disse:

... a expressão "primeira ressurreição" refere-se a todas as ressurreições dos justos mesmo quando se encontrem amplamente separadas pelo tempo. Todas elas são primeira, isto é, antes da ressurreição final dos ímpios. Conseqüentemente, a expressão *"primeira ressurreição"* aplica-se a todas as ressurreições dos santos sem consideração de quando ocorreram, incluindo a ressurreição do próprio Cristo. [d]

Vi também tronos, são dois os juízos que se celebram aqui, das nações e de Israel. Também temos a ressurreição dos santos da tribulação descrita com as palavras *e vi as almas daqueles que foram degolados por causa do testemunho de Jesus ... reviveram*.   `Ap 20:4`

Os outros mortos não reviveram, até que os mil anos se completassem fala dos mortos ímpios. Sua ressurreição será para o juízo ante o grande trono branco (veja-se Estudo cronológico).   `Ap 20:5`

Esta é a primeira ressurreição. São palavras que devem ser entendidas como parte do versículo 6.   `Ap 20:5b`

4. Satanás é solto   `Ap 20:7-10`

Nestes versículos temos a descrição da última guerra (veja-se o fim da lição 20, seção 8, para maiores informações com respeito a esta guerra).

Observamos a última obra de Satanás, apresentando-se para enganar com toda facilidade o homem que viveu até o fim do milênio.

5. O juízo diante do grande trono branco (veja-se Lição 24, seção 2)   `Ap. 20:11-15`

Possivelmente os livros que foram abertos falem da santa Bíblia. Os ímpios serão julgados segundo as palavras ali escritas.   `Ap 20:12`   `Jo 12:48`

Agora vemos *a segunda morte*. Esta morte é fatal e eterna, diferente da primeira morte que todos experimentaremos, se Cristo não vier antes.   `Ap 20:14b`

Este juízo é dos outros mortos, os ímpios que morrem sem Cristo.   `Ap 20:14-15`   `Ap 20:5a`

6. Novo céu e nova terra   `Ap 21:1 - 22:5`

As descrições que seguem da Nova Jerusalém vão além do que podemos compreender. A palavra *como* é utilizada por João repetidas vezes. Imaginemos por um momento o que aconteceria se pudéssemos tomar um nativo de uma tribo primitiva, que nunca tivesse saído de sua terra, e o puséssemos de noite no meio de um grande aeroporto. Ele teria dificuldades para explicar a seus companheiros o que viu. Possivelmente ele diria acerca da aterrissagem de um avião moderno: "Desceu do céu um pássaro enorme com muitos olhos de fogo e ruído de vulcão".

Ao ler estes versículos, é importante recordar que João não pôde explicar o que viu porque ia além de qualquer coisa que ele tinha conhecido. Isto não é obstáculo para aceitar seu relato como verdadeiro. Podemos estar seguros de que a realidade será ainda mais bela e maravilhosa do que testifica a descrição de João.

São muitos os comentários que foram escritos sobre o Apocalipse, a profecia e o céu, descrevendo as bênçãos para os santos. Seja fiel até o fim (Mt 13:13), peleje a boa batalha da fé (1 Tm 6:12) e você poderá alcançar todas elas. Este é o prêmio para os que amam ao Cordeiro.

A seguir trataremos alguns pontos dignos de ressaltar:

☐ *E o mar já não existe.* Algumas razões para isso:
- O mar produz tempestades. Sl 107:23-30;
- O mar constitui inquietude. Is 57:20-21
- O mar representa mistério. Jr 49:23
- O mar significa separação. Sl 77:19

☐ *Deus enxugará de seus olhos toda lágrima.* Comparando esta frase com as palavras que seguem no mesmo versículo, *não haverá mais pranto*, deparamo-nos com um mistério que tem sido explicado das seguintes maneiras: Ap 21:4
- Que são lágrimas de *alegria*. Ez 3:12,13
- Que são lágrimas resultantes do tribunal de Cristo, quando nos daremos conta de que não temos alcançado as coisas que Deus tinha para nós.
- Que são lágrimas produzidas quando nos dermos conta de que não se encontram presentes alguns de nossos familiares.

Qualquer que seja o mistério destas "lágrimas", a Bíblia afirma que NÃO *haverá mais pranto.*

☐ Jesus é *o Alfa e o Ômega.* Ele não foi criado como nós. Ele é Alfa, e não beta. Se Jesus fosse criação de Deus, Ele seria como nós e não podia ser chamado Alfa (o primeiro). Jesus é o princípio. Ap 21:6

☐ Encabeçando a lista dos excluídos do novo céu e da nova terra estão os *covardes.* Não há ato mais covarde que negar a Cristo, seja por temor aos familiares ou amigos, seja por vergo- Ap 21:8

nha do que vão "dizer" ou pelo pecado; não há nada ou ninguém mais covarde que aquele que rejeita a Cristo.

- ☐ O novo céu será diferente, não terá templo; no céu presente há templo. **Ap 21:22 / Ap 15:8**
- ☐ As palavras *houveram sido salvas* não se encontram no grego, contudo só haverá nações salvas, já que todos os não-salvos estarão no lago de fogo. **Ap 21:24 / [e] / Ap 20:15**
- ☐ *Ali nunca mais haverá maldição*. A maldição é o que produz putrefação, sujeira, pó e um sem-número de efeitos negativos sobre a terra e seus moradores. Estes efeitos nos levam à enfermidade e à morte. Começaram com a maldição de Deus sobre Adão. **Ap 22:3 / Gn 3:17-19**

7. Epílogo   Ap 22:6-21

Estas palavras são fiéis e verdadeiras. O autor é o Senhor, o Deus dos espíritos dos profetas. Portanto, não há razão para pôr em juízo as palavras da profecia deste livro. São coisas que *em breve devem acontecer*. Aqui se utilizam as mesmas palavras usadas no primeiro versículo do livro. Esta frase nos faz pensar no "relógio" de Deus. Para Ele os últimos milênios passaram em "um momento". **Ap 22:6 / Ap 1:1 / 2 Pe 3:8**

Eis que cedo venho! Temos de estar prontos! A iminente vinda do Senhor Jesus está às portas! Os ponteiros do relógio estão por indicar a meia-noite, e possivelmente o propósito mais importante de Apocalipse é fazer com que o povo de Deus esteja advertido e pronto para a vinda do Senhor. **Ap 22:7**

João testifica que ele é quem *ouviu e viu estas coisas*. Depois nos informa de um erro pessoal que cometeu adorando ao anjo. O anjo respondeu dizendo-lhe *não faças isso*, e se identificou como seu *conservo*. **Ap 22:8-9**

Não seles as palavras ... porque próximo está o tempo. Não podemos pretender saber tudo referente ao futuro simplesmente porque lemos Apocalipse. Esta leitura, no entanto, nos dará grandes bênçãos. À medida que os eventos relacionados com a profecia se tornam mais claros, **Ap 22:10** teremos um melhor entendimento dos mesmos.

Quem é injusto, faça injustiça ainda ... e quem é santo, santifique-se ainda. Tomando esta exortação no contexto, temos dois fatos: o primeiro é uma admoestação ao crente para que não se acomode em sua busca da santidade; o outro é uma indicação da brevidade do tempo. Quando chegar o tempo dos acontecimentos deste livro, então será tarde para mudar a maneira de ser.

Jesus mesmo se apresenta e proclama sua vinda em breve. Também declara o galardão que espera pelos justos e nomeia aqueles que estarão fora.

O convite vem do Espírito, que traz convicção sobre a vida do pecador. A Esposa, a Igreja de Cristo, tem o objetivo de pregar as boas novas, chamando o pecador para que venha aos pés de Cristo. O convite é para tomar *da água da vida gratuitamente.*

Agora vêm as maldições sobre aqueles que mudam a Palavra de Deus. Vê-se que Deus está preocupado em proteger sua Palavra contra aqueles que, por suas próprias conveniências, a distorcem.

Aquele que dá testemunho destas coisas é o mesmo Senhor Jesus. As últimas palavras pronunciadas por Jesus na Bíblia são: *Certamente cedo venho.* A segunda vinda de Jesus é algo imutável, intransferível. Aconteça o que acontecer, sua vinda é certa. *Amém; sim, vem, Senhor Jesus,* deve ser a nossa esperança. Para o mundo ímpio a vinda do Senhor é a coisa mais terrível que possa acontecer, mas para o crente é sua bendita esperança, pela qual dizemos: *Amém. Vem, Senhor Jesus!*

A graça do Senhor Jesus seja com todos. Amém. Quanta diferença há entre o fim do Antigo Testamento e o fim do Novo Testamento! O Antigo termina com uma maldição, porém o Novo com uma bênção. Querido leitor, faça suas as bênçãos deste livro; Deus tem grandes coisas para dar-lhe com o propósito de que você as possa compartilhar.

*Amém; sim,
vem,
Senhor Jesus!*

APÊNDICES

Apêndice 1

Quadro comparativo das sete cartas de Apocalipse

Quem tem ouvidos, ouça o que o Espírito diz às igrejas!

Destino	Descrição de Cristo	Pontos positivos	Queixa	Ação de repreensão	Remédio	Promessa ao que vencer
	Ap 2:1	Ap 2:2,3	Ap 2:4	Ap 2:5b	Ap 2:5a	Ap 2:7
Éfeso	Aquele que tem na mão direita as sete estrelas, que anda no meio dos sete candeeiros de ouro	❏ Árduo trabalho ❏ Perseverança ❏ Não suportar os maus ❏ Provar ❏ Sofrer ❏ Trabalho ❏ Não desfalecer	Deixaste o teu primeiro amor	Removerei teu candeeiro	Arrepende-te, e pratica as primeiras obras	Dar-lhe-ei a comer da árvore da vida
	Ap 2:8	Ap 2:9		(Ap 2:10)	Ap 2:10	Ap 2:11
Esmirna	O primeiro e o último, o que foi morto e reviveu	❏ Tua tribulação ❏ Tua pobreza (mas és rico) ❏ A blasfêmia da sinagoga de Satanás	NÃO HÁ	NÃO HÁ repreensão, mas haverá perseguição	(palavras de conforto) Sê FIEL até a MORTE. NÃO TEMAS	Não sofrerá o dano da segunda morte

Destino	Descrição de Cristo	Pontos positivos	Queixa	Ação de repreensão	Remédio	Promessa ao que vencer
Pérgamo	Ap 2:12 Aquele que tem a espada afiada de dois gumes	Ap 2:13 ❏ Sei onde habitas ❏ Reténs o meu nome ❏ Não negaste a minha fé	Ap 2:14,15 ❏ Tens aí os que seguem a doutrina da Balaão ❏ Alguns que seguem as doutrinas dos nicolaítas	Ap 2:16b Virei a ti, e contra eles batalharei com a espada da minha boca	Ap 2:16a Arrepende-te	Ap 2:17 Darei do maná escondido, e lhe darei uma pedra branca
Tiatira	Ap 2:18 O que tem os olhos como chama de fogo, e os pés semelhantes a latão reluzente	Ap 2:19 ❏ Amor ❏ Serviço ❏ Fé ❏ Perseverança ❏ E sei que as tuas últimas obras são mais numerosas do que as primeiras	Ap 2:20,21 ❏ Que toleras a essa mulher Jezabel ❏ Não quer arrepender-se de sua imoralidade	Ap 2:22,23 ❏ Lançá-la-ei num leito de dores ❏ Ferirei de morte a seus filhos	Ap 2:25 O que tendes, retende-o até que eu venha.	Ap 2:26-28 Eu lhe darei autoridade sobre as nações, e com vara de ferro as regerá
Sardes	Ap 3:1a O que tem os sete espíritos de Deus, e as sete estrelas	Ap 3:4 Tens em Sardes algumas pessoas que não contaminaram as suas vestes	Ap 3:1b Tens nome de que vives, mas estás morto	Ap 3:3b Se não vigiares, virei sobre ti como um ladrão, e não saberás a que hora sobre ti virei	Ap 3:2,3a ❏ Sê vigilante ❏ Confirma ❏ Lembra-te ❏ Guarda-o ❏ Arrepende-te	Ap 3:5 Será vestido de vestes brancas. De maneira nenhuma riscarei seu nome do livro da vida, mas confessarei o seu nome diante de meu Pai

QUADRO COMPARATIVO DAS SETE CARTAS DE APOCALIPSE

Destino	Descrição de Cristo	Pontos positivos	Queixa	Ação de repreensão	Remédio	Promessa ao que vencer
Filadélfia	Ap 3:7 Santo, verdadeiro, o que tem a chave de Davi. O que abre, e ninguém fecha, e fecha, e ninguém abre	Ap. 3:8 ❏ Tens pouca força, entretanto guardaste a minha palavra ❏ Não negaste o meu nome	NÃO HÁ	(Ap 3:9a) NÃO HÁ (Repreensão aos inimigos da Igreja)	Ap 3:10,11 (Palavra de conforto) ❏ Guardaste a palavra de minha perseverança ❏ Guarda o que tens. VENHO SEM DEMORA	Ap 3:12 Eu o farei coluna no templo de meu Deus, de onde jamais sairá. Escreverei sobre ele o nome de meu Deus
Laodicéia	Ap 3:14 O Amém, a testemunha fiel e verdadeira, o princípio da criação de Deus	NÃO HÁ	Ap 3:15,17 ❏ Que nem és frio nem quente ❏ És morno (Ap 3:19)	Ap 3:16b Vomitar-te-ei da minha boca	Ap 3:18,19 ❏ Compra ouro refinado ❏ Compra vestes brancas ❏ Unge teus olhos ❏ Sê zeloso ❏ Arrepende-te	Ap 3:21 Dar-lhe-ei assentar-se comigo no meu trono, assim como eu venci, e me assentei com meu Pai no seu trono

*Quem tem ouvidos,
ouça o que o Espírito diz às igrejas!*

Apêndice 2

Circunstâncias geográficas e históricas das sete igrejas

Igreja	Localização	Fama	Nota
Éfeso	Ocidente da Ásia Menor. Entre Mileto e Esmirna, no vale do rio Caístro, a 5 Km do mar Egeu e entre as montanhas de Koresos.[a]	A grande metrópole da Ásia pré-consular e feira de vaidades do mundo antigo.[b]	Seu ótimo acesso ao mar a converteu no principal porto da Ásia durante o Império Romano. Compartilhou com Alexandria e Antioquia a supremacia no Mediterrâneo oriental e tornou-se a cidade mais importante, graças à sua posição geográfica e atividade industrial.[c]
Esmirna	Costa ocidental da Ásia Menor (hoje Izmir, Turquia). Situada a 65 Km ao norte de Éfeso.[d]	"A glória da Ásia". Urbanização planificada, formosos templos e excelente porto lhe trouxeram fama.[e]	Era um centro onde se adorava César. Entre a sua população se contava uma numerosa comunidade judaica (sinagoga de Satanás).[f]
Pérgamo	Cidade da Mísia na Ásia menor. Levantava-se às margens do mar Egeu, aproximadamente a 90 Km a noroeste de Esmirna.[g] Ocupava um promontório entre dois cursos do rio Caicus.[h]	"Trono de Satanás". Foi centro de cultura, com uma biblioteca de 200.000 títulos.[i]	Era um centro conhecido por sua idolatria e religiões demoníacas; com esplêndidos templos a Júpiter, Atena (Minerva), Apolo e Esculápio.[j]
Tiatira	Cidade da Ásia menor. Localizava-se a 70 Km ao leste de Pérgamo.	Centro comercial saturado de religiões pagãs.[k]	Destacavam-se seus artesãos na tinturaria, confecção de roupas, alfaiataria e fundição de bronze.[l]

Igreja	Localização	Fama	Nota
Sardes	Cidade da Ásia menor. Devido à sua localização geográfica, dominava todo o vale do rio Lico.[m] Ficava a 80 Km ao noroeste de Esmirna.[n]	Era famosa pela riqueza obtida por suas indústrias têxteis e joalheiras.[o]	Foi a antiga capital do reino da Lídia, que alcançou uma riqueza legendária sob Creso (século VI a.C.). Todavia, na época apostólica prosperava graças ao ouro tomado do rio Pactol, que a atravessava, e ao comércio que circulava por suas cinco estradas principais.[p]
Filadélfia	Cidade da Ásia menor. Situada a 40 Km ao sudeste de Sardes[q] em um extremo do amplo vale do rio Cogamis (curso de água de Hermom) que desemboca no mar perto de Esmirna.[r]	Seu nome significa "amor fraternal". Apesar de muitos terremotos, a cidade ainda existe. Cristãos ainda se reúnem ali regularmente.[s]	Sua localização numa planície muito fértil fez com que se convertesse numa fonte de grande riqueza e prosperidade.[t]
Laodicéia	Cidade da Ásia menor, situada na Frígia, no vale do Lico.[ʳ] Perto de Colosso, a pouco mais de 60 Km de Éfeso.[v]	Era um cidade orgulhosa, tão próspera em seu comércio, que depois de um terremoto desastroso, no ano 60 d.C., deu-se ao luxo de recusar o subsídio imperial oferecido para sua reconstrução.[w]	Era muito conhecida como centro industrial pela produção de lama negra e elaboração de poeira frígia, utilizada para enfermidades dos olhos. Suas fontes termais a fizeram um famoso centro sanitário. Estes fatos são utilizados na carta para ilustrar a verdadeira condição espiritual da igreja desta cidade.[x]

Nota: Nesta tabela se apresentam os fatores geográficos e históricos que, comparados com a mensagem de cada carta em particular, demonstram o conhecimento íntimo manifestado pelo escritor de cada localidade. Pelo que João estava recebendo, ditado pelo Senhor Jesus Cristo — pois a autoria é de Jesus —, deduz-se a relação entranhável do Senhor para com sua Igreja.

Apêndice 3

As igrejas e a época atual

Igreja	Características	Fatos Históricos
Éfeso Pentecoste até 100 d.C.	Igreja de árduo trabalho, que tem sofrido e não tem desfalecido, mas tem deixado o primeiro amor.	Depois de um bom começo na idade apostólica (Atos) e a pregação do evangelho em todo o mundo conhecido (At 17:6), surgem várias doutrinas falsas (por exemplo, os nicolaítas) e a Igreja necessita de exortação constante (veja as epístolas de Paulo, por exemplo, Gálatas). No ano 117 há perseguição.
Esmirna 100 - 312 d.C.	Igreja pobre, mas rica espiritualmente; sofrerá morte pelo nome de Cristo (Ap 2:9,10).	Vários imperadores perseguem a Igreja cristã muito severamente (por exemplo, Maximínio 235-238). Milhares de cristãos morreram no circo romano. As catacumbas de Roma eram cavernas onde os cristãos se refugiavam e onde foram sepultados milhões deles. Esmirna foi uma igreja fiel até a morte.
Pérgamo 312 - 540 d.C.	Retém o nome de Cristo no meio da perseguição, mas é tolerante para com as doutrinas falsas.	A igreja começa a decair. Constantino (306-337) converteu-se ao cristianismo (312) e publicou o edito de Milão (313) que obrigou todos a professar sua nova religião. A igreja vive um tempo imperial; prosperou e o mundo começou a entrar nela. Em lugar de separar-se do paganismo, a igreja se acomodou a suas exigências.
Tiatira 540 - 1517 d.C.	Há amor, fé, serviço e paciência. Suas obras posteriores eram maiores que as primeiras, mas toleravam a Jezabel.	Gregório I estabeleceu o papado de forma decisiva; promoveu a idéia do purgatório. Era o tempo das guerras papais. Nicolau (858-867) foi o primeiro papa que usou uma coroa. A época de ouro do poder papal foi 1054-1305; humilharam reis e exerceram grande poder. Então começaram os movimentos reformistas.

Igreja	Características	Fatos Históricos
Sardes 1517-1750 d.C.	Igreja ativa, mas espiritualmente morta e com poucos fiéis (Ap 3:1-6).	O papa Leão X (1513-1521) mandou Tetzel à Alemanha para vender indulgências com o fim de reunir fundos para completar a construção da Basílica de São Pedro em Roma. Lutero queimou a carta de excomunhão de Leão X no dia 10 de dezembro de 1570. Paulo III (1534-1549) instigou a guerra contra os protestantes alemães (1546-1549). No dia 31 de outubro de 1517 Lutero pregou suas 95 teses contra o abuso do sistema de indulgências. Em 1522 Lutero traduziu o Novo Testamento para o idioma alemão.
Filadélfia 1750 d.C. até o arrebatamento	Igreja que guarda o nome de Cristo em meio a tudo. Cristo não teve queixa contra ela (Ap 3:7-13).	Esta igreja não se identifica com fatos históricos, porquanto é o corpo espiritual dos verdadeiros crentes que irão com Cristo no arrebatamento (Ap 3:10,11).
Laodicéia Atualidade	Igreja nem fria nem quente. Cheia de apostasia espiritual (Ap 3:15-18).	Esta igreja ainda não chegou ao cumprimento total, assim como Filadélfia. Mas já se percebe o princípio de seu cumprimento. Exemplos: liberalismo, neo-ortodoxia; ecumenismo. Também cultos falsos: Testemunha de Jeová, Mormonismo, Ciência Cristã. Além disso, há inimigos modernos do cristianismo hoje mais do que nunca, como, por exemplo: alta crítica, evolução, humanismo, Nova Era (Idade) etc. Mesmo o comunismo continua sendo uma ameaça no país mais populoso do mundo, a China.

Nota: O quadro compara cada uma das sete igrejas de Apocalipse com a história da Igreja cristã durante os últimos 1.900 anos. Para este propósito se divide a história da Igreja em sete períodos.[a]

Tiatira (o catolicismo romano), Sardes (protestantismo), Filadélfia (a Igreja verdadeira) e Laodicéia (o modernismo apóstata) coexistem relacionadas até o final da era presente e a iminente vinda do Senhor, *certamente cedo venho*.

Deve-se notar que Sardes representa o protestantismo que se unirá à Igreja apóstata dos últimos dias. Isto não quer dizer que todos os crentes protestantes vão perder-se, e sim os que seguem sua religiosidade e tradicionalismo. Aos membros desta Igreja, a exortação de Apocalipse 18:4 é aplicável: *sai dela, povo meu*. Há, todavia, muitos justos nestas igrejas e Deus os está chamando.

Apêndice 4

O curso do presente século

1. As sete parábolas de Mateus 13

O estudo que segue é tomado do livro *Eventos do Porvir*, de J. Dwight Pentecost, páginas 107-119.[a]

A época entre as duas vindas do Messias encontra-se descrita em duas passagens — o capítulo 13 de Mateus e os capítulos 2 e 3 de Apocalipse. Tanto a primeira quanto a segunda contêm as palavras de Jesus. Estas passagens são profecias dadas pela própria boca de Deus. Cada uma revela diferentes aspectos relacionados com os eventos previstos para o desenvolvimento do *presente século mau* (Gl 1:4). Definitivamente, o *presente século mau* espera o juízo, tal como demonstra o panorama indicado pelas profecias de Jesus.

2. Breve resumo das sete parábolas

2.1 O semeador e as terras   Mt 13:3-9

- Durante o *século* haverá semeadura da Palavra.   Mt 13:18-23
- As *terras* serão distintas, algumas serão mais bem preparadas.
- Haverá oposição à Palavra nesta época.

2.2 O trigo e o joio   Mt 13:24-30

- Haverá uma semente falsa contrária à semente descrita na parábola do *semeador*.   Mt 13:36-43
- O mal e o bem brotarão juntamente.
- O século terminará com juízo.

2.3 O grão de mostarda   Mt 13:31,32

- Haverá um crescimento fora do normal.
- A planta, que era como hortaliça, chegará a ser

um lugar onde as aves façam ninhos. Na parábola do semeador as aves serão daninhas para o plano de Deus, já que comeram a semente.

2.4 O fermento escondido na farinha
- "A mulher" é a referência a um sistema religioso falso.
- Naquela época haverá contaminação do mal nas coisas relacionadas à divindade de Cristo, especialmente quanto à doutrina de sua pessoa. O fermento representa corrupção. Nesta parábola, o fermento (corrupção), mescla-se com a farinha. As ofertas de farinha tipificam a pessoa de Jesus.

Mt 13:33
Ap 2:20; 17:1-8
Êx 12:15
Lv 2:1-3
Lv 2:11

2.5 O tesouro escondido
- Esta parábola mostra a conexão de Israel com o curso da era atual.
- Jesus compra um tesouro, mediante a cruz.
- O tesouro está escondido em um campo, o mundo.
- Com o decorrer do tempo, da era, Jesus não desfruta do tesouro.

Mt 13:44
Mt 13:38

2.6 A pérola
- A pérola é a Igreja. A idéia é que o Senhor obtenha duas posses: o tesouro (Israel) e uma pérola (a Igreja). Esta pérola é um ornamento muito pessoal para Ele.
- Assim como uma pérola, a Igreja será propriedade de Cristo, o Negociante.
- Será formada por um crescimento contínuo.
- Chegará a ser um adorno para Cristo ao ser levantada das profundidades onde foi formada. Isto tipifica o arrebatamento.

Mt 13:45,46

2.7 A rede
- Mostra o juízo no fim do século contra as nações gentias, sendo que a rede é jogada ao mar.
- As pessoas malvadas não terão parte no reino que será instituído.

Mt 13:47-50
Ap 17:15

3. Breve esboço das sete parábolas[b]
- Haverá uma semeadura da Palavra de Deus durante o século,
- que será imitada por uma falsa semeadura contrária;
- o reino assumirá imensas proporções externas, mas
- se caracterizará por uma corrupção doutrinária interna: não obstante, o Senhor obterá para si mesmo
- um tesouro peculiar de dentro de Israel e
- de dentro da Igreja;
- o século terminará em juízo contra os injustos que hão de ser excluídos do reino que começa, e os justos serão introduzidos para desfrutar da bênção do reinado do Messias.

4. Notas de resumo

Dentro deste presente século, tomando como referência as duas vindas de Cristo, Deus tem levado a cabo dois programas distintos: o da Igreja, que terminará com o traslado dela, e o de Israel, que terminará depois do arrebatamento e da segunda vinda de Cristo.[c]

A comparação de Mateus 13 e Apocalipse 2 e 3 nos ajuda a entender a profundidade do plano de Deus.

Apêndice 5

Comparação de Mateus 13 com Apocalipse 2 - 3

A tabela a seguir faz uma comparação entre as duas porções das Escrituras em que Jesus assinala, profeticamente, os eventos relacionados com a idade da Igreja. Não há uma identidade de revelação entre Apocalipse 2 - 3 e Mateus 13. Apesar disso, há uma similaridade no desenrolar do século entre as duas passagens. O estudo apresentado aqui é uma ampliação do que é exposto no livro *Eventos do Porvir*, de J. Dwight Pentecost.[a]

Mateus 13	Apocalipse 2 - 3 significado do nome	Data aproximada	Características	Relação e comparação
semeador 1-9, 18-23	Éfeso desejada, relaxamento	Pentecostes 100 d.C.	Tempo de semeadura, organização e evangelização	Embora esta palavra se refira ao progresso de todo período da Igreja, sua aplicação dispensacional é, antes de tudo, para o primeiro século. Éfeso era uma igreja trabalhadora. Começaram a obra de evangelização. Eram semeadores da Palavra.
trigo e joio 24-30, 36-43	Esmirna amargura	Nero 300 d.C.	Perseguição. Inimigo revelado.	O inimigo de nossas almas tratou de atacar a Igreja em sua infância; ele o fez de várias formas. Em Mateus 13, revela-se por meio dos "filhos do mal" em sua perseguição à Igreja. O mesmo vemos em Esmirna.

Mateus 13	Apocalipse 2-3 significado do nome	Data aproximada	Características	Relação e comparação
grão de mostarda 31,32	Pérgamo casada	300 - 800 d.C.	Aliança mundana, grande crescimento externo.	Como o diabo não teve êxito com a perseguição, seu esforço para corromper a Igreja deu resultado a partir de dentro. A aparição de Constantino facilitou a união da Igreja com o mundo. As falsas doutrinas se colocaram na árvore, fazendo seus ninhos.
fermento 33	Tiatira sacrifício contínuo	800 - 1517 d.C.	Dominação papal. Corrupção doutrinária.	Há uma relação estreita entre a mulher de Mateus 13:33 e Jezabel, de Apocalipse 2:20. Havia remanescentes que tinham amor, fé e serviço; e é devido a eles que o nome significa sacrifício contínuo. Todavia, a Igreja tem sido perseguida. A instituição representada pela mulher começa a executar domínio como nunca antes.
tesouro 44	Sardes os que escapam	Reforma	Depois de um bom início: profissão de fé vazia, degradação do estado da Igreja.	A parábola de Mateus 13:44 faz referência, sem dúvida, a Israel, mas também, no aspecto dispensacional, a Sardes. Deus protege seus amados no meio do mundo e os guarda da possessão de Satanás, seja Israel seja a Igreja. A reforma era uma obra de Deus, mas se converteu em algo não edificante.

COMPARAÇÃO DE MATEUS 13 COM APOCALIPSE 2-3

Mateus 13	Apocalipse 2-3 significado do nome	Data aproximada	Características	Relação e comparação
pérola 45,46	Filadélfia amor perdurável	Os dias vindouros	Igreja verdadeira dos dias vindouros.	Cristo vem para buscar uma boa pérola. Cristo promete a Filadélfia que "serão guardados da hora da provação que há de vir sobre o mundo inteiro". Os de Filadélfia hão de ser arrebatados para estar com Cristo e serão para Ele como uma pérola.
rede 47-50	Laodicéia povo governado	Os dias vindouros	Apostasia	A parábola da rede ensina o juízo que virá sobre Laodicéia. O povo de Laodicéia será um povo governado pelo anticristo.

Apêndice 6

Símbolos, nomes e paralelismo de Daniel e Apocalipse

O propósito da tabela que segue é apresentar termos simbólicos relacionados com a profecia e o respaldo de definições concisas. É uma ferramenta útil para a análise de Daniel e Apocalipse.

Os termos foram escolhidos exclusivamente dos livros de Daniel, Apocalipse e parábolas de Mateus capítulo 13. A tabela está dividida em três partes: termos gerais em ordem alfabética (páginas 172-192), termos numéricos (páginas 193-198) e termos de período ou tempo (páginas 199-201).

O esforço que temos feito para observar certos valores simbólicos inseridos nos termos numéricos não deve ser confundido com o afã para chegar a conclusões definitivas baseadas na numerologia. Não pretendemos predizer o futuro com o uso simbólico dos números.

O ato de procurar entender melhor as Escrituras por meio do significado das palavras usadas em suas páginas, aplicando as regras de interpretação bíblica, não deve confundir-se com o ocultismo da Nova Era. Diferentemente das práticas ocultistas, o simbolismo na Bíblia tem o propósito de comunicar as profundas verdades da mensagem inspirada. Ao contrário, o propósito do uso dos símbolos pelos que participam de ritos obscuros é esconder suas perversidades, apresentando uma falsa inocência.

Têm sido registrados intentos "místicos" de estabelecer códigos sofisticados com tabelas numéricas complexas para, dessa forma, comprovar a inspiração divina das Escrituras. Com base na numerologia, alguns têm buscado mensagens ocultas e até "novas revelações", além das que já se encontram reveladas no texto bíblico. As interpretações dos termos numéricos que se apresentam neste apêndice não têm nenhum objetivo "místico".

Por ser tão difícil determinar exatamente o que é simbólico, nesta lista pode haver termos que, para alguns, são mais do que suficientes, ao passo que, para outros, não. Estão incluídos na tabela símbolos, nomes e paralelismos. As palavras foram escolhidas por seus termos "representativos" ou "equivalentes". Na matemática muitas vezes se usa uma expressão curta para representar uma outra forma. Tudo isso sem perder sua propriedade ou relação. Um nome pode ser usado para representar um objeto ou pessoa. Às vezes o nome é descritivo. "Cordeiro", por exemplo, representa um aspecto de Cristo e, por esse motivo, é incluído na tabela.

Usando as regras simples da hermenêutica, buscou-se interpretar as palavras que aparecem na tabela sempre examinando seu significado à luz de **toda** a Bíblia. Sobre isto Herbert Lockyer proporciona o seguinte conselho:

> Outra coisa que devemos ter presente na interpretação de um símbolo é averiguar qual é seu uso através da Escrituras e depois comparar as passagens entre si para determinar seu pleno significado. Se tomamos como exemplo uma figura usada com muita freqüência, como o fogo, descobrimos que representa Deus, Cristo, Espírito, a Palavra, a autoridade profética, o juízo etc.[a]

À luz deste conselho, podemos concluir que devemos estudar um termo examinando-o através da totalidade da Palavra, mas a interpretação definitiva e precisa sempre dependerá do contexto específico em que se encontra. Portanto, as definições que fornecemos na coluna de "significados" se relacionam somente com o uso textual apresentado pelas citações da coluna de "textos bíblicos". No exemplo acima, o irmão Luckyer mostra que o significado da palavra "fogo" muda segundo o seu uso. Mas na maioria das vezes o significado de um símbolo não varia.

Dentro do possível, para organizar a tabela, o autor escolheu a interpretação mais literal indicada pelo contexto em que se encontra a expressão. É paradoxal, mas o significado de "literal" é subjetivo (baseado na opinião pessoal); assim, todas as interpretações encontradas na tabela que segue (exceto as que estão escritas em itálico) devem ser tomadas somente como sugestões. Ao contrário, **os significados que estão escritos em *itálico* provêm textualmente da Palavra de Deus** e, portanto, não são opiniões ou sugestões. São interpretações de procedência divina.

A tabela que segue — em mãos de indoutos e perversos — poderá ser utilizada para "espiritualizar" a Palavra de Deus segundo suas próprias concupiscências. Não obstante, a importância da tabela é suficiente para levá-la à consideração do leitor. Nas mãos do servo de Deus ela será uma ferramenta poderosa. Nossa intenção, ao apresentá-la, é compartilhar a bênção com os que amam o Cordeiro, o Leão, o Alfa e o Ômega, o Fiel e Verdadeiro, o AMÉM.

Chaves utilizadas na tabela

(SND) — **Simbologia não determinada.** É possível que seja simbólico, mas não se pode afirmar. Como já observamos, é difícil às vezes determinar o que é simbólico.

(ILP) — **Interpretação literal preferida.** O autor buscou sempre a interpretação literal de todas as palavras neste estudo, embora certos versículos indiquem um possível uso simbólico. Por exemplo, a palavra *ar*. Em certos lugares da Bíblia *ar* é usado simbolicamente (Ef 2:2), mas nos casos específicos citados nos versículos da segunda coluna é provável que o uso não seja simbólico. Ao utilizar a sigla ILP, estamos dizendo que em outras partes da Bíblia o termo pode ser simbólico, mas no caso específico de Daniel e Apocalipse parece não tratar-se de um termo figurado.

A segunda coluna da tabela "Texto bíblico" contém citações dos livros de Daniel, Apocalipse e Mateus capítulo 13 onde se encontra o termo, com base nas quais fez-se a interpretação.

A última coluna, "Referência", contém uma citação bíblica relacionada com o significado do termo.

O sinal "#" indicará que o termo se encontra na seção Termos numéricos, nas páginas 192-197.

O sinal "^" indicará que o termo se encontra na seção Termos de período ou tempo, nas páginas 198-200.

A indicação **VEJA-SE**, que está entre parênteses e na coluna *Significado*, serve para orientar o leitor a encontrar palavras relacionadas entre si e/ou com o mesmo significado. Para tanto, ele deve procurar o termo indicado dentro de sua ordem alfabética na primeira coluna.

Finalmente, estão incluídas na lista muitas palavras que não são simbólicas para facilitar o sistema de cruzamento de referências. Um exemplo é a palavra *"Jesus"*. De nenhuma maneira Jesus é simbólico! Está incluído na tabela somente para servir de guia, assinalando outros termos que são símbolos, nomes ou paralelos, tal como é **"Cordeiro"**.

DANIEL E APOCALIPSE: UM MANUAL DE ESTUDOS PROFÉTICOS

Termo	Texto bíblico	Significado	Referência
Abadom	Ap 9:11	O destruidor. Nome hebraico do anjo do abismo. (VEJA-SE ANJO DO ABISMO, APOLIOM, SATANÁS)	Jó 28:2 Jó 28:14;
abismo	Ap 9:1,2,11; 11:7; 17:8; 20:1; 20:3	Hondura, conceito antigo de oceano, caos primitivo, morada ou calabouço dos demônios. Morada dos mortos. (VEJA-SE ANJO DO ABISMO, CHAVE DO ABISMO, POÇO DO ABISMO)	Lc 8:30,31
abominação desoladora	Dn 11:31; 12:11	Profanação do altar dos holocaustos, fato histórico (Epífanes) e futuro (anticristo).	2 Ts 2:4; Mt 24:15
azeite		(VEJA-SE VINHO)	
acusador	Ap 12:10	Satanás, o diabo.	Ap 12:9,10
água	Dn 11:22; Ap 12:15; 16:5	Nestas citações é instrumento de morte. É uma substância essencial para a vida.	Gn 7:18
água(s) da vida	Ap 7:17; 21:6; 22:17	Espírito Santo. Vida eterna.	Jo 7:38,39
águas	Ap 17:1	Onde a meretriz se senta, são povos, multidões e nações.	Ap 17:15
aguilhões	Ap 9:10	(SND) Objeto cortante.	Jz 3:31
aguda		(VEJA-SE VOZ AGUDA)	
águia	Dn 7:4; Ap 12:14	Ligeireza. Proteção. (VEJA-SE LEÃO COM ASAS DE ÁGUIA.)	Pv 23:5; Êx 19:4
águia voando	Ap 4:7	Altura, modelos ideais. Quarto ser vivente.	Ez 1:10; 10:14
ar	Ap 9:2; 16:17	(ILP) Domínio dos espíritos maus.	Ef 2:2
Absinto	Ap 8:11	Amargo. Descreve tristeza, calamidade e crueldade.	Dt 29:18
asas	Dn 7:4,6; Ap 4:8; Ap.9:9; Ap 12:14	Altura e glória. Alcance global. Velocidade. Proteção, cobertura. (VEJA-SE QUATRO ASAS DE AVE#, SEIS ASAS#)	Ez 10:5; Sl 18:10; Dt 32:11,12
Alfa e o Ômega	Ap 1:8,11; 21:6; 22:13	Nome de Jesus. Fala que Ele é tudo. Alfa é a primeira letra do alfabeto grego e ômega é a última. (VEJA-SE PRIMEIRO E O ÚLTIMO#)	Dt 32:40
altar	Ap 6:9; 8:3,5; 9:13; 11:1	(ILP) Lugar de consagração.	Rm 12:1
Altíssimo	Dn 4:2,17,24,25; 7:22-27	Nome de Deus. Deus sobre tudo. (VEJA-SE DEUS)	At 7:48; Gn 14:18
amargas	Ap 8:11	(ILP) O resultado de não perdoar, levando à apostasia e ao juízo.	Hb 12:15; Dt 29:18
amarelo	Ap 6:8	Pálido, morte.	Ez 14:21
ametista	Ap 21:20	(SND) Quartzo violeta ou translúcido.	Êx 28:19; 39:12
Amém	Ap 3:14	Que assim seja! É verdadeiramente sim! Jesus!	2 Co 1:20
amor das mulheres (não fará caso)	Dn 11:37	(SND) Possivelmente indica que o anticristo será homossexual.	Lv 18:22,29; 2 Tm 3:2,3; Rm 1:27
Ancião de dias	Dn 7:9,13,22	Nome de Deus, o Deus eterno.	Sl 135:13
ancião		(VEJA-SE VINTE E QUATRO ANCIÃOS#)	

SÍMBOLOS, NOMES E PARALELISMO DE DANIEL E APOCALIPSE

Termo	Texto bíblico	Significado	Referência
anjo do abismo	Ap 9:11	O destruidor. Possivelmente o próprio Satanás. (VEJA-SE ABADOM, APOLIOM, ABISMO, SATANÁS)	1 Co 10:10
anjos		(VEJA-SE ANJOS DAS SETE IGREJAS#)	
ângulos		(VEJA-SE QUATRO ÂNGULOS#)	
angústia		(VEJA-SE TEMPO DE ANGÚSTIA#)	
anticristo		(VEJA-SE AMOR DAS MULHERES, BESTA QUE ERA..., BOCA QUE FALA GRANDES COISAS, FERIDA DE MORTE, DESPREZÍVEL, PRÍNCIPE, FERIDA DE MORTE, HOMEM DESPREZÍVEL, PRÍNCIPE QUE HÁ DE VIR, REI SOBERBO, ANTIGA SERPENTE, UVAS.)	
antiga		(VEJA-SE ANTIGA SERPENTE)	
antiga serpente	Ap 12:9; 20:2	O diabo e Satanás.	Ap 12:9; 20:2
ano		(VEJA-SE ANO^, MIL ANOS^)	
Apoliom	Ap 9:11	O que destrói. Possivelmente o próprio Satanás. Nome grego do anjo do abismo. (VEJA-SE SATANÁS)	Sl 78:49
árvore	Dn 4:10,11,14, 20,23,26; Mt 13:32	Refúgio. Domínio. As referências de Apocalipse hão de ser literais.	Dn 4:22
árvore da vida	Ap 2:7; 22:2,14	Tipo de Jesus. Provedor do fruto da vida.	Gn 3:24
arco	Ap 6:2	Instrumento de guerra. Poder bélico do anticristo.	Dn 11:38
arco-íris	Ap 4:3; 10:1	Representa a graça de Deus.	Gn 9:12,13
ardente		(VEJA-SE RODA DE FOGO ARDENTE)	
areia	Ap 13:1; 20:8	Multidão, às vezes Israel.	Gn 32:12
Armagedom	Ap 16:16	Vale de Megido ou Josafá, onde Jesus será vitorioso na última batalha da tribulação contra os exércitos do anticristo.	Ap 17:14
ave		(VEJA-SE QUATRO ASAS DE AVE#)	
aves	Mt 13:4	Comem a semente — Palavra de Deus — antes que possa brotar. São más para o reino de Deus. (VEJA-SE RAMOS / NINHO)	Mt 13:4
Ai, Ai, Ai	Ap 8:13; 9:12; 11:14; 12:12; 18:10,16,19	As três últimas trombetas do juízo das trombetas. (VEJA-SE TRÊS AIS#)	Is 3:11
Babilônia	Dn 2:48; 3:1; 4:30; Ap 14:8; 16:19; 17:5; 18:10,21	Cidade da antigüidade onde teve lugar a maioria dos eventos do livro de Daniel. Representante de todo um conceito: o reino das trevas. Um sistema que tem como fim eliminar a Deus, evento que não terá êxito. Uma de suas manifestações modernas é o movimento da Nova Era. (VEJA-SE BESTA, CABEÇA DE OURO, PRIMEIRA BESTA#) (Conferir Lição 3, seção 5, e Lição 22, seção 10)	Gn 11:4,9
Balaão		(VEJA-SE DOUTRINA DE BALAÃO)	

DANIEL E APOCALIPSE: UM MANUAL DE ESTUDOS PROFÉTICOS

Termo	Texto bíblico	Significado	Referência
balança	Dn 5:27; Ap 6:5	Juízo.	Jó 31:6
barro cozido	Dn 2:33	Parte frágil do último reino. (A Nova Roma) (Democracia?) (VEJA-SE PÉS DE FERRO E DE BARRO COZIDO)	Dn 2:41-45
bezerro	Ap 4:7	Animal de poder. O poder do evangelho.	Hb 9:12
berilo	Dn 10:6; Ap 21:20	(SND) Mineral cristalino, verde-pálido.	Êx 28:20
besta	Dn 4:16,23; 7:3,7; Ap 11:7; 13:1,4; 14:11	Reis. O anticristo. O falso profeta. (VEJA-SE QUARTA BESTA#, QUATRO BESTAS#, DUAS BESTAS#, MARCA OU NOME DA BESTA, OUTRA BESTA, PRIMEIRA BESTA#, REI SOBERBO, SEGUNDA BESTA#)	Dn 7:17 Ap 19:20
besta que era, e não é e será	Ap 17:8,11	O oitavo. O anticristo, Satanás.	Is 14:4-27
branco	Ap 6:2,11; 14:14; 20:11	Purificação, inocência, a idade de Cristo. Justiça e vitória. (VEJA-SE GRANDE TRONO BRANCO, PEDRINHA BRANCA, ROUPAS BRANCAS, TRONO BRANCO, VESTES BRANCAS)	Sl 51:7 Ap 19:13,14
boca		(VEJA-SE TRÊS COSTELAS EM SUA BOCA#)	
boca que fala grandes coisas	Dn 7:8; Ap 9:19; 13:5	A boca é a parte mais suja do corpo, *grandes coisas* são palavras de blasfêmia que o anticristo falará.	Mt 15:18; Ap 13:6
bodas do Cordeiro	Ap 19:7,9	União eterna de Cristo com sua noiva, a Igreja.	Ef 5:22-32
braços		(VEJA-SE PEITO E BRAÇOS DE PRATA)	
bronze	Dn 2:32,35	Um terceiro reino, Grécia. (VEJA-SE VENTRE E PERNAS DE BRONZE)	Dn 2:39; 8:21
boa terra	Mt 13:8	Coração pronto para receber o evangelho.	Mt 13:18-23
boas pérolas	Mt 13:45	Crentes.	Is 54:11-13
bom	Mt 13:48	Crentes.	3 Jo 11
cavalo	Ap 6:2,4,5,8; 19:11,14	Portadores de juízo. Poderio humano.	Pv 21:31
cabelos de mulheres	Ap 9:8	(SND) Possivelmente fala da sujeição dos gafanhotos (criaturas demoníacas) a Satanás ou alguma característica de aparência. (VEJA-SE GAFANHOTOS)	1 Co 11:10
cabelos brancos	Ap 1:14	A majestade de Cristo, sua presença gloriosa.	Dn 7:9
cabeça de ouro	Dn 2:32	Rei Nabucodonosor, Império de Babilônia.	Dn 2:38
cabeças	Dn 7:6,20; Ap 12:3; 13:1; 17:3,7,9,10	As sete cabeças são sete montes, sobre os quais a mulher está assentada. São também sete reis. *Cinco já caíram, um existe, o outro ainda não é chegado. Quando vier, convém que dure um pouco de tempo.* (VEJA-SE QUATRO CABEÇAS#, SETE CABEÇAS#)	Dn 2:38
cabeças de leões	Ap 9:17	Ferocidade. *"As cabeças dos cavalos eram como..."*.	Ap 9:17
cabrito		(VEJA-SE CABRITO MACHO)	
cabrito macho		É o rei da Grécia.	Dn 8:21

APÊNDICE 6

SÍMBOLOS, NOMES E PARALELISMO DE DANIEL E APOCALIPSE

Termo	Texto bíblico	Significado	Referência
cães	Ap 22:15	O imundo. Prostituto religioso masculino.[c]	Dt 23:18
cadeia	Ap 20:1	Prisões. Aflições. Liberdade tirada.	Jr 40:1; Ef 6:20
calcedônia	Ap 21:19	(SDN) Pedra preciosa.	Êx 28:19; 39:12
cálice	Ap 14:10; 6:19; 17:4; 18:6	Portador de juízo.	Is 51:17
caminho		(VEJA-SE JUNTO AO CAMINHO)	
campo	Mt 13:44	O mundo.	Mt 13:38
candeeiros		(VEJA-SE DOIS CANDEEIROS#, SETE CANDEEIROS DE OURO#)	
candeeiros de ouro	Ap 1:12,13,20; 2:1,5; 11:4	Os sete candeeiros...são as sete igrejas.	Ap 1:20
cântico		(VEJA-SE NOVO CÂNTICO)	
cana (medir)	Ap 11:1; 21:15,16	(ILP) Instrumento para medir, três metros de largura. Mede-se uma propriedade para fazer a compra.	Ez 42:15-20
chefes militares	Ap 6:15; 19:18	(ILP) Pessoas de autoridade. Membros da ordem social.	
carneiro de dois chifres	Dn 8:3,4,6,7	São os reis da Média e da Pérsia.	Dn 8:20
cavaleiros	Ap 9:16,17; 19:18	O que é apto para cavalgar. Agentes do malvado.	Jó 39:17,18
cevada	Ap 6:6	Símbolo de pobreza, humilhação e falta.	Ez 13:19
ceia do grande Deus	Ap 19:17	A última humilhação das forças do anticristo.	Ez 39:4,5
céu		(VEJA-SE QUATRO VENTOS DO CÉU#, EXÉRCITO DO CÉU)	
céu aberto	Ap 19:11	Condição do céu para receber a Igreja e para enviar Cristo com os exércitos celestiais.	Ap 4:1
cento		(VEJA-SE SEÇÃO NÚMEROS)	
chaga feia e dolorosa	Ap 16:2,11	Juízo de Deus sobre os homens que têm a marca da besta. Semelhante ao juízo de Deus sobre os egípcios.	Êx 9:9,10; Dt 28:27
chama de fogo	Dn 7:9; Ap 1:14; 2:18; 19:12	Elemento dos juízos e castigos finais. O fogo representa a santidade de Deus. Purifica. (VEJA-SE FOGO)	2 Ts 1:7-8
chave de Davi	Ap 3:7	Chave da cidade de Davi, a Nova Jerusalém.	Is 22:22
chave do abismo	Ap 9:1; 20:1	O mesmo que as chaves da morte e do Hades. (VEJA-SE ABISMO)	Ap 1:18
chaves... morte... inferno	Ap 1:18	Potestade sobre o reino espiritual das trevas.	Mt 16:16-19
cinco		(VEJA-SE SEÇÃO NÚMEROS)	
cinto de ouro	Ap 1:13; 15:6	Vestidura real ou de governo. Seu uso em Apocalipse indica administradores de juízos.	Is 11:5
cidade querida (santa)	Ap 11:2; 20:9	Jerusalém. (VEJA-SE GRANDE CIDADE, SANTA CIDADE)	Ap 21:2

DANIEL E APOCALIPSE: UM MANUAL DE ESTUDOS PROFÉTICOS

Termo	Texto bíblico	Significado	Referência
cozido		(VEJA-SE PÉS DE FERRO E DE BARRO COZIDO)	
côvados		(VEJA-SE SESSENTA POR SEIS CÔVADOS#)	
cauda	Ap 9:10,19; 12:4	Dispositivo encontrado no dragão (Satanás) e nos escorpiões infernais. Representa ações enganosas.	Is 9:15
colírio	Ap 3:18	Receita divina para a cegueira espiritual.	Mt 13:11-13
coluna	Ap 3:12	Estrutura permanente sobre a qual se apóia um edifício. O ser feito coluna no templo de ... Deus, Jesus fala da Igreja como o fundamento terreno sobre o qual sua obra está construída.	Gl 2:9; 1 Tm 3:15
confusão pérpetua	Dn 12:2	Ressurreição para eterna condenação no inferno.	Ap 20:11-15
couraças	Ap 9:9,17	Armadura de proteção do tronco. Indica que os gafanhotos infernais serão atacados, mas poderão defender-se.	Jr 46:4-5
coração	Ap 2:23; 17:17; 18:7	Lugar dos sentimentos, afetos e pureza, como também a falta destes.	1 Tm 1:5-7
Cordeiro	Ap 5:6,8,12,13; 6:1,16; 14:1,4,10; 15:3; 17:14; 19:7,9;21:14;22:3	Identifica-se com Jesus. Jesus foi o cumprimento do cordeiro pascoal. (VEJA-SE JESUS, SANGUE DO CORDEIRO)	Êx 12:3,4,21
coroa	Ap 2:10; 3:11; 4:4,10	Símbolo da vitória. Vitória sobre a morte e o pecado. A coroa de espinhos foi uma zombaria.	1 Pe 5:4
coisas novas e coisas velhas	Mt 13:52	Isto poderia aludir às novas verdades do cristianismo agregadas aos ensinamentos do Antigo Testamento.	[b]
costas		(VEJA-SE ALÇAVA)	
costelas		(VEJA-SE TRÊS COSTELAS EM SUA BOCA#)	
crisólito	Ap 21:20	(SND) Pedra preciosa de cor verde ou amarela.	Ez 1:16; 10:9
crisópraso	Ap 21:20	(SND) Pedra preciosa de cor ouro-verde.	
cristal	Ap 4:6; 21:11; 22:1	(SND) Matéria sólida, homogênea, transparente, com faces, arestas e vértices.	Ez 1:22
Cristo		(VEJA-SE JESUS)	
chifre	Dn 8:8; Ap 17:7,12,16	Representa reinos e reis. Fala de poder. Os animais mostram seu poder com seus chifres. (VEJA-SE QUATRO CHIFRES#, QUATRO CHIFRES DO ALTAR#, DEZ CHIFRES#, DOIS CHIFRES#, SETE CHIFRES#, TRÊS CHIFRES#)	Dn 8:22
chifre notável	Dn 8:5	O rei da Grécia, Alexandre Magno.	Dn 8:22
chifre pequeno	Dn 8:9	Antíoco Epífanes, rei altivo de rosto, tipo do anticristo.	Dn 8:23
cavernas	Ap 6:15	(ILP) Lugar de refúgio tenebroso.	Is 2:19
Davi		(VEJA-SE CHAVE DE DAVI, RAIZ E LINHAGEM...)	
debaixo do altar	Ap 6:9	Achava-se o sangue (a vida) do holocausto debaixo do altar. Representa a vida dos santos oferecida em consagração.	Lv 4:7; Fp 2:17
dedos	Dn 2:41,42	O mesmo simbolismo dos dez chifres, são reinos ou reis	Dn 2:40-44

SÍMBOLOS, NOMES E PARALELISMO DE DANIEL E APOCALIPSE

Termo	Texto bíblico	Significado	Referência
dedos (cont.)		do Império Romano dos últimos dias.	
diante		(VEJA-SE OLHOS DIANTE E POR TRÁS)	
direita		(VEJA-SE MÃO DIREITA)	
demais filhos dela	Ap 12:17	Remanescente. Os fiéis que sempre têm permanecido durante todas as idades, apesar da adversidade.	1 Rs 19:18
descendência		(VEJA-SE RESTO DA DESCENDÊNCIA)	
deserto	Ap 12:6,14; 17:3	(ILP) Lugar não habitado, não necessariamente sem vegetação. É símbolo de um lugar de prova. Também foi um lugar de pecado.	Êx 15:22,25; Êx 32:23-27
desolador	Dn 9:27	A primeira besta, o anticristo.	Mt 24:15
desoladora		(VEJA-SE ABOMINAÇÃO DESOLADORA)	
despertados	Dn 12:2	Ressuscitados da morte.	Ef 5:14
desposada	Ap 21:9	A Esposa do Cordeiro, a Igreja (A Nova Jerusalém).	Ap 21:9,10
desapreciável	Dn 11:21	Anticristo.(VEJA-SE ANTICRISTO, HOMEM DESPREZÍVEL)	Is 32:5,6
dia		(VEJA-SE DIA^)	
dia do Senhor		(VEJA-SE DIA DO SENHOR^)	
diademas	Ap 12:3; 13:1; 19:12	O diadema era uma jóia real. Símbolo da autoridade real. (VEJA-SE SETE DIADEMAS#)	Is 62:3
dias		(VEJA-SE ANCIÃOS DE DIAS, DEZ DIAS#)	
dentes	Dn 7:5,7,19; Ap 9:8	Aparatos usados para colher, cortar, romper e moer. Instrumentos violentos de destruição.	Is 5:29
dez		(VEJA-SE SEÇÃO NÚMEROS)	
Deus		(VEJA-SE ALTÍSSIMO, JUIZ, PARAÍSO DE DEUS, SETE ESPÍRITOS DE DEUS#, TODO-PODEROSO, VERBO DE DEUS)	
deus estranho	Dn 11:39	O deus das fortalezas, deus falso, bélico e militar.	Dn 11:39
deus das fortalezas	Dn 11:38	Um deus estranho, falso, bélico e militar.	Dn 11:38
dispersão do poder	Dn 12:7	Tempo de poderio gentílico. Ainda não cumprido, continua vigorando desde a deportação para a Babilônia.	1 Pe 1:1; Lc 21:24
doce		(VEJA-SE SEÇÃO NÚMEROS)	
doutrina de Balaão	Ap 2:14	Método utilizado astutamente por Satanás para destruir a Igreja de dentro para fora, colocando o joio no meio do trigo. Balaão era um profeta mercenário que ensinou Balaque a destruir Israel, fazendo casar as filhas de seu povo com os filhos de Israel para levá-los à idolatria.	Nm 31:16
doutrina dos nicolaítas	Ap 2:6,15	Nicolaítas significa conquistadores de povos. Possivelmente fala da exaltação do clero sobre o povo. O clero tem de ser respeitado, mas não exaltado.	Lc 11:43
do lado do sol nascente	Ap 7:2	(ILP) O Oriente ou o amanhecer.	Tg 1:11

Termo	Texto bíblico	Significado	Referência
dois		(VEJA-SE SEÇÃO NÚMEROS)	
dragão	Ap 12:4	Ferocidade. Satanás. (VEJA-SE SATANÁS)	Ap 12:9
dormem	Dn 12:2	Palavra que descreve os mortos antes de sua ressurreição.	1 Ts 4:13-15
doce como mel	Ap 10:9	Sabor da Palavra de Deus. (Sl 19:10; 119:103)	Ez 2:8 - 3:3
Éfeso	Ap 1:11	Primeira das sete igrejas. Para simbolismo ver Lição 15 e Apêndices 1-3.	
Egito		(VEJA-SE SODOMA E EGITO)	
exércitos		(VEJA-SE PRÍNCIPE DOS EXÉRCITOS)	
exércitos do céu	Dn 8:10	Povo de Deus. Neste caso são submetidos pelo chifre pequeno.	Dn 8:25
era e já não é, mas que virá	Ap 17:8	(SND) Palavras descritivas do estado oculto da primeira besta.	Is 14:4-27
erva	Mt 13:26	Trigo (filhos do bem) antes de amadurecer.	Mt 13:26
erva verde	Ap 8:7; 9:4	(ILP) Erva, representa aquilo que é temporal	Is 40:6-7
escarlate	Ap 12:3; 17:3,4; 18:12,16	Indica que o dragão tem pretensões reais, mas se é de cor escarlate é por ter sido empapado com o sangue dos mártires por causa do evangelho.	2 Sm 1:24; Hb 9:19
escondido		(VEJA-SE MANÁ ESCONDIDO, TESOURO ESCONDIDO)	
escorpiões	Ap 9:3,5,10	Criaturas que produzem grande tormento ao picar. Normalmente sua picada não mata. Aparentemente são criaturas demoníacas que têm o propósito único de atormentar.	1 Rs 12:11
escriba	Mt 13:52	Ministro do evangelho com um novo mandato: sua justiça tem de ser maior que a dos escribas antigos.	Mt 5:20
escrito		(VEJA-SE LIVRO ESCRITO...DENTRO...FORA)	
escrito na testa	Ap 3:12; 7:3; 13:16; 14:1; 17:5	Forma de identificar propriedade, tanto para o bem quanto para o mal; desta maneira serão apartados os bons e os maus.	Ez 9:4
esmeralda	Ap 4:3; 21:19	(SND) Pedra preciosa de cor verde-profundo. Possivelmente simboliza a vida. (VEJA-SE VERDE)	Êx 28:17-21
Esmirna	Ap 2:8	Segunda das sete igrejas. Para simbolismo ver Lição 15 e Apêndices 1-3.	
espada	Ap 1:16; 2:12,16; 6:4,8; 13:10,14; 19:15,21	Instrumento cortante de guerra. No caso de Satanás representa sua agressão. No caso de Jesus e o crente é símbolo da Palavra de Deus, que também deve usar-se pelejando pela fé.	Ef 6:17
espinhos	Mt 13:7	O afã deste século e o engano das riquezas.	Mt 13:22
espíritos		(VEJA-SE SETE ESPÍRITOS DE DEUS#)	
estádios		(VEJA-SE DOZE MIL ESTÁDIOS#)	
estátua de ouro	Dn 3:1	Representa a abominação desoladora.	Dn 11:31
estrela	Dn 8:10; Ap 6:13; 8:10,12; 9:1; 12:1,4	Há várias possibilidades, como, por exemplo, anjos caídos, crentes apóstatas, calamidade pública, governantes e homens ilustres. (VEJA-SE SETE ESTRELAS#,	Is 14:12; Jl 2:10

SÍMBOLOS, NOMES E PARALELISMO DE DANIEL E APOCALIPSE

Termo	Texto bíblico	Significado	Referência
estrelas (cont.)		DOZE ESTRELAS#)	
estrelas para pérpetua eternidade	Dn 12:3	Fala do mestre da Palavra de Deus como uma fonte de luz.	Mt 5:15,16
enxofre	Ap 9:17,18 14:10; 10:20; 20:10; 21:8	Produz gás tóxico. Sempre se usa com relação ao lago de fogo e outros diversos juízos indicando a ira de Deus.	2 Pe 3:10
eternidade		(VEJA-SE ESTRELA PARA PERPÉTUA ETERNIDADE)	
falso profeta	Ap 16:13; 19:20; 20:10	Membro da trindade satânica, seu propósito será imitar a obra do Espírito Santo, promovendo o culto ao anticristo. (VEJA-SE OUTRA BESTA)	Mt 24:11
farinha		(VEJA-SE TRÊS MEDIDAS DE FARINHA#)	
ferro	Dn 2:33-35,40-45; 4:15,23;7:7,19; Ap 2:27; 12:5	Um quarto reino, que é dividido em duas partes e depois em dez partes. Eventualmente é mesclado com barro (alianças). Ferro fala de um estilo de governo forte, rígido e exigente. (VEJA-SE PERNAS DE FERRO E DE BARRO COZIDO, VARA DE FERRO)	Dn 2:40-43; Ap 19:15
figos	Ap 6:13	O fruto da figueira. Sua queda representa o juízo. Como também simbolizam a prosperidade econômica, podem representar juízo sobre a prosperidade.	1 Rs 4:25; Mq 4:4; Is 34:4
figueira	Ap 6:13	Usado constantemente para representar Israel. Também representa cobertura ou proteção.	Dt 8:8; 1Rs 4:25; Gn 3:7
Filho do homem	Dn 7:13; Ap 1:13; 14:14	Título usado freqüentemente em referência ao Senhor Jesus. Ressalta sua humanidade.	Mc 8:31
filho varão	Ap 12:4,5,13	Termo simbólico do Senhor Jesus.	
Fiel e Verdadeiro	Ap 19:11	Título descritivo de Jesus Cristo.	Ap 1:11,18; 3:14
Filadélfia	Ap 3:7	Sexta das sete igrejas. Para significado ver Lição 15 e Apêndices 1-3.	
Fiel		(VEJA-SE TESTEMUNHO FIEL E VERDADEIRO)	
fim		(VEJA-SE FIM DO SÉCULO^, PRINCÍPIO E O FIM, SEÇÃO TEMPO)	
fino		(VEJA-SE LINHO FINO)	
firmamento		(VEJA-SE RESPLENDOR DO FIRMAMENTO)	
foice afiada	Ap 14:14-19	Instrumento da ira e do juízo divinos.	Jl 3:13
folhas	Ap 22:2	Para a cura das nações.	Ap 22:2
fortalezas		(VEJA-SE DEUS DAS FORTALEZAS)	
forno	Mt 13:42,50; Ap 9:2	Simboliza a obra divina na vida do crente, ou o juízo de Deus sobre o malvado.	Dt 4:20 Gn 19:28
fornalha	Dn 3:6; Dn 3:6,11,15, 17,19,20, 22,26	Condição na qual vive Israel durante a dispersão. (VEJA-SE FOGO)	Dt 4:20
frio	Ap 3:15,16	Não fala de mortos espirituais como dizem alguns, mas	Mt 10:42

Termo	Texto bíblico	Significado	Referência
frio (cont.)		de uma condição agradável, tal como de um vaso de água fria saciando a sede.	
fruto frutos	Mt 13:26	O produto da vida do crente. (VEJA-SE DOZE FRUTOS#)	Mt 13:18-23
fogo	Ap 1:14; 2:18; 3:18; 15:2	Há muitas referências. É um instrumento tanto de serviço para o homem quanto de destruição. O fogo é um emblema da presença e do juízo divinos. É emblema do Espírito Santo. (VEJA-SE FORNO ... FOGO, CHAMA ... FOGO, OLHOS ... FOGO, RIO ... FOGOS, RODAS ... FOGO ARDENTE, SETE LÂMPADAS ... FOGO#)	At 2:3
fontes	Ap 7:17; 8:10; 14:7; 16:4; 21:6	(ILP) Poço ou cisterna. Manancial de água doce, essencial para a vida. Como figura se utiliza para falar da sabedoria.	Pv 18:4; Jr 17:13
fora		(VEJA-SE LIVRO ESCRITO ... DENTRO ... FORA)	
forte vento		(VEJA-SE VENTO)	
fumaça	Ap 8:4; 9:2,17,18; 14:11; 15:8; 18:9,18; 19:3	Um acompanhante visível da presença, ira ou juízo de Deus. Também representa as orações dos santos. Além disso, simboliza coisas temporárias.	Êx 19:18; Is 6:4; Dt 29:20; Sl 102:3
gafanhotos	Ap 9:3,7	Sinônimo de destruição e praga. (VEJA-SE CABELO DE MULHER)	Am 4:9
Gogue e Magogue	Ap 20:8	Gogue é o soberano de Magogue e príncipe demoníaco de Meseque e Tubal. Freqüentemente se relacionam com a Rússia.	Ez 38 - 39
golpeada de morte	Ap 13:3,12,14	(ILP) O anticristo será morto e ressuscitado, imitando o verdadeiro Cristo. (Veja-se explicação, pág. 112)	Sl 68:21
grande cidade	Ap 11:8; 14:8; 16:19; 17:18; 18:10,16,18 19:21; 21:10	No capítulo 11, a referência é a Jerusalém, nos capítulos 14-18, à Babilônia, e no capítulo 21, à Nova Jerusalém. (VEJA-SE CIDADE AMADA)	
grande prostituta		(VEJA-SE MERETRIZ)	
grande tribulação		(VEJA-SE OUTRA (ÚLTIMA) SEMANA^, TRIBULAÇÃO^)	
grande trono branco	Ap 20:11	Pureza em Juízo. (VEJA-SE BRANCO)	Dn 7:9,10
grandes	Ap 6:15; 11:18; 13:16; 19:18	Pode falar de ricos, pessoas importantes ou líderes.	Is 2:8-10
grão de mostarda	Mt 13:31	Igreja primitiva em seu início. (VEJA-SE MOSTARDA)	Lc 13:19
Grécia		(VEJA-SE PRÍNCIPE DA GRÉCIA)	
Hades		(VEJA-SE CHAVES DA MORTE E DO HADES)	
homem	Mt 13:44	Fala freqüentemente da humanidade de Jesus, que era tanto Deus quanto homem. (VEJA-SE FILHO DO HOMEM, OLHOS COMO DE HOMEM, ROSTO COMO DE HOMEM, NÚMERO DE HOMEM(6)#, SETE MIL HOMENS#)	Mt 13:37

SÍMBOLOS, NOMES E PARALELISMO DE DANIEL E APOCALIPSE

Termo	Texto bíblico	Significado	Referência
homem desprezível	Dn 11:21	Anticristo. (VEJA-SE ANTICRISTO)	Ob 2,3,4
hora		(VEJA-SE HORA^, MEIA HORA^)	
igrejas		(VEJA-SE ANJOS DAS SETE IGREJAS#, SETE IGREJAS#, PÉROLA PRECIOSA, TRIGO, GRÃO DE MOSTARDA)	
imagem	Dn 2:31,32,34,35; 11:8; Ap 9:20; 13:14,15; 14:9,11; 15:2; 16:2; 19:20; 20:4	Figura representativa de algo ou um conceito. No estudo profético a imagem do anticristo será objeto de adoração por todos os seus seguidores; isto é idolatria.	Dt 4:23
império		(VEJA-SE ALÇAVA ... COSTAS, BABILÔNIA, BESTA, CABEÇA DE OURO, CARNEIRO DE DOIS CHIFRES, CHIFRE NOTÁVEL, CHIFRE, CHIFRE PEQUENO, LEÃO COM ASAS DE ÁGUIA, LEOPARDO, CABRITO MACHO, MEDO-PERSA, OURO FINO, URSO, PEITOS E BRAÇOS DE PRATA, PÉS DE FERRO E BARRO COZIDO, PRATA, PRÍNCIPE DA GRÉCIA, REIS, VENTRE E PERNAS DE BRONZE)	
incensário de ouro	Ap 8:3,5	(SND) Instrumento sobre o qual se tomavam carvões do fogo perpétuo, e depois se queimava o incenso. (VEJA-SE OURO)	Êx 30:1,7,10
incenso	Ap 5:8; 8:3,4; 18:3	Orações dos santos.	Sl 141:2
inimigo	Mt 13:25	O diabo, Satanás. (VEJA-SE SATANÁS)	Mt 13:39
jacinto	Ap 21:20	(SND) Pedra preciosa de cor vermelha transparente.	Êx 28:19; 39:12
jaspe	Ap 4:3; 21:11,18,19	(SND) Pedra preciosa de cor café ou amarelo. Não é transparente aqui na terra.	Êx 28:20; 39:13
Jerusalém		(VEJA-SE LARGURA DA TERRA, CIDADE AMADA (SANTA), DESPOSADA, ESPOSA, MONTE DE SIÃO (SANTO), NOVA JERUSALÉM, SIÃO, SODOMA E EGITO)	
Jesus		(VEJA-SE ALFA E ÔMEGA, AMÉM, CORDEIRO, ESTRELA RESPLANDECENTE DA MANHÃ, FIEL E VERDADEIRO, FILHO DO VARÃO, FILHO DO HOMEM, LEÃO DA TRIBO DE JUDÁ, MARIDO, MERCADOR, PEDRA, PRIMEIRO E ÚLTIMO, PRÍNCIPE DOS PRÍNCIPES, PRINCÍPIO E FIM, RAIZ E LINHAGEM DE DAVI, REI DOS REIS E SENHOR DOS SENHORES, TESTEMUNHA FIEL E VERDADEIRA, TESTEMUNHO DE JESUS, VARÃO, VERBO DE DEUS, VERDADEIRO)	
Jezabel	Ap 2:20	Mulher do rei Acabe. Extremamente malvada. Tipifica a Igreja apóstata. Relaciona-se com a parábola do fermento e com a grande meretriz.	1 Rs 21:23; Mt 13:33; Ap 17:5
joio	Mt 13:25,27,29	Os maus, filhos de Satanás.	Mt 13:37-43
Judá		(VEJA-SE LEÃO DA TRIBO DE JUDÁ)	

Termo	Texto bíblico	Significado	Referência
juiz	Dn 7:10,26	Deus. (VEJA-SE DEUS)	Hb 12:23
juízo		(VEJA-SE TAÇA DE OURO, DIA DO JUÍZO, SELOS, TROMBETAS)	
junto ao caminho	Mt 13:4	Representam o mau, Satanás, que arrebata o que foi semeado no coração.	Mt 13:19
ladrão	Ap 3:3; 16:15	Ofício que tem como objeto apoderar-se do alheio. Jesus utiliza a comparação com o ladrão no sentido de que sua vinda será repentina e imprevista.	Mt 24:43
lagar	Ap 14:19,20; 19:15	Instrumento simbólico do juízo.	Lm 1:15
lâmpadas		(VEJA-SE SETE LÂMPADAS DE FOGO#)	
lã	Dn 7:9; Ap 1:14	Pureza.	Sl 147:16
largura da terra	Ap 20:9	(SND) Totalidade da terra.	Ap 20:9
Laodicéia	Ap 3:14	Sétima igreja. Para simbolismo, ver Lição 15 e Apêndices 1-3.	
latão reluzente	Dn 10:6; Ap 1:15; 2:18	Cor vista por João dos pés de Cristo onipotente. Material usado em muitos dos móveis sagrados do templo de Salomão. Significa juízo.	1 Rs 7:40-45
leão	Ap 4:7; 9:17; 13:2	Animal de grande potência. É o rei da selva, impõe majestade. Primeiro ser vivente.	Am 3:4
leão com asas de águia	Dn 7:4	Nabucodonosor e o Império da Babilônia.	Dn 2:39a
Leão da tribo de Judá	Ap 5:5	Jesus Cristo. (VEJA-SE LEÃO)	Gn 49:9,10
leito de dores	Ap 2:22	Juízo de enfermidade. No leito (na cama) se comete fornicação; seria julgada na mesma cama de pecado.	Rm 2:8,9
leopardo	Dn 7:6; Ap 13:2	Em Daniel é o Império Romano; em Apocalipse é o anticristo que sai do último império, sendo a personificação do mesmo.	Hc 1:8
levantar... costela	Dn 7:5	Império Medo-Persa, o urso. Ao levantar-se mais de um lado mostra o domínio da Pérsia.	Dn 7:17; 8:20
levedura	Mt 13:33	Influência corruptiva. Organismo que promove a putrefação.	Gl 5:7-9
livres	Ap 6:15; 13:16; 19:18	(ILP)(SND) Pessoas não-escravas. Alguns comentaristas dizem que é simbólico, como em certos textos bíblicos.	Gl 4:31
livrinho	Ap 10:2,8,10	Possivelmente simboliza a Bíblia. (Veja-se Lição 18, seção 5.1)	
livro	Dn 12:1,4; Ap 5:1-9	Textos que contêm a Palavra de Deus ou seus juízos. (VEJA-SE LIVRO DA VIDA, OUTRO LIVRO)	Dt 17:18; Js 1:8
livro da vida	Ap 3:5; 13:8; 17:8; 20:12,15 21:27; 22:19	Texto celestial que contém a lista dos redimidos.	Fp 4:3
livro escrito por	Ap 5:1	Indica totalidade e juízo.	Ez 2:9 - 3:3

SÍMBOLOS, NOMES E PARALELISMO DE DANIEL E APOCALIPSE

Termo	Texto bíblico	Significado	Referência
dentro e por fora			
linhagem		(VEJA-SE RAIZ E LINHAGEM DE DAVI)	
linho fino	Dn 10:5; 12:6,7; Ap 15:6; 18:12,16; 19:14	As ações justas dos santos. Símbolo de pureza. É o pano das vestes celestiais.	Ap 19:8
lua	Ap 6:12; 8:12; Ap 12:1	Às vezes símbolo de Israel por meio de Raquel, mãe de José. Raquel quer dizer "cordeiro". Ela deu à luz na morte. Cristo, o Cordeiro, em sua morte deu à luz (iluminou) na cruz.	Gn 37:9,10
luz	Dn 2:22; 5:11,14; Ap 8:12; 18:23; 21:24; 22:5	Essencial para a vida. Símbolo de entendimento espiritual revelado por meio do Espírito Santo. Fala de santidade, pureza, gozo, a Palavra de Deus, crentes e céu.	2 Co 4:6
madeira	Ap 9:20; 18:12	Idolatria e juízo.	Is 40:19,20
Magogue		(VEJA-SE GOGUE E MAGOGUE)	
maldição	Dn 9:11; Ap 22:3	Antônimo de bênção, o resultado do juízo.	Gn 3:17
maligna		(VEJA-SE ÚLCERA MALIGNA E PESTILENTA)	
maus	Mt 13:48	Filhos das trevas.	Ap 2:2
maná escondido	Ap 2:17	Alimento celestial.	Jo 6:31,49,58
mão direita	Ap 5:1,7	Representa poder e autoridade.	Êx 15:6
mãos		(VEJA-SE PALMAS NAS MÃOS)	
manhã		(VEJA-SE DUAS MIL E TREZENTAS TARDES E MANHÃS^, ESTRELA RESPLANDECENTE DA MANHÃ)	
mar	Dn 7:2,3; Mt 13:47; Ap 8:8; 13:1; 20:8	Os povos, inquietude, instabilidade e pecado. (Em algumas citações o mar se relaciona à contaminação do pecado.)	Is 57:20 Ap 17:15
mar de vidro	Ap 4:6; 15:2	Mar (pecado) no céu é de vidro (pureza). Pureza e santidade. (VEJA-SE VIDRO)	Êx 24:10; Ez 1:22-28
maravilhas	Dn 11:36	Acontecimentos ou palavras extraordinários.	Ap 13:3
medidas		(VEJA-SE TRÊS MEDIDAS DE FARINHA#)	
Medo-Persa		(VEJA-SE A SEGUNDA BESTA#)	
MENE, MENE, TEQUEL, e PARSIM	Dn 5:25	Anúncio do término, por ordem divina, do reinado de Belsazar e Babilônia.	Dn 4:26-28
mercador	Mt 13:45	Jesus.	
mercador	Ap 18:3,11,15,23	(ILP) Os que têm interesse nas coisas do mundo.	Zc 14:21
mês		(VEJA-SE MÊS(ES)^)	
mel		(VEJA-SE DOCE COMO MEL)	
mil		(VEJA-SE SEÇÃO NÚMEROS)	
metade...semana	Dn 9:27	(VEJA-SE SEÇÃO TEMPO)	
montes	Ap 6:14-16; 16:20	Resultado e forma de juízo. Obstáculo. (VEJA-SE SETE MONTES#)	Is 49:11
monte Sião (Santo)	Dn 9:16,20; Ap 14:1; 21:10	Jerusalém e Jerusalém celestial.	Jl 2:1
morno	Ap 3:16	Condição espiritual não agradável que provoca vômito.	Mt 26:41
mostarda	Mt 13:31	Demonstra algo que é mais do que parece aos olhos.	Lc 13:19

Termo	Texto bíblico	Significado	Referência
mostarda (cont.)		(VEJA-SE GRÃO DE MOSTARDA)	
morte	Ap 1:18	Não é termo simbólico. É a separação física da vida presente e o traslado à vida eterna. (VEJA-SE FERIDA DE MORTE, CHAVES DA MORTE E DO HADES, SEGUNDA MORTE#)	Sl 116:15
mulher	Mt 13:33; Ap 2:20; 12:1; 14:4; 17:3,4,6,7,9,18	Agente satânico que destrói a obra de Deus. Símbolo também da cidade apóstata.	Pv 6:24
mulher vestida do sol	Ap 12:1	Israel. (VEJA-SE LUA, SOL, VESTIDA DE SOL)	Gn 37:9,10
mulheres		(VEJA-SE AMOR DAS MULHERES)	
músculos		(VEJA-SE VENTRE E MÚSCULOS DE BRONZE)	
navios	Ap 8:9; 18:17,19	(ILP) Embarcações para transporte marítimo.	
negro	Ap 6:5,12	Morte e fome.	Zc 6:2,6
nicolaítas		(VEJA-SE DOUTRINA DOS NICOLAÍTAS)	
ninhos	Mt 13:32	Refúgio dos malvados dentro da Igreja nominal. (VEJA-SE AVES, RAMOS)	
neve	Ap 1:14	Pureza.	Is 1:18
noite	Ap 8:12	(ILP) Tempo de incerteza, quando não há revelação.	Mq 3:6,7
noiva	Ap 19:7; 21:2,9 22:17	Espiritualmente fala da Igreja e da Nova Jerusalém	Lv 21:12-15
noivo	Ap 21:2	Cristo.	Is 54:5
novo nome	Ap 3:12	Nova maneira de ser.	Gn 32:27,28
notável		(VEJA-SE CHIFRE NOTÁVEL)	
nu	Ap 3:17; 16:15; 17:16	Desolação espiritual. Condição sem defesa, descoberto. Sem a justiça de Cristo.	Hb 4:13
nuvem	Dn 7:13; Ap 10:1	O que oculta ou acompanha a Cristo. Relaciona-se com a Glória.	Lc 21:27; Sl 104:3
nova Jerusalém	Ap 3:12; 21:2,10	A desposada, a Esposa do Cordeiro. A cidade de Deus. O lugar onde Deus vai morar com seu povo por toda a eternidade.	Ap 21:9-11
novo		(VEJA-SE NOVO NOME, COISAS NOVAS E COISAS VELHAS)	
novo cântico	Ap 5:9; 14:3	O canto dos redimidos, diferente do cântico anterior.	Sl 98:1
número de um homem		(VEJA-SE SEÇÃO NÚMEROS, SEIS)	
oitavo		(VEJA-SE SEÇÃO NÚMEROS)	
oleiro		(VEJA-SE VASO DE OLEIRO)	
olhos		(VEJA-SE SETE OLHOS#)	
olhos como de homem	Dn 7:8	O anticristo não alcançará uma humanidade total. Será "como" homem, mas sua natureza é demoníaca.	Ap 13:4,5
olhos de fogo	Dn 10:6; Ap 1:14; 2:18	Discernimento espiritual, olhos que vêem o mais recôndito. (VEJA-SE FOGO)	Mc 5:31-33
olhos por diante e por detrás	Ap 4:6	É "onividente", no mesmo sentido que onipotente ou onisciente.	2 Cr 16:9

SÍMBOLOS, NOMES E PARALELISMO DE DANIEL E APOCALIPSE

Termo	Texto bíblico	Significado	Referência
oliveira		(VEJA-SE DUAS OLIVEIRAS#)	
Ômega		(VEJA-SE ALFA E ÔMEGA)	
ouro	Ap 1:12,13; 3:18; 21:18,21	Representante dos maiores valores de possessões humanas. Também se usa em referência à vida justa e conduta santa. No céu haverá abundância de ouro que mostra o real; Jesus também o usa em suas vestiduras reais. (VEJA-SE TAÇA DE OURO, INCENSÁRIO DE OURO, SETE CANDELABROS DE OURO#)	1 Co 3:12
ouro de Ufaz	Dn 10:5	(SND) Ufaz, localidade não identificada de onde procedia ouro refinado.	Jr 10:9
ouro fino	Dn 2:32	O Império Babilônico.	Dn 2:38
outra besta	Ap 13:11	Identifica-se com o falso profeta. O que infunde alento à primeira besta, ou anticristo. (VEJA-SE PRIMEIRA BESTA#)	Ap 13:15
outra semana		(VEJA-SE OUTRA (ÚLTIMA) SEMANA^, SEMANAS^, SETENTA SEMANAS^)	
outro livro	Ap 20:12	É o livro da vida. (VEJA-SE LIVRO DA VIDA)	Ap 20:12
palmas nas mãos	Ap 7:9	Símbolo de vitória e êxito.	Jo 12:13
paraíso de Deus	Ap 2:7	Hoje, em nossa época, é sinônimo do céu. Antes da obra redentora de Cristo era o lugar onde moravam os espíritos dos santos.	Lc 23:43; 2 Co 12:4; Ap 2:7
PARSIM		(VEJA-SE MENE...PARSIM	
pés	Mt 13:47	Pessoas. (Más e justas)	Mt 13:49
peito e braços de prata	Dn 2:32	Império da Média e da Pérsia. (VEJA-SE URSO)	Dn 2:39
pedregais	Mt 13:5	Lugar onde cai a semente que não tem raiz; é de curta duração, pois, ao vir a aflição ou a perseguição por causa da palavra, a pessoa logo tropeça.	Mt 13:21
pequeno		(VEJA-SE CHIFRE PEQUENO)	
pequenos	Ap 11:18; 13:16; 19:5,18	Usa-se sempre junto à palavra "grandes". Fala dos membros da ordem social.	Lc 7:28; 9:48
pergaminho quando se enrola	Ap 6:14	Ação associada com o que tem de acontecer ao céu visível nos últimos dias. Indica uma ação cataclísmica relacionada com o sexto selo.	2 Pe 3:10
Pérgamo	Ap 2:12	Terceira Igreja. (Para simbolismo ver Lição 15 e Apêndices 1-3.)	
pérola preciosa	Mt 13:46	A Igreja.	
pérolas	Ap 21:21	São preciosas. Portas enormes de pérola mostram que a entrada para a cidade de Deus é caríssima. Somos comprados pelo sangue precioso de Jesus. (VEJA-SE DOZE PÉROLAS#)	1 Co 6:19,20
perpétua	Ap 22:15	(VEJA-SE ESTRELAS DA PERPÉTUA ETERNIDADE)	

Termo	Texto bíblico	Significado	Referência
Pérsia		(VEJA-SE PRÍNCIPE DA PÉRSIA)	
pestilento		(VEJA-SE ÚLCERA MALIGNA E PESTILENTA)	
pedra	Dn 2:34,35	Jesus em sua segunda vinda.	Dn 2:44,45
pedra branca	Ap 2:17	Liberdade. Dada aos que alcançavam o veredicto de inocência. (VEJA-SE BRANCO)	
pernas de ferro	Dn 2:33	Império Romano. (VEJA-SE QUATRO BESTAS#)	Dn 2:40
pés como os de urso	Ap 13:2	Relacionado com o Império Romano e o anticristo. (Veja-se Lição 20, seção 1) (VEJA-SE URSO)	
pés de ferro e de barro cozido	Dn 2:33	Reino mesclado por alianças humanas. Será o Novo Império Romano dos últimos dias.	Dn 2:41-43
prata	Dn 2:32,35	Segundo império da visão do rei. Corresponde também à segunda besta. É o Império Medo-Persa. (VEJA-SE URSO, PEITO E BRAÇOS DE PRATA)	Dn 2:39,45
praça (de ouro)	Ap 21:21; 22:2	(ILP) Uma via de acesso. Esta rua é de ouro, é caminho para a árvore da vida. (VEJA-SE OURO)	Pv 3:18; Is 2:3
poder		(VEJA-SE DISPERSÃO DO PODER)	
poderosos	Ap 6:15	Pessoas que controlam o sistema político, econômico e social.	Gn 6:4,5
poço do abismo	Ap 9:1	Morada dos demônios. Inferno, Seol, Hades. (VEJA-SE ABISMO)	Lc 8:30,31
primeiro(a)...		(VEJA-SE SEÇÃO NÚMEROS)	
primogênito dos mortos	Ap 1:5	Jesus Cristo! O primeiro que ressuscitou em corpo incorruptível.	1 Co 15:20-23
Príncipe dos príncipes	Dn 8:25	Jesus Cristo! Fala de sua iminência sem igual.	Is 9:6
principais príncipes	Dn 10:13	Miguel, o arcanjo; também se chama o grande príncipe.	Dn 12:1; Jd 9
príncipe da Grécia	Dn 10:20	Demônio, príncipe no império espiritual correspondente à Grécia.	Ef 6:12
príncipe dos exércitos	Dn 8:11	Potência angelical enfrentada pela potência satânica no tempo do chifre pequeno (Antíoco Epífanes). Dn. 8:9-14 fala dos eventos que têm lugar tanto nas esferas naturais como nas regiões celestiais e isto ao mesmo tempo.	Js 5:14
príncipe da Pérsia	Dn 10:13,20	Demônio, príncipe no império espiritual correspondente à Pérsia.	1 Co 2:7,8
príncipe que há de vir	Dn 9:26	O anticristo.	
princípio e o fim	Ap 1:8; 21:6	Jesus Cristo. Fala de totalidade.	At 17:28
prisão	Ap 2:10	(ILP) Lugar de detenção, reclusão ou confinamento.	Sl 142:7
profeta (falso)		(VEJA-SE SEGUNDA BESTA#, FALSO PROFETA)	
profundezas de Satanás	Ap 2:24	(SND) Tipo de prática oculta ou culto satânico.	Ez 8:12
prostituir-se	Ap 2:20; 17:2;	Fala especificamente de atos sexuais ilícitos. O contexto	Ez 6:9

SÍMBOLOS, NOMES E PARALELISMO DE DANIEL E APOCALIPSE

Termo	Texto bíblico	Significado	Referência
prostituir-se (cont.)	18:3,9	Indica a idolatria e o entregar-se totalmente a Satanás. Religião falsa.	
prostituta, grande	Ap 17:1,5,15,16 19:2	Igreja apóstata dos últimos dias. A igreja representada por Laodicéia.	Ap 3:16,17
prova		(VEJA-SE HORA DE PROVA^)	
porta	Ap 3:8,20; 4:1	Elemento arquitetônico que permite ou impede a passagem. Representa lugar de governo, potestade ou juízo. (VEJA-SE DOZE PORTAS#)	Dt 22:15 Lm 5:14
púrpura	Ap 17:4; 18:12,16	Sinal de alta posição e nobreza. Produtos de púrpura eram de alto preços. Usado também nas vestimentas sacerdotais.	Êx.26:1; 39:3
quente	Ap 3:15,16	Condição espiritual agradável, o efeito de um copo com algo quente em um dia frio.	Js 9:12
quatro		(VEJA-SE SEÇÃO NÚMEROS)	
quarenta		(VEJA-SE SEÇÃO NÚMEROS)	
raiz e a geração de Davi	Ap 22:16	Jesus Cristo.	Lc 3:23,32
ramos	Mt 13:32	O apoio débil sobre o qual a Igreja nominal se estabelece em sua má doutrina. (VEJE-SE AVES, NINHO)	Jo 15:6
rãs	Ap 16:13	Espíritos demoníacos.	Ap 16:14
rede	Mt 13:47	Instrumento de juízo.	Is 24:17,18
rainha	Ap 18:7	Descrição própria da Babilônia, sistema de poderio mundial.	Jr 44:25-27
relâmpagos	Dn 10:6; Ap 4:5; 8:5; 11:19; 16:18	Símbolo da presença terrível e gloriosa de Deus. Além disso se usa como prelúdio de juízo.	Is 30:30; Sl 77:18
remanescente		(VEJA-SE RESTO DA DESCENDÊNCIA)	
resplandecente estrela da manhã	Ap 22:16	Cristo Jesus. (VEJA-SE JESUS)	1 Pe 1:19; Lc 1:78,79
resplendor do firmamento	Dn 12:3; Mt 13:43; Ap 1:16	Fenômeno de glória espiritual relacionado à condição glorificada dos seres espirituais.	Mt 17:2
ressurreição	Dn 12:2; Ap 20:5,6	(ILP) Não é termo simbólico. Palavra descritiva de vários eventos que têm o propósito de restaurar os espíritos mortos em corpos glorificados, no caso dos justos; e um corpo que resistirá ao fogo eterno do inferno, no caso dos injustos. (VEJA-SE PRIMEIRA RESSURREIÇÃO#)	Jo 5:29
REI DOS REIS... ...DOS SENHORES	Ap 19:16	Jesus Cristo. (VEJA-SE JESUS)	1 Tm 6:15
rei soberbo	Dn 11:36-39	Anticristo.	Ap 13:6,7
reis		(VEJA-SE DEZ REIS#)	
rio	Ap 12:15,16	Torrente de força satânica.	Is 43:2
rio	Ap 22:1,2	(VEJA-SE ÁGUA DA VIDA)	Ez 47:9
rio de fogo	Dn 7:10	Torrente de santidade. (VEJA-SE FOGO, RIO)	Is 10:17
roupas brancas	Ap 7:9,13,14;	Pureza e inocência. Veste celestial dos santos.	Mt 17:2

Termo	Texto bíblico	Significado	Referência
roupas brancas (cont.)	16:15		
rosto como de homem	Ap 4:7	Terceiro ser vivente, seu rosto como de homem é símbolo de inteligência e compaixão.	Ez 1:18-20
rostos de homens	Ap 9:7	(SDN) O rosto é o ponto de contato, mostra as emoções.	Gn 4:5
roda de fogo ardente	Dn 7:9	Força e movimento rápido. (VEJA-SE FOGO)	Ez 10:2,6
rolo		(VEJA-SE PERGAMINHO EM ROLO)	
sábios	Dn 12:3,10	Os que serão ressuscitados para a vida eterna com Deus.	1 Co 2:14
saco de cilício	Ap 6:12	Tela barata, forte e duradora de cor escura. Era o têxtil escolhido para ocasiões sombrias, ou de perigo (VEJA-SE TELA DE CILÍCIO)	Dn 9:3; Ap 11:3
safira	Ap 9:17; Ap 21:19	(SDN) O fogo mais quente, de cor azulada. Pedra preciosa de cor azul-escuro.	Is 54:11
sangue	Ap 6:12; 8:7,8; 11:6	Ira de Deus manifestada no juízo.	Jo 6:54 Lv 17:11
sangue do Cordeiro	Ap 7:14; 12:11	Substância redentora. A Bíblia ensina que a vida está no sangue; sendo o sangue do Cordeiro o mesmo sangue do Deus Filho, este sangue é a VIDA de Deus. Ser lavado neste sangue é ser banhado na mesma VIDA de Deus. Os que foram lavados no sangue de Jesus são participantes da VIDA de Deus, que é a vida eterna.	Rm 5:9,10
santa cidade	Ap 21:2	Jerusalém celestial. Conhecida geralmente como "céu". (VEJA-SE NOVA JERUSALÉM)	Ap 21:9-11
Satanás		(VEJA-SE ABADOM, ACUSADOR, ANJO DO ABISMO, APOLIOM, DRAGÃO, INIMIGO, PROFUNDIDADES DE SATANÁS, ANTIGA SERPENTE, SINAGOGA DE SATANÁS, TRONO DE SATANÁS)	
saraiva (granizo)	Ap 8:7; 11:19; 16:21	Agente do juízo divino. Meio de castigar os malvados.	Êx 9:13-34
Sardes	Ap 3:1	Quinta das sete igrejas. (Para simbolismo ver Lição 15 e Apêndices 1-3.)	
sardônica	Ap 21:20	(SDN) De cores azul-branco ou café-vermelho.	
sardônio (sárdio)	Ap 4:3; 21:20	Pedra que aparentemente é de cor café-laranja, mas através da luz constata-se ser de cor vinho, vermelho-escuro. Pode representar a redenção.	Is 1:18
seara	Ap 14:15	Produto pronto para colheita. Tempo de juízo.	Jl 3:13
segadores	Mt 13:30	Os anjos.	Mt 13:39
segunda		(VEJA-SE SEÇÃO NÚMEROS)	
seis		(VEJA-SE SEÇÃO NÚMEROS)	
selados	Ap 7:4	Judeus redimidos que constituem o remanescente judaico durante a tribulação.	Ef 1:13
selos	Ap 6:1	Juízos de Deus. (VEJA-SE SETE SELOS#)	Jó 38:14
semana		(VEJA-SE SEÇÃO TEMPO) (VEJA-SE METADE DA SEMANA^, OUTRA (ÚLTIMA) SEMANA, SETENTA SEMANAS^)	

SÍMBOLOS, NOMES E PARALELISMO DE DANIEL E APOCALIPSE

Termo	Texto bíblico	Significado	Referência
semeador	Mt 13:3	Pregador da Palavra de Deus.	Mt 13:18-23
semente	Mt 13:4	A Palavra de Deus.	Mt 13:18-23
sentados	Mt 13:48	Firmeza, tranqüilidade. Em referência ao Senhor, mostra que Ele está no controle total.	Mt 15:29
Senhor		(VEJA-SE DIA DO SENHOR^, JESUS, REI DOS REIS E SENHOR DOS SENHORES)	
seres viventes	Ap 4:6-9; 5:6-14; 6:1-7; 7:11; 8:9; 14:3; 15:7; 19:4	(VEJA-SE QUATRO SERES VIVENTES#)	Ez 3:13
serpente(s)	Ap 9:19; 12:14,15	Fala de Satanás e os demônios.	Ap 12:9
sessenta...		(VEJA-SE SEÇÃO NÚMEROS)	
setenta...		(VEJA-SE SEÇÃO NÚMEROS)	
sega	Mt 13:30	O fim do século, o juízo de Deus.	Mt 13:39
sete...		(VEJA-SE SEÇÃO NÚMEROS)	
sete igrejas		(VEJA-SE ANJOS DAS SETE IGREJAS#)	
século		(VEJA-SE SEÇÃO TEMPO, FIM DO SÉCULO^, SÉCULO^)	
sinagoga de Satanás	Ap 2:9; 3:9	Judeus que rejeitaram o evangelho. (VEJA-SE SATANÁS)	Jo 8:31,40
Sião	Ap 14:1	A morada do Cordeiro, a Nova Jerusalém. (VEJA-SE MONTE DE SIÃO)	Is 24:23
sinal ou o nome da besta	Ap 13:16; 14:9; 11; 15:2; 16:2; 19:20; 20:4	Relacionado com o número 666. Identificação visível dos que pertencem à besta.	
Sodoma e Egito	Ap 11:8	Jerusalém.	Ap 11:8
sol	Ap 8:12	Sustentador da vida na terra. Escurecimento do sol é sinal do juízo de Deus. (Às vezes fala de Israel.) (VEJA-SE ONDE SAI O SOL, LUA, MULHER VESTIDA DE SOL, VESTIDO DE SOL)	Lc 23:45 Mc 13:24
tabernáculo	Ap 7:15	Grego: pavilhão. Estar eternamente na casa do Senhor.	Sl 23:6
taças		(VEJA-SE SETE TAÇAS DA IRA#)	
taças de ouro (incenso)	Ap 5:8	Recipiente celestial para as orações dos santos. Ouro é um metal precioso, indica o valor de nossas orações.	1 Co 10:16
taças de ouro (juízo)	Ap 15:7; 16:8, 10,12,17; 17:1; 21:9	Recipiente celestial para os juízos vindouros que serão derramados sobre a terra.	Hc 2:16 Jr 51:7
TEQUEL		(veja-se MENE... PARSIM)	
testa	Ap 7:3; 9:4; 13:16; 14:1,9;17:5;20:4 22:4	Lugar de selamento. A atitude determina o selo que receberemos, assim como a testa indica a direção para onde vamos. (VEJA-SE ESCRITO NA TESTA)	Gn 49:26; Ez 9:4
tela de cilício	Ap 6:12	Condição do sol como resultado do juízo de Deus sobre a terra. (VEJA-SE CILÍCIO)	Is 50:3
terremotos	Ap 8:5	Produto do juízo de Deus. Infunde temor.	Is 29:6
tesouro escondido	Mt 13:44	Israel, o povo de Deus.	Êx 19:5
testemunha fiel e	Ap 3:14	Jesus Cristo.	Ap 1:8,11

Daniel e Apocalipse: Um Manual de Estudos Proféticos

Termo	Texto bíblico	Significado	Referência
verdadeira testemunhos		(VEJA-SE DUAS TESTEMUNHAS#)	
testemunho de Jesus	Ap 19:10	O Espírito da profecia.	Ap 19:10
Tiatira	Ap 2:18-29	Quarta das sete igrejas. (Para simbolismo ver Lição 15 e Apêndices 1-3.)	
tempo		(VEJA-SE SEÇÃO TEMPO, POUCO TEMPO^, DIAS POSTERIORES^, TEMPOS FINAIS^, TEMPO(S)^)	
terra	Mt 13:5	O coração do ouvinte do evangelho. (VEJA-SE LARGURA DA TERRA)	Mt 13:18-23
tocha	Dn 10:6 Ap 8:10	(SND) Emissor de luz. Representa entendimento, guia e vida.	2 Sm 22:29; Pv 6:23
Todo-poderoso	Ap 1:8; 4:8; 15:3; 16:7,14; 19:6,15; 21:22	Senhor, Deus do céu e da terra, é o Deus do universo que tem poder para fazer tudo. (VEJA-SE DEUS)	Ap 11:17
topázio	Ap 21:20	(SND) Pedra preciosa transparente ou translúcida.	Jó 28:19
tribo		(VEJA-SE LEÃO DA TRIBO..., DOZE TRIBOS#)	
tribulação	Ap 1:9; Ap 2:9,10,22; 7:14	Período do juízo que há de vir sobre a terra. O uso da palavra nas citações de Apocalipse há de ter outras referências literais. (VEJA-SE HORA DA PROVA^, OUTRA (ÚLTIMA) SEMANA^)	Mt 24:21
trigo	Mt 13:25,29	Os bons, filhos de Deus.	Mt 13:37-43
trombeta	Ap 1:10; 4:1; 8:2,6-13; 9:1,13, 14; 10:7; 11:15	Instrumento usado para soar o alarme. (VEJA-SE SETE TROMBETAS#)	Jl 2:1
trono	Dn 7:9; Ap 3:21; 4:2-10; 5:6-13; 6:16; 7:9-17 etc.	Simboliza a autoridade e poder. Às vezes se usa a palavra "trono" para falar do céu.	Is 66:1; Sl 45:6
trono branco	Ap 20:11	O juízo final. (VEJA-SE BRANCO)	
trono de Satanás	Ap 2:13	O lugar terreno de onde Satanás reina sobre sua numerosa legião de demônios. Sendo que ele não é onipresente, como Deus, aparentemente escolhe um lugar terreno para servir como sede de seu governo. Sabemos que Satanás tem príncipes sob seu mando com autoridade em diferentes lugares; é lógico então que Pérgamo tem sido a sede do governo satânico nos tempos históricos das sete igrejas. (VEJA-SE SATANÁS)	Dn 10:13
trovões	Ap 10:3,4; 16:18	Acompanhante do relâmpago. (VEJA-SE SETE TRONOS#, RELÂMPAGO)	Êx 9:23
Ufaz		(VEJA-SE OURO DE UFAZ)	
último		(VEJA-SE PRIMEIRO E O ÚLTIMO#)	
urso	Dn 7:5	Segunda besta da visão de Daniel, representa o Império Medo-Persa. Em tempos modernos o urso é símbolo da Rússia. (VEJA-SE PEITOS E BRAÇOS DE PRATA,	Dn 7:17; 5:30,31

SÍMBOLOS, NOMES E PARALELISMO DE DANIEL E APOCALIPSE

Termo	Texto bíblico	Significado	Referência
		PÉS COMO DE URSO)	
uvas	Ap 14:18,19	Exércitos do anticristo.	Gn 49:11
vara de ferro	Ap 2:27; 12:5; 19:15	Símbolo de autoridade.	Sl 2:9
varão		(VEJA-SE FILHO VARÃO, QUARTO VARÃO#)	
vaso de oleiro	Ap 2:27	Algo muito delicado	2 Co 4:7
vinte...		(VEJA-SE SEÇÃO NÚMEROS)	
VERBO DE DEUS	Ap 19:13	Jesus Cristo.	Jo 1:1
Verdadeiro	Ap 3:7; 19:11	Jesus Cristo. (VEJA-SE FIEL E VERDADEIRO, TESTE-MUNHA FIEL E VERDADEIRA)	Ap 3:14
verde	Ap 8:7; 9:4	Vida, especialmente vida vegetal. (VEJA-SE ESMERAL-DA, ERVA VERDE)	Gn 1:11
vergonha	Ap 3:18; 16:15	Nudez, espiritual ou física.	Is 20:4; 47:3; Fp 3:19
vermelho	Ap 6:4	Cor de sangue, violência e pecado. (VEJA-SE ESCARLATE)	Is 1:18
vestida		(VEJA-SE MULHER VESTIDA DE SOL)	
vestes brancas	Ap 3:4,5,18; 6:11	Traje celestial, símbolo de pureza.	At 1:10
vestes talares	Ap 1:13	Sumo sacerdócio de Cristo. Realeza.	
vestida de sol	Ap 12:1	Glória resplandecente. (Fala de Israel.) (VEJA-SE MULHER VESTIDA DE SOL)	Sl 89:36-38
vida		(VEJA-SE ÁGUA DA VIDA, ÁRVORE ... VIDA, LIVRO... VIDA, SANGUE DO CORDEIRO)	
vidro	Ap 4:6; 15:2; 21:18; 21:21	Pureza, virtude e santidade. (VEJA-SE MAR DE VIDRO)	Êx 24:10
velhas		(VEJA-SE COISAS NOVAS E COISAS VELHAS)	
vento	Dn 2:35; 7:2; 8:8; 11:4; Ap 6:13; 7:1	(ILP) Às vezes fala dos quatro pontos cardeais. Usa-se em referência à violência dos juízos de Deus. (VEJA-SE QUATRO VENTOS DO CÉU#)	Ez 17:21; Sl 55:8
ventre e pernas de bronze	Dn 2:32	Terceiro reino; Império Grego.	Dn 2:39
vigilantes	Dn 4:13,17,23	Anjos.	Hb 1:14
vinha	Ap 14:19	As massas restantes da Igreja apóstata.	Jr 2:21
vinha	Ap 14:18	Os povos reunidos no Armagedom para fazer guerra contra Jesus em sua vinda.	Dt 32:32
vinho (não danifi-ques o azeite e o...)	Ap.6:6	Artigo de luxo. Os ricos ainda terão poder aquisitivo, mesmo quando o resto das pessoas for progressivamente mais pobre.	Ec 10:19
virgens	Ap 14:4	Pureza.	Dt 22:23,24
viúva	Ap 18:7	Figura da cidade desamparada.	Is 47:7-11
viventes		(VEJA-SE QUATRO SERES VIVENTES#)	
voz de muitas águas	Ap 1:15; 9:9; 14:2; 19:6	(ILP) Um som forte.	2 Pe 3:10

DANIEL E APOCALIPSE: UM MANUAL DE ESTUDOS PROFÉTICOS

Termo	Texto bíblico	Significado	Referência

Termos numéricos

(Recomenda-se consultar a introdução desta tabela na página 169 antes de utilizá-la.)

1 (um, primeiro, etc.) Número de princípios, unidade.

Termo	Texto bíblico	Significado	Referência
primeira besta (Babilônia)	Dn 7:4	Nabucodonosor e o Império de Babilônia.	Dn 7:17
primeira besta (Anticristo)	Ap 13:12	Filho da perdição. O anticristo. Executor da vontade satânica sobre a terra durante o período conhecido como a grande tribulação. (VEJA-SE BESTA)	Ap 13:15; 2 Ts 2:3
primeira ressurreição	Ap 20:6	O arrebatamento. O rapto. Um dos mistérios revelados à Igreja. (VEJA-SE RESSURREIÇÃO) (Conferir Lição 24, seção 3)	1 Co 15:51-55; 1 Ts 4:13-18
primeiro e o último	Ap 1:11	Jesus Cristo! (Princípio e fim) (VEJA-SE ALFA E ÔMEGA)	Ap 1:11-13

2 (dois, segundo, etc.) Número de testemunho.

Termo	Texto bíblico	Significado	Referência
duas bestas	Ap 13	O anticristo (poder político) e o falso profeta (poder religioso). (VEJA-SE BESTA, OUTRA BESTA, PRIMEIRA BESTA, ANTICRISTO)	
dois candeeiros	Ap 11:4	As duas testemunhas, resplandecem em meio às trevas da tribulação. (VEJA-SE CANDEEIROS)	
dois chifres	Dn 8:3	São os reis da Média e da Pérsia. (VEJA-SE CHIFRE)	Dn 8:20
duas oliveiras	Ap 11:4	As duas testemunhas; "oliveira" indica sua procedência do povo de Deus.	Jr 11:16
duas testemunhas	Ap 11:4	Dois personagens desconhecidos que profetizarão durante a primeira metade da tribulação. Possivelmente são Moisés e Elias.	Ap 11:6
segunda besta (Império Medo-Persa)	Dn 7:5	Império Medo-Persa.	Dn 7:16,17
segunda besta (falso profeta)	Ap 13:11	Falso profeta. (VEJA-SE OUTRA BESTA)	
segunda morte	Ap 2:11	Juízo eterno de permanência no lago de fogo. É a morte que não tem remédio. É a separação eterna de Deus.	Ap 20:14,15

APÊNDICE 6

SÍMBOLOS, NOMES E PARALELISMO DE DANIEL E APOCALIPSE

Termo	Texto bíblico	Significado	Referência

3 (três, etc.) Número de divindade ou de intervenção divina.

Termo	Texto bíblico	Significado	Referência
três ais	Ap 8:13	As três últimas trombetas do juízo. (VEJA-SE TROM-BETA)	Is 3:9,11; Am 5:18
três costelas em sua boca	Dn 7:5	Reinos da Lídia, Egito e Babilônia.	
três chifres	Dn 7:8	Três dos dez reinos dos últimos dias. Estes três reinos serão destituídos pelo anticristo quando este tomar por força o reinado. (VEJA-SE CHIFRE)	Dn 7:8
três medidas de farinha	Mt 13:33	Doutrina do Pai, do Filho e do Espírito Santo. Farinha fala da essência, o que é mais refinado.	

3 ½ (três e meio) A metade de sete. Tempo, tempos e a metade de um tempo.
(VEJA-SE SEÇÃO TEMPO, METADE DE UMA SEMANA^, 1260 DIAS^, TEMPOS, E ...)

4 (quatro, quarto, etc.) Número da terra.

Termo	Texto bíblico	Significado	Referência
quarta besta	Dn 7:7,19,23	O Império Romano. (VEJA-SE BESTA)	Dn 7:23
quarto varão	Dn 3:25	Jesus, presente nas tormentas, para ajudar o crente.	Is 43:2
quatro asas de ave	Dn 7:6	Velocidade para chegar aos quatro pontos cardeais, descritivo da conquista grega do mundo conhecido sob o comando de Alexandre Magno.	
quatro cantos	Ap 20:8	Os extremos da terra. A totalidade da terra.	Is 11:12; At 10:11; Ap 7:1
quatro bestas	Dn 7:3	Impérios gentílicos, os tempos dos gentios. A totalidade dos impérios gentílicos proféticos.	Dn 7:17,18
quatro cabeças	Dn 7:0	Autoridade para reinar sobre a totalidade da terra.	
quatro chifres	Dn 8:8	Divisão da Grécia com a morte de Alexandre por parte de seus generais.	Dn 8:22
quatro pontas do altar	Ap 9:13	A universalidade da graça de Deus para a terra. Juízo sobre os que têm rejeitado a graça.	Êx 25:12
quatro cavalos		Termo não-bíblico, usado freqüentemente com referência aos quatro primeiros selos do juízo.	
quatro seres viventes	Ap 4:6	Querubins que representam a terra diante de Deus. Seres angelicais de alta patente.	Ez 1:4-28; Ez 10:1-22
quatro ventos da terra	Ap 7:1	Os extremos da terra.	Jr 49:36
quatro ventos do céu	Dn 8:8	Divisão da Grécia com a morte de Alexandre por parte de seus generais.	Dn 8:8

DANIEL E APOCALIPSE: UM MANUAL DE ESTUDOS PROFÉTICOS

Termo	Texto bíblico	Significado	Referência

5 (cinco) (SND) A metade de dez. Número de dedos na mão. Seu uso é freqüente na Bíblia. (VEJA-SE SEÇÃO TEMPO, MESES)

6 (seis) Número do homem (o homem foi criado ao sexto dia).

número de um homem	Ap 13:18	Seis é o número do homem.	Gn 1:26-31
seis asas	Ap 4:8	Mostra uma relação estreita entre os quatros seres viventes e os assuntos humanos. Denota eficiência.	

7 (sete, sétimo) Número do completo, da santificação, às vezes fala da perfeição. Mostra procedência divina.

anjos das sete igrejas	Ap 2:1,8,12,18; 3:1,7,14	Mensageiro, pastor da igreja. As sete estrelas são os anjos das sete igrejas.	Ap 1:20
sete cabeças	Ap 12:3; 17:7	São sete reis. Também fala da plenitude de conhecimento que teve Satanás. São sete montes. (VEJA-SE CABEÇAS)	Ap 17:9,10; Ez 28:12
sete candeeiros de ouro	Ap 1:12	São as sete igrejas. (VEJA-SE SETE IGREJAS)	Ap 1:20
sete taças da ira	Ap 16:1	Mostra a procedência divina do juízo.	
sete chifres	Ap 5:6	Plenitude de poder. (VEJA-SE CHIFRE)	Mq 4:13
sete diademas	Ap 12:3	Prenda real. Satanás era de grande formosura, o querubim real. (VEJA-SE DIADEMAS)	Ez 28:12-19
sete espíritos de Deus	Ap 1:4; 3:1; 4:5; 5:6	Sinônimo da plenitude e perfeição do Espírito Santo.	Is 11:2
sete estrelas	Ap 1:16	São os anjos (mensageiros) das sete igrejas.	Ap 1:20
sete igrejas	Ap 1:11	Além de ser as sete igrejas que existiram na Ásia Menor, também são símbolos de todas as igrejas em todos os tempos.	
sete lâmpadas de fogo	Ap 4:5	Os quais são os sete espíritos de Deus. Neste caso fala de ira. (VEJA-SE FOGO)	Ap 4:5
sete montes	Ap 17:9	Assento do governo do reino da mulher, a cidade de Roma. (VEJA-SE MONTE)	
sete olhos	Ap 5:6	"Onividente". (VEJA-SE OLHOS NA FRENTE E PORTRÁS)	Zc 3:9; 4:10
sete selos	Ap 5:1	Procedência divina dos selos (juízos). (VEJA-SE SELOS)	
sete tempos		(VEJA-SE SEÇÃO TEMPO)	
sete trombetas	Ap 8:2	Mostra a procedência divina das trombetas (juízos). (VEJA-SE TROMBETAS)	
sete tronos	Ap 10:3	Mostra a procedência divina das mensagens ou juízos. (VEJA-SE TRONO, RELÂMPAGO)	

SÍMBOLOS, NOMES E PARALELISMO DE DANIEL E APOCALIPSE

Termo	Texto bíblico	Significado	Referência

8 (oitavo) Superabundância.

oitavo	Ap 17:11	Dentre os sete vai a perdição. É o mesmo anticristo que se levanta sobre os sete.	Ap 17:11

10 (dez, décima, etc.) Medida de nossa responsabilidade diante de Deus (Dez Mandamentos).

décima parte	Ap 11:13	Deus cobra o que lhe pertence. O homem anda irresponsavelmente ignorando a Deus até que o Todo-poderoso pedirá contas.	Ml 3:8
dez chifres	Dn 7:7; Ap 17:7	Poderia ser a União Européia em sua forma final. Fala da Nova Roma, está representada por dez dedos da imagem vista por Nabucodonosor. Diz-nos que são dez reis. (VEJA-SE CHIFRE)	Dn 7:24; Ap 17:12
dez dias		(VEJA-SE SEÇÃO TEMPO)	
dez diademas	Ap 13:1	Representam a realeza que deve reinar sobre as dez nações da Nova Roma. (Veja-se DIADEMAS)	
dez reis	Ap 17:12	São os dez chifres e os dez diademas. Os reis das nações da Nova Roma.	

12 (doze, etc.) Número governamental.

doze estrelas	Ap 12:1	Os doze patriarcas.	Gn 37:9
doze frutos	Ap 22:2	A provisão afável do governo celestial.	Pv 8:19
doze meses		(VEJA-SE SEÇÃO TEMPO)	
doze pérolas	Ap 21:21	Portas. As pérolas se formam por um processo biológico. Falam da vida pura formada sob o governo de Cristo. Somemte o crente que se tem deixado governar por Jesus, e sua vida é pura, poderá passar por estas portas de pérola. (VEJA-SE PÉROLAS)	Mt 13:45,46
doze portas	Ap 21:12	Pérolas. (VEJA-SE DOZE PÉROLAS) Vias de acesso, abertas somente ao de coração puro.	Sl 24:4; Mt 5:8
doze tribos		(ILP) As tribos do povo de Deus, Israel.	Gn 49:28

21 (vinte e um) 21 = 3 x 7 Intervenção divina para conseguir totalidade. (VEJA-SE SEÇÃO TEMPO, DIAS)

DANIEL E APOCALIPSE: UM MANUAL DE ESTUDOS PROFÉTICOS

Termo	Texto bíblico	Significado	Referência

24 (vinte e quatro) 24 = 2 x 12 Testemunho governamental.

vinte e quatro anciãos	Ap 4:4	Possivelmente são os doze patriarcas e os doze apóstolos.	Sl 67:4

40 (quarenta) 40 = 4 x 10 Responsabilidade da terra.

quarenta		Este número não é utilizado em Daniel e Apocalipse, mas os mencionamos por serem significativos em sua relação com a profecia. Foram quarenta anos que os filhos de Israel andaram pelo deserto. Sendo que Deus não deixou entrar na terra prometida a geração que saiu do Egito, aparentemente estes anos se relacionam com o número de anos de uma geração profética.	Êx 16:35 Nm 14:34,35

42 (quarente e dois) 42 = 21 x 2 Constância e testemunho da interveção divina para conseguir totalidade. (VEJA-SE SEÇÃO TEMPO, MESES)

62 (sessenta e dois) (SND) (VEJA-SE SEÇÃO TEMPO, SEMANAS) (Dn 9:25,26)

70 (setenta) 70 = 7 x 10 Plenitude de responsabilidade.

setenta semanas	Dn 9:2,24	(VEJA-SE SETENTA SEMANAS^, SEÇÃO TEMPO)	

144 (cento e quarenta e quatro) 144 = 12 x 12 Número governamental x número governamental.

cento e quarenta e quatro	Ap.21:17	Relaciona-se com o governo de Deus desde sua santa cidade.	

60 x 6 (sessenta vezes o seis) 360 = 60 x 6. Número de dias no ano profético.

sessenta vezes seis côvados	Dn 3:1	60 x 6 (sessenta vezes o seis) = 360. Número de dias no ano profético. Possivelmente a medida da imagem pode relacionar-se com um período profético. Além disso, pode existir uma relação com o número 666.	Ap 13:18

360 (trezentos e sessenta) Número de dias no ano profético. (VEJA-SE 60 X 6, SEÇÃO TEMPO, ANO)

666 (seiscentos e sessenta e seis) Número do anticristo que é o número de um homem.

seiscentos e sessenta e seis	Ap 13:18	Trindade do número humano. Relaciona-se com o anticristo. Têm sido muitos os intentos de identificar este número com diversos personagens. Somente o tempo esclarecerá quem será o assinalado por este número.	

SÍMBOLOS, NOMES E PARALELISMO DE DANIEL E APOCALIPSE

Termo	Texto bíblico	Significado	Referência

1.000 (mil) Multidões. Reino terrenal de Cristo. (VEJA-SE SEÇÃO TEMPO, ANOS)

1.260 (mil duzentos e sessenta) 1.260 = 360 x 3 ½. A metade da grande tribulação.
(VEJA-SE SEÇÃO TEMPO, DIAS)

1.290 (mil duzentos e noventa) (SND) (ILP). (VEJA-SE SEÇÃO TEMPO, DIAS)

1.335 (mil trezentos trinta e cinco) (SND) (ILP). (VEJA-SE SEÇÃO TEMPO, DIAS)

1.600 (mil e seiscentos) 1.600 = 2 x 8 x 10 x 10 (VEJA-SE DOIS#, OITO#, DEZ#)

mil e seiscentos estádios	Ap 14:20	Cifra que representa uma distância de 288 quilômetros. Em sentido figurado pode indicar que este juízo será superabundante, cobrando assim as contas de responsabilidade do homem diante de Deus.

2.300 (dois mil e trezentos) (SND) (VEJA-SE SEÇÃO TEMPO, DIAS^)

7.000 (sete mil) 7.000 = 7 x 1.000. Procedência divina sobre as massas. (VEJA-SE SETE#, MIL#)

sete mil homens	Ap 11:13	Número que indica a fonte do juízo. É de procedência divina.

12.000 (doze mil estádios) 12.000 = 12 x 1.000 (VEJA-SE DOZE#, MIL#)

doze mil estádios	Ap 21:16	(ILP) Medida da cidade governamental de Deus.

144.000 (cento e quarenta e quatro mil) 144.000 = 12 x 12 x 1.000 (VEJA-SE DOZE#, MIL#)

cento e quarenta e quatro mil	Ap 7:1-8; 14:1-5	Possivelmente, são dois os grupos representados pelo número 144.000 (ver página 115). Pela relação do número 144.000 com o número de governo, pode ser que os 144.000 judeus sejam representantes do governo de Deus na terra durante a tribulação, e a igreja reinará com Cristo durante o milênio.

200.000.000 (duzentos milhões) (SND)

duzentos milhões	Ap 9:16	(ILP) Este número é tão grande que no tempo de João não existiam suficientes habitantes em toda a terra conhecida para estabelecer um exército desse tamanho. (Pois a população do mundo inteiro, no primeiro século, era apenas de 250 milhões.) Somente nos tempos modernos é possível imaginar um exército tão imenso.

Termos de período ou tempo

(Recomenda-se consultar a introdução desta tabela na página 169 antes de utilizá-la.)

Pouco tempo

Termo	Texto bíblico	Significado	Referência
pouco tempo	Ap 12:12	(ILP) O tempo de Deus não se mede como o tempo humano. Neste caso, *pouco tempo* já é quase 2.000 anos.	2 Pe 3:8

Horas(s)

Termo	Texto bíblico	Significado	Referência
hora	Ap 3:3,10; 14:7; 17:12	Símbolo de "período".	
hora da prova	Ap 3:10	A grande tribulação. (VEJA-SE OUTRA SEMANA^)	
meia hora	Ap 8:1	(SND)	
uma hora		(VEJA-SE HORA^)	

Dia(s)

Termo	Texto bíblico	Significado	Referência
dia	Ap 1:10; 2:10; 6:17; 8:12	Período de prova.	Dn 10:2,13
dias	Ap 9:6; 10:7; 11:6	Símbolo de "período".	
dia do juízo		(VEJA-SE DIA DO SENHOR^, JUÍZO)	
dia do Senhor	Ap 1:10	A manifestação do Senhor Jesus em sua grande glória. Dia do juízo final. Também primeiro dia da semana, domingo.	Ap 19:11-21; Ez 30:1-3; Sf 1:7,8
dez dias	Ap 2:10	Dez períodos. Possivelmente fala do reinado dos dez imperadores romanos, que foram os que mais perseguiram a primeira Igreja.	
duas mil e trezentas tardes e manhãs	Dn 8:14	Período do reinado de Antíoco Epífanes. Literalmente, duas mil e trezentas tardes e manhãs são mil cento e cinqüenta dias.	
mil duzentos e noventa dias	Dn 12:11	Um período com trinta dias mais longo que o tempo relacionado com a época da metade da tribulação. Os trinta dias que sobram (30 = 1.290 - 1.260) podem relacionar-se com eventos que terão lugar entre o fim da tribulação e o início do milênio.	
mil duzentos e sessenta dias	Ap 11:3; 12:6	Equivalente à metade de sete anos, período da duração da metade da tribulação.	Mt 24:15
mil trezentos e trinta e cinco dias	Dn 12:12	Um período de setenta e cinco dias mais longo que o tempo relacionado com a época da metade da tribulação. (VEJA-SE 1.290 DIAS)	
três dias e meio	Ap 11:11	(ILP) (VEJA-SE SEÇÃO NÚMEROS)	
vinte e um dias	Dn 10:13	(ILP) 21 = 3 x 7. (VEJA-SE SEÇÃO NÚMEROS, TRÊS#, SETE#, VINTE E UM#)	

SÍMBOLOS, NOMES E PARALELISMO DE DANIEL E APOCALIPSE

Termo	Texto bíblico	Significado	Referência

Metade de uma semana

metade da semana	Dn 9:27	Semana, período de sete, nesta caso o período da tribulação. A metade deste período assinala o momento da mudança de ênfase de ação na tribulação. Tempo que corresponde à abominação desoladora.	Mt 24:15

Semana(s)

semana	Dn 9:27	Período de sete, na profecia, fala de períodos de sete anos.	
três semanas	Dn 10:2	(VEJA-SE VINTE E UM DIAS^)	
outra (última) semana	Dn 9:27	Período de sete anos que corresponde à época do reinado do anticristo. Tempo conhecido como a grande tribulação.	
sessenta e duas semanas	Dn 9:25	Período desde a saída da ordem para a reconstrução de Jerusalém até a vinda do Príncipe Messias (434 anos). Isto se cumpriu literalmente.	
setenta semanas	Dn 9:24	Período profético que corresponde aos tempos anteriores a cada uma das vindas do Messias. Fala de um tempo de 490 anos de 360 dias cada ano. Já se cumpriram 69 semanas de anos desde a saída da ordem para a reconstrução de Jerusalém até o tempo do Messias. Mais precisamente, desde 444 a.C. até a entrada triunfal de Jesus na cidade de Jerusalém. Somente falta o cumprimento de uma semana de anos. Este será o período da grande tribulação de sete anos de duração antes da segunda vinda.	

Mês(es)

cinco meses	Ap 9:5,10	(ILP) Tempo que perdura o juízo dos gafanhotos.	
quarenta e dois meses	Ap 11:2, 13:5	Período equivalente ao lapso de mil duzentos e sessenta dias. Isto corresponde à metade de sete anos, período de duração da metade da tribulação.	
doze meses	Dn 4:29	(ILP) Período de graça dado por Deus a Nabucodonosor para que se arrependesse de sua soberba.	

Ano(s)

mil anos	Ap 20:2-7	Período conhecido como o milênio, tempo do reinado de Cristo.	

Tempo(s)

sete tempos	Dn 4:16	Possivelmente sete anos. "Sete" indica procedência divina.	

APÊNDICE 6

Termo	Texto bíblico	Significado	Referência
tempo, tempos e metade de um tempo	Ap 12:14 Ap 9:15	Três anos e meio, corresponde à metade da tribulação.	

Períodos vários

Termo	Texto bíblico	Significado	Referência
hora, e dia, e mês, e ano	Ap 9:15	(ILP)	
século	Mt 13:49	Período ou época, não somente cem anos. (VEJA-SE FIM DE SÉCULO^)	
tempo de angústia	Dn 12:1-2	Período da grande tribulação.	Jr 30:7
não haveria mais demora	Ap 10:6	Hora do juízo para o homem. Não significa que o tempo deixe de existir.	Gn 6:3

Tempos finais

Termo	Texto bíblico	Significado	Referência
fim do século	Mt 13:49	Término da idade da graça. (VEJA-SE SÉCULO^)	
dias posteriores	Dn 2:28; 10:14	Período de domínio gentílico. Já está em ação por quase 2.500 anos.	

Apêndice 7

Estudo cronológico de Apocalipse

1. Introdução

O estudo cronológico é algo difícil por sua complexidade. Os livros proféticos se caracterizam por ter geralmente três tipos de seqüências, que muitas vezes confundem o estudante. Pode-se ordená-las das seguintes maneiras:
- A ordem na qual o livro foi escrito
- A ordem na qual os eventos foram recebidos ou vistos
- A ordem em que realmente sucederam os eventos profetizados

É às vezes frustrante que estas ordens não sejam iguais. No entanto, é necessário adotá-las para levar adiante o estudo. Nós preferimos a terceira opção para este apêndice, isto é, a ordem em que aconteceram os eventos proféticos.

No estudo que segue, nossa intenção é tornar o mais clara possível a ordem de eventos do livro de Apocalipse, seguindo as regras de estudo que temos usado ao longo desta obra. Para este propósito, apresentamos a seguir o livro de Apocalipse em ordem cronológica, ou seja, na ordem em que, cremos, aconteceram os eventos. A regra principal que nos conduziu é considerar como eventos consecutivos aqueles que contêm a frase *"Depois destas coisas..."* ou similares. Não há nada que indique que este método seja melhor que o outro, mas nos era necessário encontrar algum guia para desenvolver nosso trabalho, na convicção de que esta regra é efetiva e simples. Outra regra simples que empregamos é não mudar a ordem dos eventos enumerados. Quer dizer, o primeiro selo vem antes do segundo, e assim sucessivamente.

O leitor terá de fazer a sua própria análise para provar ou rejeitar o que aqui se apresenta. Alguém disse que a meia hora de silêncio no céu será para que os escatologistas mudem seus "desenhos" da seqüência dos acontecimentos finais. Se o "desenho" textual apresentado neste Apêndice motivar o leitor a fazer um profundo estudo de Apocalipse, o autor terá a satisfação de saber que esta obra serviu de incentivo para animar outros ao estudo profundo da Palavra de Deus.

O texto de Apocalipse é da versão Contempôranea de Almeida. Os comentários e a ordem dos textos bíblicos apresentados aqui são do autor.

O esboço geral se baseia em Apocalipse 1:19. O livro de Apocalipse está apresentado de forma total. No entanto, é importante que entendamos que o esboço seguinte **não é uma Bíblia**. Deve classificar-se como um comentário que pode estar sujeito a erros de entendimento, já que os temas tratados são de muita profundidade. É nossa oração que o leitor nos tolere neste intento de trazer mais luz ao estudo de Apocalipse.

Na primeira coluna se nomeia o cenário dos acontecimentos que estão sendo tratados. Na segunda, está o texto bíblico. A terceira contém o comentário do autor.

Na segunda coluna os textos unidos dentro de blocos são explicações do texto ao qual estão vinculados. Por exemplo, Apocalipse 13:1 é uma ampliação de Apocalipse 6:2. Há dois níveis de ação. O primeiro é a linha de ação que corre através do livro de Apocalipse, e o segundo são ampliações de porções dentro da linha principal de ação. O leitor pode dar-se conta em que nível está pela intensidade da cor cinza em que está escrito o texto de Apocalipse. Note a ilustração que segue:

cenário	**Capítulo 6**	**COMENTÁRIO**
céu	Os SELOS 1 Vi quando o Cordeiro abriu um dos sete selos, e ouvi um dos quatro seres viventes dizer, como se fosse voz de trovão: Vem!	**Nesta terceira coluna está o comentário do autor.** Na segunda, o texto de Apocalipse. O reticulado indica o versículo que é ampliado pelo texto que está com retícula mais clara. Esta cor indica que a ação dos versículos está contida dentro da ação descrita no versículo indicado pela cor mais escura. Todos os versículos que estão sem retícula formam parte da linha principal de ação.
terra	2 Olhei, e vi um cavalo branco. O seu cavaleiro tinha um arco, e foi-lhe dada uma coroa, e ele saiu vencendo, e para vencer.	
terra trevas	**Capítulo 13** As DUAS BESTAS 1 E eu vi subir do mar uma besta que tinha dez chifres, e sete cabeças, e sobre os seus chifres dez diademas, e sobre as suas cabeças um nome de blasfêmia.	

2. Índice do estudo cronológico de Apocalipse

	texto	página
As coisas que tens visto	1:1-1:20	205-207
☐ A revelação de Jesus Cristo	1:1-3	205
☐ Situação das sete igrejas	1:4-8	205
☐ Uma visão do Filho do Homem	1:9-20	206-207
As coisas que são	2:1-3:22	207-212
☐ Mensagens às sete igrejas:		207-212
➡ Éfeso	2:1-7	207
➡ Esmirna	2:8-11	207-208
➡ Pérgamo	2:12-17	208
➡ Tiatira	2:18-29	209
➡ Sardes	3:1-6	210
➡ Filadélfia	3:7-13	210-211
➡ Laodicéia	3:14-22	211-212
☐ Término da idade da Igreja		212
As que depois destas hão de acontecer	4:1-22:21	212-247
☐ Arrebatamento		212
➡ A adoração celestial	4:1-11	212-213
➡ O rolo e o Cordeiro	5:1-14	213-214
☐ Início da tribulação		215
➡ Os 144.000 (Igreja)	14:1-5	215
➡ A mensagem dos três anjos	14:6-13	215-216
➡ As duas testemunhas (início)	11:3-6	216
➡ Os selos	6:1-17	217-219
➡ Apresentação das duas bestas	13:1	217
☐ Eventos relacionados com a metade da tribulação		219-222
➡ Os 144.000 selados (Israel)	7:1-8	219
➡ A multidão vestida de roupas brancas	7:9-17	219-220
➡ A mulher e o dragão	12:1-17	220-222
☐ A metade da tribulação		222
➡ As duas bestas (abominação desoladora)	13:2-18	222-224
➡ As duas testemunhas (terminam sua obra)	11:7-13	224
☐ Início da última parte da tribulação		225
➡ O sétimo selo	8:1-5	225
➡ As trombetas	8:6 - 9:21	225-228
➡ O anjo com o livrinho	10:1-11	228-229
➡ Medição do templo	11:1-2	229
➡ A sétima trombeta (terceiro Ai)	11:14-19	229-230
➡ Os anjos com as sete pragas posteriores	15:1-8	230-231
➡ As taças da ira	16:1-16	231-232

➡ A terra é segada	14:14-20	234-235
➡ O cavaleiro do cavalo branco (Jesus)	19:11-21	235-236
➡ A sétima taça	16:17-19	236-237
➡ Condenação da grande meretriz	17:1-18	237-239
➡ A queda da Babilônia	18:1-24	239-242
❏ As bodas do Cordeiro		243
➡ Fim da grande tribulação	16:20-21	242
➡ Louvores no céu	19:1-8	242-243
➡ A ceia das bodas do Cordeiro	19:9-10	243
❏ Início do milênio		243
➡ Os mil anos	20:1-6	243-244
➡ Fim do milênio	20:7-10	244
❏ O último juízo		244
➡ O juízo do grande trono branco	20:11-15	244-245
❏ A eternidade		245
➡ Novo céu e nova terra	21:1-8	245-246
➡ A Nova Jerusalém	21:9 - 22:5	246-248
❏ Epílogo (admoestações para a atualidade)		248
➡ A vinda de Cristo está próxima	22:6-21	248-249

3. Localização dos capítulos de Apocalipse

No quadro seguinte, o leitor poderá achar um guia para localizar os lugares dentro do estudo cronológico nos quais foram tratados os diferentes capítulos do livro de Apocalipse.

capítulo	página	capítulo	página
1	207-209	12	222-224
2	209-211	13	219,224-226
3	212-214	14	217-218,234-235
4	214-215	15	232-233
5	215-216	16	233-234,236-237,242
6	219-221	17	237-239
7	221-222	18	239-242
8	227-228	19	235-236,242-243
9	228-230	20	243-245
10	230-231	21	245-247
11	218,226,231-232	22	247-249

Cenário	O Apocalipse de João	Comentário de Apocalipse
terra	(Em ordem cronológica conforme o sistema utilizado neste livro.)	**Nota importante:** Sobre o uso da letra em **negrito** e em *itálico* no texto bíblico de Apocalipse localizado na coluna adjunta à esquerda:

Capítulo 1

A REVELAÇÃO DE JESUS CRISTO

1 Revelação de Jesus Cristo, que Deus lhe deu, para mostrar aos seus servos as coisas que brevemente devem acontecer. Ele as enviou pelo seu anjo, e as notificou ao seu servo João,
2 o qual testificou da palavra de Deus, do testemunho de Jesus Cristo, de tudo o que viu.
3 Bem-aventurado aquele que lê, e bem-aventurados os que ouvem as palavras desta profecia, e guardam as coisas que nela estão escritas, porque o tempo está próximo.

❏ A letra em **negrito** usa-se para palavras cujos significados podem encontrar-se no Apêndice 6. Uma palavra em **negrito** não indica que sempre seja simbólica.
❏ O *itálico* emprega-se para ressaltar palavras tratadas nesta mesma coluna de comentário.
❏ Em **negrito e em *itálico*** mostra que a palavra ou frase é tratada tanto no Apêndice 6 como também neste comentário.

As coisas que tens visto
Apocalipse 1:1-20

Ásia

SAUDAÇÕES E DOXOLOGIA
4 João, às ***sete igrejas*** que estão na Ásia: Graça e paz a vós outros, da parte daquele que é, e que era, e que há de vir, e da parte dos **sete espíritos** que estão diante do seu **trono**,
5 e da parte de Jesus Cristo, que é a fiel testemunha, o *primogênito* dos mortos e o príncipe dos reis da terra. Àquele que nos ama, e em seu sangue nos lavou dos nossos pecados,
6 e nos fez reino e sacerdotes para o seu Deus e Pai, a ele seja glória e poder para todo o sempre. Amém.
7 Vede, ele vem com as nuvens e todo o olho o verá, até mesmo os que o trespassaram; e todas as tribos da terra se lamentarão sobre ele. Sim. Amém.
8 Eu sou o **Alfa e o Ômega**, o princípio e o fim, diz o Senhor, aquele que é, que era e que há de vir, o **Todo-poderoso**.

Este primeiro capítulo apresenta as coisas que, para João, já haviam acontecido e eram conhecidas.
As cartas de Jesus são dirigidas às ***sete igrejas*** que existiam na Ásia Menor nos últimos anos do primeiro século.
Primogênito (compare Cl 1:15) é uma palavra-chave ao descrever a humanidade de Jesus. Não se aplica à sua divindade, ao contrário do que dizem certas seitas: que primogênito indica que Jesus é criado, que Ele passou a existir em certo momento. Se fosse verdade, o nascimento de Jesus descrito em Mateus 1:25 seria seu "segundo nascimento". Essa teoria pode ser desmentida por meio do Salmo 89:27 e Hebreus 1:5-7. Portanto, Jesus nasceu e morreu sendo homem, mas como Deus não tem princípio nem fim.

Capítulo 1 — ALGUÉM SEMELHANTE AO FILHO DO HOMEM

Patmos

9 Eu, João, irmão vosso e companheiro convosco na **aflição**, no reino e na perseverança em Jesus, estava na ilha chamada Patmos por causa da palavra de Deus e do testemunho de Jesus.

Tribulação (aflição). Que privilégio poder sofrer por causa do evangelho!

céu

10 Eu fui arrebatado em espírito no *dia do Senhor*, e ouvi detrás de mim uma grande voz, como de **trombeta**,

11 que dizia: O que vês, escreve-o num livro, e envia-o às **sete igrejas** que estão na Ásia: a *Éfeso*, a *Esmirna*, a *Pérgamo*, a *Tiatira*, a *Sardes*, a *Filadélfia* e a *Laodicéia*.

Dia do Senhor. Aqui, aparentemente, João foi levado pelo Senhor, no Espírito, ao dia de sua vinda em glória.

O Senhor conhecia as igrejas por seu nome (*Éfeso*, etc). Ele também nos conhece pelo nome.

12 E voltei-me para ver quem falava comigo. E, ao voltar-me, vi **sete candeeiros** de ouro,

13 e no meio dos sete candeeiros alguém semelhante a um filho de homem, vestido com **vestes talares**, e cingido à altura do peito com um *cinto de ouro.*

14 A sua cabeça e cabelos eram brancos como **lã branca**, como a **neve**, e os seus olhos como **chama de fogo**.

15 Os seus pés eram semelhantes a **latão reluzente,** como que refinado numa **fornalha**, e a sua voz como a voz de muitas águas.

16 Tinha ele na mão direita **sete estrelas**, e da sua boca saía uma afiada *espada* de dois gumes. O seu rosto era como o **sol**, quando *resplandece* na sua força.

17 Quando o vi, caí a seus pés como morto. Porém ele pôs sobre mim a sua mão direita, dizendo: *Não temas*. Eu sou o **primeiro e o último**.

18 Eu sou o que vivo; fui morto, mas estou vivo para todo o sempre! E *tenho as chaves* da morte[Hades] e do inferno.

19 Escreve, pois, as coisas que tens visto, e as que são, e as que depois destas hão de acontecer.

O quadro apresentado é de Jesus. Assim como Arão andava em meio aos **candeeiros,** assim também Jesus anda no meio das igrejas. Ele tem o controle e conhece o mais profundo de nosso ser.

Cinto de ouro. Nosso Salvador glorioso agora se apresenta com uma vestidura real.

Que riqueza de simbolismo! Para maior benefício, veja-se a tabela de simbolismo, Apêndice 6.

A afiada *espada* de dois gumes é a mesma Palavra de Deus que criou o universo (Ef. 6:17).

Resplandece, ver *resplendor do firmamento* na tabela de símbolos.

Não temas. Jesus não tem princípio, nem fim; mas Ele é o primeiro, o princípio. Que diferença que há entre ter e ser!

Tenho as chaves. Ele tem total controle!

O versículo 19 é um esboço do livro de Apocalipse (veja-se Lição 13).

Capítulo 1

Palavras celestiais para as igrejas

20 O mistério das **sete estrelas** que viste na minha mão direita, e os **sete candeeiros de ouro** é este: As **sete estrelas** são os **anjos das sete igrejas**, e os sete candeeiros são as **sete igrejas**.

Capítulo 2

MENSAGENS ÀS SETE IGREJAS:
CARTA À IGREJA DE ÉFESO

1 Ao anjo da igreja de **Éfeso** escreve: Isto diz aquele que tem na mão direita as **sete estrelas**, que anda no meio dos sete candeeiros de ouro:
2 Conheço as tuas obras, e o teu trabalho, e a tua perseverança, e que não podes suportar os maus, e que puseste à prova os que se dizem apóstolos e não o são, e os achaste mentirosos.
3 Tens perseverança, e por causa do meu nome sofreste, e não desfaleceste.
4 Tenho, porém, contra ti que deixaste o teu *primeiro amor*.
5 Lembra-te de onde caíste! Arrepende-te, e pratica as primeiras obras. Se não te arrependeres, brevemente virei a ti, e removerei do seu lugar o teu **candeeiro**, se não te arrependeres.
6 Tens, porém, a teu favor, que odeias as obras dos **nicolaítas**, as quais eu também odeio.
7 Quem tem ouvidos, ouça o que o Espírito diz às igrejas. Ao que vencer, dar-lhe-ei a comer da **árvore da vida**, que está no **paraíso de Deus**.

CARTA À IGREJA DE ESMIRNA

8 Ao anjo da igreja de **Esmirna** escreve: Isto diz o primeiro e o último, o que foi morto e reviveu:
9 Conheço a tua tribulação e a tua pobreza (mas tu és rico), e a blasfêmia dos que se dizem judeus, e não o são, mas são **sinagoga de Satanás**.

Jesus anda no meio das igrejas, cuidando assim de seu povo.

As que são
As sete eras da Igreja
Apocalipse 2:1 - 3:22

Como observamos na lição 15, há muitas maneiras de se entender as cartas. Aqui, notaremos sua relação com a época na qual estamos vivendo atualmente, destacando seu conteúdo a partir de um ponto de vista profético. (Esta não é a única maneira de interpretar as cartas.)

ÉFESO

Têm deixado seu *primeiro amor*, têm muitas coisas boas, mas andam mal. Fazem boas obras, porém não amam mais como amavam.

Éfeso representa a Igreja durante o primeiro século. Levaram o evangelho por todo o mundo conhecido, mas perderam o amor que tiveram no princípio.

Ao que vencer. Esta frase é repetida sete vezes. Uma característica predominante do crente deve ser vencer o diabo e o mundo.

ESMIRNA

Não há queixa contra eles, é uma igreja sofredora.

Esmirna representa a Igreja no período de 100 a 312 d.C., aproximadamente. Nessa ocasião, a igreja sofreu muito sob o domínio

Capítulo 2

10 Não temas as coisas que estás para sofrer. Escutai: o diabo lançará alguns de vós na **prisão**, para que sejais provados, e tereis uma **tribulação de dez dias**. Sê fiel *até à morte*, e dar-te-ei a **coroa** da vida.

11 Quem tem ouvidos, ouça o que o Espírito diz às igrejas. O que vencer, de modo algum sofrerá o dano da **segunda morte**.

de dez imperadores romanos, que iniciaram uma perseguição sem igual contra os santos durante o período descrito pela profecia com as palavras: *"tereis tribulação por dez dias"*.

Até a morte. Quem disse que ser crente é fácil? Mas que galardão! A *coroa da vida*.

Palavras celestiais para as igrejas

CARTA À IGREJA DE PÉRGAMO

12 Ao anjo da igreja de **Pérgamo** escreve: Isto diz aquele que tem a **espada** afiada de dois gumes:

13 Sei onde habitas, que é onde está o **trono de Satanás**. Contudo, reténs o meu nome, e não negaste a minha fé, mesmo nos dias de Antipas, minha fiel testemunha, o qual foi morto entre vós, onde Satanás habita.

14 Todavia, tenho algumas coisas contra ti: Tens aí *os que seguem a* **doutrina** *de Balaão*, o qual ensinava Balaque a lançar tropeços diante dos filhos de Israel, levando-os a comer das coisas sacrificadas aos ídolos, e praticar a prostituição.

15 Assim tens também alguns que seguem a **doutrina dos nicolaítas**.

16 Arrepende-te, pois! Se não em breve virei a ti, e contra eles batalharei com a **espada** da minha boca.

17 Quem tem ouvidos, ouça o que o Espírito diz às igrejas. Ao que vencer darei do **maná escondido**, e lhe darei uma **pedra branca**, e na pedra um **novo nome** escrito, o qual ninguém conhece senão aquele que o recebe.

PÉRGAMO

Os que seguem a doutrina de Balaão. São tolerantes com as doutrinas falsas. Balaão ensinou a Balaque a dar as mulheres de seu povo pagão a Israel. Depois as mulheres estrangeiras, casadas com os israelitas, lhes levavam ídolos. Dessa forma colocaram deuses falsos entre eles.

Constantino, com o edito de Milão em 312, concedeu tolerância ao cristianismo e logo sujeitou a Igreja ao estado pagão, introduzindo pessoas (ou bispos) não comprometidos com Cristo, mas com seus deuses e suas idolatrias. A Igreja corrompeu-se em todos os seus aspectos. Teodósio, no ano 380, proclamou que a única religião admitida no estado era o cristianismo. Em 450 se reconheceu a supremacia do bispo de Roma sobre os demais. O período representado por Pérgamo vai desde 312 até 540, aproximadamente.

Que tem ouvidos, ouça. A admoestação repetida é para aqueles que *têm ouvidos*. No entanto, ter ouvidos não é suficiente. Tem de se saber ouvir. Será que nossos ouvidos espirituais estão abertos para ouvir a voz do Salvador?

Capítulo 2 — Carta à igreja de Tiatira

18 Ao anjo da igreja de Tiatira escreve: Isto diz o Filho de Deus, que tem os olhos como **chama de fogo**, e os pés semelhantes a **latão reluzente**:
19 Conheço as tuas obras, e o teu amor, e o teu serviço, e a tua fé, e a tua perseverança, e sei que as tuas últimas obras são mais numerosas do que as primeiras.
20 Mas tenho contra ti que *toleras a Jezabel*, mulher que se diz profetisa. Com o seu ensino ela engana os meus servos, seduzindo-os a **se prostituírem** e a comerem das coisas sacrificadas aos ídolos.
21 Dei-lhe tempo para que se arrependesse da sua imoralidade, mas ela não quer se arrepender.
22 Portanto, lançá-la-ei num **leito de dores**, bem como em grande **tribulação** os que com ela adulteram, caso não se arrependam das obras que ela incita.
23 Ferirei de morte a seus filhos. Então todas as igrejas saberão que eu sou aquele que esquadrinha os rins e os **corações**, e darei a cada um de vós segundo as vossas obras.
24 Digo-vos, porém, a vós, os demais que estão em **Tiatira**, a todos *quantos não têm esta doutrina*, e não conheceram, como dizem, as **profundezas de Satanás**, que outra carga não porei sobre vós:
25 O que tendes, retende-o até que eu venha.
26 Ao que vencer, e guardar até o fim as minhas obras, *eu lhe darei autoridade sobre as nações*,
27 e com **vara de ferro** as regerá, quebrando-as como são quebrados os **vasos de oleiro**; assim como também recebi autoridade de meu Pai.
28 Também lhe darei a **estrela da manhã**.
29 Quem tem ouvidos, ouça o que o Espírito diz às igrejas.

TIATIRA

Toleras a Jezabel. Agora a falsa doutrina já está dentro da Igreja, e Jezabel faz com que se institucionalize, infiltrando o erro no serviço a Deus e, conseqüentemente, contaminando os servos de Deus.

O papado torna-se uma instituição da Igreja. Os papas se aliam para a guerra, humilham os reis e se apropriam de territórios com atributos de soberania. A "autoridade temporal e espiritual" nasce com o título de Sumo Pontífice. Sendo já os sumos sacerdotes da apostasia babilônica, incorporam seu erro — com obediência incondicional a Roma — e a massa fica bem levedada.

Seriam os extremos da depravação humana e moral à qual chegou a Igreja entre os anos 540 e 1514. Isso provocou as noventa e cinco teses de Lutero, opostas às corruptas indulgências, iniciando-se a idade de Sardes.

Quantos não têm esta doutrina. O Senhor tem sempre um povo, um remanescente para si. *O que tendes, retende-o até que eu venha.* Jesus virá para pedir contas, temos de estar preparados. *Tão-somente guarda-te a ti mesmo, e guarda bem a tua alma, para que não te esqueças das coisas que os teus olhos viram, e para que elas não se apartem do teu coração todos os dias da tua vida. Ensina-as aos teus filhos e aos filhos dos teus filhos.* (Dt 4:9)

Eu lhe darei autoridade sobre as nações. Quão grande é a obra para a qual nos está preparando o Senhor. *Autoridade sobre nações* indica que seremos gover-nantes juntamente com Cristo.

Capítulo 3

CARTA À IGREJA DE SARDES

1 Ao anjo da igreja de **Sardes** escreve: Isto diz o que tem os **sete espíritos de Deus**, e as **sete estrelas**. Conheço as tuas obras; *tens nome de que vives, mas estás morto*.

2 Sê vigilante, e confirma o restante, que estava para morrer, pois não tenho achado as tuas obras perfeitas diante do meu Deus.

3 Lembra-te, pois, do que recebeste e ouviste, e guarda-o, e arrepende-te. Mas se não vigiares, virei sobre ti como um **ladrão**, e não saberás a que **hora** sobre ti virei.

4 Mas também tens em **Sardes** algumas pessoas que não contaminaram as suas **vestes**, e comigo andarão **vestidas de branco**, pois são dignas.

5 O que vencer será vestido de **vestes brancas**. *De maneira nenhuma riscarei* o seu nome do **livro da vida**, mas confessarei o seu nome diante de meu Pai e diante dos seus anjos.

6 Quem tem ouvidos, ouça o que o Espírito diz às igrejas.

CARTA À IGREJA DE FILADÉLFIA

7 Ao anjo da igreja de **Filadélfia** escreve: Isto diz o que é santo, o que é **verdadeiro**, o que tem a **chave de Davi**. O que abre, e ninguém fecha, e fecha, e ninguém abre:

8 Conheço as tuas obras. Diante de ti pus uma **porta** aberta, que ninguém pode fechar. Sei que tens pouca força, entretanto guardaste a minha palavra e não negaste o meu nome.

9 Farei aos da **sinagoga de Satanás**, aos que se dizem judeus, e não o são, mas mentem, — farei que venham, e adorem prostrados a teus pés, e saibam que eu te amo.

Palavra celestiais para as igrejas

SARDES

Tens nome de que vives, mas estás morto. A igreja que tem nome de que vive, mas está morta. Esta condição de "vida morta" é uma característica predominante na Igreja tradicional protestante de hoje. Tem a boa doutrina, mas perdeu o Espírito.

Sardes representa a Igreja da Reforma. Lutero começou um movimento que não era possível deter, mas Satanás conseguiu destruir a Reforma, transformando o avivamento de seu início em vãs tradições. Sardes cobre o período desde 1517 até a época atual, em paralelo com as outras três igrejas: Tiatira, Filadélfia e Laodicéia.

De maneira nenhuma riscarei. A palavra profética nos chama constantemente à consagração. Devemos viver uma vida de santidade diante do Senhor para que Ele não apague nosso nome do livro da vida.

FILADÉLFIA

Não há queixa contra Filadélfia. O Senhor promete guardá-la da *hora da tribulação que há de vir sobre todo o mundo*.

Filadélfia representa a Igreja verdadeira, a que participará da primeira ressurreição, quando do arrebatamento da Igreja com Cristo nas nuvens.

Como cristãos, nossa meta deve ser fazer parte da igreja de Filadélfia. Se outra Igreja descrita por Jesus se parece mais com a nossa vida, temos de pedir que

Capítulo 3

Palavras celestiais para as igrejas

10 Visto que guardaste a palavra da minha perseverança, também eu te guardarei da **hora** da tribulação que há de vir sobre todo o mundo, para provar os que habitam sobre a terra.
11 Venho sem demora. Guarda o que tens, para que ninguém tome a tua **coroa**.
12 A quem vencer, eu o farei **coluna** no templo do meu Deus, de onde jamais sairá. *Escreverei sobre ele o nome do meu Deus*, e o nome da cidade do meu Deus, a nova Jerusalém, que desce do céu, da parte do meu Deus, e também o meu **novo nome**.
13 Quem tem ouvidos, ouça o que o Espírito diz às igrejas.

CARTA À IGREJA DE LAODICÉIA

14 Ao anjo da igreja de **Laodicéia** escreve: Isto diz o **Amém**, a **testemunha fiel e verdadeira**, o princípio da criação de Deus:
15 Conheço as tuas obras, que nem és **frio** nem **quente**. Quem dera fosses **frio** ou **quente**!
16 Assim, porque és **morno**, e não és **frio** nem **quente**, *vomitar-te-ei da minha boca*.
17 Dizes: Rico sou, e estou enriquecido, e de nada tenho falta. Mas não sabes que és um coitado, e miserável, e pobre, e cego, e **nu**.
18 Aconselho-te que de mim compres **ouro** refinado no **fogo**, para que te enriqueças; e **vestes brancas**, para que te vistas, e não seja manifesta a **vergonha** da tua nudez; e **colírio**, para ungires os teus olhos, a fim de que vejas.
19 *Eu repreendo e castigo a todos quantos amo*. Portanto, sê zeloso, e arrepende-te.
20 Eis que estou à **porta**, e bato. Se alguém ouvir a minha voz, e abrir a **porta**, entrarei em sua casa, e com ele cearei, e ele comigo.

Deus nos dê o poder do Espírito Santo para sermos vencedores e sair do meio dela. Se somos o mensageiro (*anjo*) daquela Igreja, devemos declarar isso e perseverar no caminho que o Senhor pede a seu povo que trilhe.

Escreverei sobre ele o nome do meu Deus. Quando alguém escreve seu nome sobre algo está declarando que aquilo lhe pertence. O coração de Deus demonstra seu desejo de nos tornar sua propriedade pessoal e nos reivindicar como tal.

LAODICÉIA

Está Igreja não tem nenhuma característica desejável. Tudo está errado. São fracos. Jesus declara: *Vomitar-te-ei da minha boca.*

Representa a Igreja do falso profeta, apóstata. Uma Igreja morna, desagradável, a pior coisa para o Senhor. Contudo, o Senhor Jesus reconhece seu amor: *"Eu repreendo e castigo a todos quantos amo".*

A realidade espiritual dessa Igreja era totalmente distinta do que eles criam. Pensavam ser ricos, mas eram pobres, e não somente pobres, mas também miseráveis, cegos e nus. Estavam descobertos diante do Rei. Sua vergonha se deixava ver claramente. Não nos deixemos enganar! Antes que seja tarde, examinemos nossa realidade espiritual. Não seria bom estarmos *nus* diante do Rei.

Capítulo 3

Palavras celestiais para as igrejas

21 Ao que vencer, *dar-lhe-ei assentar-se comigo no meu trono*, assim como eu venci, e me assentei com meu Pai no seu **trono**.

22 Quem tem ouvidos, ouça o que o Espírito diz às igrejas.

Capítulo 4

O TRONO NO CÉU

terra

1 *Depois destas coisas*, olhei, e vi que estava uma **porta** aberta no céu, e a primeira voz que ouvi, como de som de **trombeta** falando comigo, disse: Sobe para aqui, e te mostrarei as coisas que depois destas devem acontecer.

céu

2 Imediatamente fui arrebatado em espírito, e um **trono** estava posto no céu, e alguém assentado sobre o **trono**.

3 E o que estava assentado era, na aparência, semelhante a uma pedra de **jaspe** e de **sardônio**, e ao redor do **trono** havia um **arco-íris** semelhante, na aparência, à **esmeralda**.

4 Ao redor do **trono** também havia vinte e quatro tronos, e vi assentados sobre os tronos **vinte e quatro anciãos**, **vestidos de branco**, que tinham nas suas **cabeças** coroas de ouro.

5 Do **trono** saíam **relâmpagos**, vozes e **trovões**. Diante do **trono** ardiam **sete lâmpadas de fogo**, as quais são os **sete espíritos de Deus**.

6 Também havia diante do trono como que um **mar de vidro**, semelhante ao **cristal**, e ao redor do **trono**, um ao meio de cada lado, **quatro seres viventes** cheios de **olhos por diante e por detrás**.

7 O primeiro ser era semelhante a um **leão**, o segundo semelhante a um **touro [bezerro]**, o terceiro tinha o **rosto como de homem**, e o quarto era semelhante a uma **águia voando**.

Dar-lhe-ei assentar-se comigo no meu trono. Mesmo sendo uma igreja sem nenhuma coisa favorável, o Senhor lhes outorga uma esperança. Se prestamos contas espirituais a Deus (ou seja, se nos arrependemos dos nossos erros), não importa quão baixo temos chegado, haverá um trono para cada um que vencer.

[Termina a idade da Igreja]
ARREBATAMENTO
As que depois destas hão de acontecer
Apocalipse 4:1 - 22:21

Aqui iniciamos a última e a mais longa seção de Apocalipse. É também a mais complexa. O plano que apresentamos para esta seção poderá sofrer revisões à medida que nos aproximamos do *grande dia*.

No versículo 1, João diz *depois destas coisas*. Estas são palavras-chave para todo o estudo e não aceitamos deslocá-las, separando as porções que se iniciam com esta frase. Não separamos estes textos dos textos precedentes. Há comentários que colocam os textos do livro de Apocalipse sem respeitar este sistema. Em nosso caso, tomamos as palavras *depois destas coisas* em sentido cronológico. Há intérpretes que entendem que estas palavras indicam somente a ordem em que João viu as visões, e não a ordem em que acontecerão. Neste estudo nos apegamos ao significado literal desta frase para localizarmos a ordem dos eventos no livro de Apocalipse.

É claro que o capítulo 4 dá prosseguimento ao 3. Da mesma for-

Capítulo 4

Céu

8 Os **quatro seres viventes** tinham, cada um, **seis asas**, e ao redor, e por dentro, estavam cheios de olhos. Não descansam nem de dia nem de noite, dizendo: Santo, Santo, Santo é o Senhor Deus, o **Todo-poderoso**, aquele que era, e que é, e que há de vir.
9 Quando os **seres viventes** davam glória, honra e ações de graça ao que estava assentado sobre o **trono**, ao que vive para todo o sempre,
10 os **vinte e quatro anciãos** prostravam-se diante do que estava assentado sobre o **trono**, e adoravam ao que vive para todo o sempre, e *lançavam as suas coroas diante do trono*, dizendo:
11 Digno és, Senhor nosso e Deus nosso, de receber a glória, a honra e o poder, pois tu criaste todas as coisas, e por tua vontade existem e foram criadas.

Capítulo 5
O LIVRO SELADO E O CORDEIRO

1 Vi na **mão direita** do que estava assentado sobre o **trono** um **livro escrito por dentro e por fora**, selado com **sete selos**.
2 Vi também um anjo forte, bradando com grande voz: Quem é digno de abrir o **livro**, e de lhe romper os *selos*?
3 E ninguém no céu, nem na terra, nem debaixo da terra, podia abrir o **livro**, nem olhar para ele.
4 E eu chorava muito, porque *ninguém* fora achado *digno* de abrir o **livro**, nem de o ler, nem de olhar para ele.
5 Todavia um dos anciãos me disse: Não chores! Olha, o *Leão da tribo de Judá*, a raiz de Davi, venceu para abrir o **livro** e os seus **sete selos**.
6 Então vi, no meio do **trono** e dos **quatro seres viventes**, e entre os anciãos, em pé, um *Cordeiro*, como havendo sido morto, e tinha **sete chifres** e **sete**

ma que João foi arrebatado depois de ter visto as sete igrejas, que representam as sete idades da Igreja, nós seremos arrebatados como corpo de Cristo ao terminar o período da graça, antes da grande tribulação.

Lançavam as suas coroas diante do trono. Para que são as coroas? Qualquer coroa que ganhamos não nos pertence. Assim também vós, quando fizerdes tudo o que vos for mandado, dizei: Somos servos inúteis; fizemos somente o que devíamos fazer (Lc. 17:10).

Os eventos celestiais descritos nos capítulos 4 e 5 são acontecimentos que terão lugar no céu no início da grande tribulação e depois do arrebatamento da Igreja.

O Cordeiro é digno para voltar a tomar posse da terra, a favor do homem, como irmão mais velho.

O rolo (*livro*) podia ser o título da propriedade da possessão adquirida (Ef 1:14); os *selos* serão os juízos.

Ninguém... digno. Jesus, com seu sacrifício na cruz e havendo vivido em santidade como homem, é o único digno de abrir os selos do juízo. O homem não poderá queixar-se de que seu juiz não o entende, pois Cristo experimentou a tentação na própria carne.

Antes de ser *Leão*, ele teve de ser o *Cordeiro*. Como um Cordeiro inocente, Jesus deu sua vida. Venceu pela

Capítulo 5

céu

olhos, que são os **sete espíritos de Deus** enviados por toda a terra.

7 E veio e tomou o **livro da mão direita** do que estava assentado no **trono**.

8 Logo que tomou o **livro**, os **quatro seres viventes** e os **vinte e quatro anciãos** prostraram-se diante do **Cordeiro**, tendo todos eles uma *harpa* e **taças de ouro** cheias de **incenso**, que *são as orações dos santos*.

9 E cantavam um **novo cântico**, dizendo: Digno és de tomar o **livro**, e de abrir os seus **selos**, porque foste morto, e com o teu *sangue* compraste para Deus homens de toda **tribo**, e língua, e povo e nação.

10 Para o nosso Deus os fizeste reino e sacerdotes, e eles reinarão sobre a terra.

11 Então olhei, e ouvi a voz de muitos anjos ao redor do **trono**, e dos **seres viventes**, e dos anciãos; e o número deles era milhões de milhões e milhares de milhares,

12 proclamando com grande voz: Digno é o **Cordeiro**, que foi morto, de receber poder, e riqueza, e sabedoria, e força, e honra, e glória, e louvor.

13 Então ouvi a *toda criatura* que está no céu, e na terra, e debaixo da terra, e no mar, e a todas as coisas que neles há, dizerem: Ao que está assentado sobre o **trono**, e ao **Cordeiro**, seja o louvor, e a honra, e a glória, e o poder para todo o sempre.

14 E os **quatro seres viventes** diziam: **Amém**. E **os anciãos** prostraram-se e adoraram.

cruz. Somente pelo caminho doloroso da morte ele pôde ser REI (Fp 2:7-11).

Harpa. Instrumento musical mais mencionado no texto bíblico. Davi a tocou para trazer tranqüilidade nas recaídas do rei Saul. A harpa era considerada como um instrumento de realeza.

São as orações dos santos. Poucos crentes se dão conta de como são preciosas suas orações.

Com o teu sangue. Não têm faltado os que querem tirar o sangue do cristianismo. Atualmente, há pessoas que consideram que o sangue é somente uma "invenção grotesca" do pensamento masculino (veja-se Lição 23, seção 10.4) No entanto, o sangue de Jesus é a vida dele. Como Jesus é Deus, ao recebê-lo, participamos deste "sangue", que nos dá a mesma vida de Deus. Que privilégio o nosso de sermos cheios da própria vida de Deus, graças ao sacrifício de Jesus!

Toda criatura. Se divide em quatros grupos:
☐ No céu
☐ Na terra
☐ Debaixo da terra
☐ No mar

Os termos *"na terra"* e *"no mar"* incluem o meio físico em que vivemos. (É possível que, na mente dos primeiros leitores de Apocalipse, o termo *no mar* tenha relação com o mundo espiritual.) No entanto, estas quatros expressões são universais e falam de todos.

Capítulo 14
O CORDEIRO E SEUS REMIDOS NO MONTE SIÃO

céu

1 Então olhei, e vi o **Cordeiro** em pé sobre o **monte Sião**, e com ele **cento e quarenta e quatro mil**, que traziam *escrito na testa* o seu nome e o nome de seu Pai.
2 E ouvi uma voz do céu, como a **voz de muitas águas**, e como a voz de um grande trovão. A voz que ouvi era como de harpistas, que tocavam com as suas harpas.
3 E cantavam um cântico novo diante do **trono**, e diante dos **quatro seres viventes** e dos anciãos. Ninguém podia aprender aquele cântico, senão os cento e **quarenta e quatro mil** que *tinham sido comprados da terra*.
4 Estes são os que não se contaminaram com mulheres, pois são **virgens**. Estes são os *que seguem o Cordeiro* para onde quer que vai. Estes são os que dentre os homens foram comprados para ser as *primícias* para Deus e para o **Cordeiro**.
5 Na sua boca não se achou engano; são irrepreensíveis.

OS TRÊS ANJOS

céu
terra

6 Vi outro anjo voando pelo meio do céu, tendo um *evangelho eterno* para proclamar aos que habitam sobre a terra e a toda nação, e tribo, e língua, e povo,
7 dizendo com grande voz: Temei a Deus, e dai-lhe glória, porque é chegada a **hora do seu juízo**. E adorai aquele que fez o céu, a terra, o mar e as fontes das águas.
8 Um segundo anjo o seguiu, dizendo: Caiu, *caiu a grande Babilônia*, que a todas as nações deu a beber do vinho da ira da sua prostituição.

> **Início da tribulação**
>
> Os 144.000 são os que *seguem o Cordeiro* e já se encontram com Cristo no céu. Foram arrebatados com a Igreja na primeira ressurreição como *primícias*. Os 144.000 do capítulo 7 se encontram na terra para passar pela tribulação. Pensamos que são dois grupos distintos (veja-se página 115).
>
> Aos da Igreja de Filadélfia o Senhor prometeu escrever seu nome sobre eles. Estes 144.000 têm o nome *de seu Pai na testa*.
>
> São *redimidos*, indicando que haviam sido pecadores. Se não fossem pecadores, não teriam necessidade de ser redimidos.
>
> Procedem *da terra*. São gentios e possivelmente judeus também. Têm uma relação especial com o Senhor, assim como João e Daniel, que eram amados. Todos somos amados pelo Senhor, mas há um lugar especial para os que o buscam, entregando-se em seus braços. João pode ter-se colocado com os outros apóstolos, longe do Senhor, mas ele se pôs no braços do Salvador.
>
> Os três anjos pregam o *evangelho eterno* advertindo os moradores da terra que não recebam a marca da besta. Se os homens não crêem nos simples homens, Deus em sua misericórdia lhes enviará pregadores celestiais.
>
> *Caiu a grande Babilônia.* Palavras proféticas, falando das coisas que logo virão e serão.

DANIEL E APOCALIPSE: UM MANUAL DE ESTUDOS PROFÉTICOS

Capítulo 14

9 Seguiu-os ainda um terceiro anjo, dizendo com grande voz: Se alguém adorar a **besta**, e a sua **imagem**, e receber o sinal na sua **testa**, ou na sua mão, 10 também o tal beberá do vinho da ira de Deus, preparado, sem mistura, no **cálice** da sua ira. E será atormentado com **fogo e enxofre** diante dos santos anjos e diante do **Cordeiro**.
11 A **fumaça** do seu tormento sobe para todo o sempre. Não têm repouso nem de dia nem de noite os que adoram a **besta** e a sua **imagem**, e aquele que receber o **sinal do seu nome**.
12 Aqui está a perseverança dos santos, daqueles que guardam os mandamentos de Deus e a fé em Jesus.
13 Então ouvi uma voz do céu, que dizia: Escreve: Bem-aventurados os mortos que desde agora morrem no Senhor. Sim, diz o Espírito, descansarão dos seus trabalhos, pois as suas obras os acompanharão.

terra

Capítulo 11

AS DUAS TESTEMUNHAS

3 E darei poder às minhas **duas testemunhas**, e profetizarão por **mil duzentos e sessenta dias**, vestidas de **saco**.
4 Estas são as **duas oliveiras** e os **dois candeeiros** que estão diante do Senhor da terra.
5 Se alguém lhes quiser causar mal, das suas bocas sairá **fogo** e devorará os seus inimigos. Se alguém lhes quiser causar mal, importa que assim seja morto.
6 Estes homens têm poder para fechar o céu, para que não chova, nos dias da sua profecia; e têm poder sobre as **águas** para convertê-las em **sangue**, e para ferir a terra com toda a sorte de pragas, quantas vezes quiserem.

Os quatros primeiros selos, que também são conhecidos como os quatros cavalos, são comparáveis com o *princípio das dores* de que falou Jesus (Mt 24:8).

Os eventos que terão lugar até o início da tribulação *serão princípio das dores*, e então, como diz Jesus em Mateus 24:9, começará a tribulação. Logo, durante a segunda metade da tribulação de sete anos, haverá ... *grande aflição, como nunca houve desde o princípio do mundo até agora, nem haverá jamais*. É então incorreto pensar que *o princípio das dores* fala da tribulação em si. O *princípio das dores* será o período que o mundo viverá antes do rapto (arrebatamento) e da tribulação.

As duas testemunhas

As duas testemunhas profetizam durante a primeira metade da tribulação. Certos comentaristas, no entanto, ao contrário, dizem que a obra dessas testemunhas é para a segunda metade, tomando os eventos do capítulo 11 como sucessivos, e não em sentido parentético. O propósito da última parte da tribulação é o derramamento da ira de Deus, um período de pleno juízo. O ministério das testemunhas não corresponderia a este período de ira. A Bíblia explica que a besta as matará e será de grande alegria para os moradores da terra, tanto que trocarão presentes. Isto seria difícil se a terra estivesse sob os juízos descritos para o final da tribulação. Com a matança das testemunhas, na metade da tribulação, a besta poderá

ESTUDO CRONOLÓGICO DE APOCALIPSE

Capítulo 6
Os selos

céu

1 Vi quando o **Cordeiro** abriu um dos sete **selos**, e ouvi um dos **quatro seres viventes** dizer, como se fosse voz de trovão: Vem!
2 Olhei, e vi um **cavalo branco**. O seu cavaleiro tinha um **arco**, e foi-lhe dada uma **coroa**, e ele saiu vencendo, e para vencer.

terra

trevas

Capítulo 13
A besta que subiu do mar

1 E eu vi subir do **mar** *uma besta* que tinha **dez chifres**, e **sete cabeças**, e sobre os seus chifres **dez diademas**, e sobre as suas **cabeças** um nome de blasfêmia.

terra

Capítulo 6
Os selos (cont.)

3 Quando o Cordeiro abriu o segundo selo, ouvi o segundo ser vivente dizer: Vem!
4 Então saiu outro **cavalo, vermelho**. Ao seu cavaleiro foi dado tirar a paz da terra para que os homens se matassem uns aos outros. Também lhe foi dada uma grande **espada**.
5 Quando o Cordeiro abriu o terceiro **selo**, ouvi o terceiro ser vivente dizer: Vem! Olhei, e vi um **cavalo preto**. O seu cavaleiro tinha uma **balança** na mão.
6 E ouvi uma como que voz no meio dos **quatro seres viventes**, que dizia:

ganhar a confiança dos moradores da terra e consolidar seu poder (veja-se Lição 18, seção 5.2). Contudo, não podemos ser dogmáticos, e o leitor deverá localizar o texto na base de seu próprio estudo.

Os seis primeiros selos se estendem através da primeira metade da tribulação. O sétimo selo, por sua vez, é para a segunda metade.

Uma besta. Esta primeira besta se identifica com o personagem que geralmente se conhece como anticristo.

O anticristo se manifesta na terra no início da tribulação. Mas o tempo de seu reinado universal sobre a terra será nos últimos três anos e meio da tribulação. Durante estes primeiros anos só vai consolidar seu poder, estabelecendo-se como o *príncipe que há de vir* (Dn 9:26).

Os demais juízos, tanto de trombetas como de taças, estão incluídos dentro do sétimo selo.

Os juízos celestiais durante os primeiros três anos e meio são apenas os seis selos, o testemunho das duas testemunhas e os primeiros estragos relacionados com o aparecimento do anticristo; contudo, não são tão terríveis como os juízos dos últimos três anos e meio.

APÊNDICE 7

Capítulo 6 Uma medida de trigo por um denário, e três medidas de **cevada** *por um denário*, e **não danifiques o azeite e o vinho.**
7 Quando o Cordeiro abriu o quarto **selo**, ouvi a voz do quarto ser vivente, que dizia: Vem!
8 Olhei, e vi um **cavalo amarelo.** O seu cavaleiro chamava-se *Morte, e o Inferno o seguia.* Foi-lhes dado poder sobre a quarta parte da **terra** para matar com a **espada**, com a fome, com a peste e com as feras da terra.
9 Quando ele abriu o quinto **selo**, vi de-baixo do altar as almas dos que foram mortos por causa da palavra de Deus e *por causa do testemunho que deram.*
10 *E clamavam* com grande voz, dizendo: Até quando, ó **verdadeiro** e santo Soberano, não julgas e vingas o nosso sangue dos que habitam sobre a terra?
11 E foram dadas a cada um deles compridas **vestes brancas**, e foi-lhes dito que repousassem ainda por pouco tempo, *até que se completasse o número* de seus conservos e seus irmãos, que haviam de ser mortos, como também eles foram.
12 Olhei enquanto ele abria o sexto selo. Houve um grande **terremoto.** O **sol** tornou-se **negro** como **saco de cilício**, e a *lua tornou-se como sangue.*
13 As estrelas do céu caíram sobre a terra, como quando a **figueira**, sacudida por um **vento** forte, deixa cair os seus **figos** verdes.
14 O céu recolheu-se como um **pergaminho quando se enrola**, e todos os montes e ilhas foram removidos dos seus lugares.
15 *Os reis da terra, os grandes, os chefes militares, os ricos, os poderosos e todo escravo e todo livre* se esconderam nas **cavernas** e nos penhascos dos montes,
16 e diziam aos montes e aos roche-

Por um denário. Todo o soldo que ganha um obreiro em um dia de trabalho. O quadro pintado por este trecho está evidente no mundo atual. É um panorama de inflação e ruína econômica.

Este cavalo tem "bons" amigos. **Morte e o Inferno o seguiam** com poder sobre a quarta parte da terra.

Por causa do testemunho que deram. Se buscassem um crente para mártir, seria suficiente o testemunho de sua vida, amado leitor, para condená-lo pelo "crime" de ser cristão?

E clamavam. São os mártires que vão saindo da primeira parte da tribulação. Logo será completado o número dos santos pertencentes a esta parte da tribulação.

Até que se completasse o número. Ser mártir é um destino e um chamamento especial de Deus. Ele, desde já, tem contado o número.

Para maior estudo destes versículos cheios de termos simbólicos, veja-se Apêndice 6.

A lua tornou-se como sangue. Tem-se falado a respeito da ida do homem à lua. É mais acertado dizer que isto assinala a condição atmosférica, resultante dos juízos que hão de ser derramados.

Os reis da terra, os grandes, os... Estas palavras descrevem o sistema político do mundo, indicando que os juízos mencionados se derramam sobre a esfera das relações humanas.

A procedência destes juízos não

ESTUDO CRONOLÓGICO DE APOCALIPSE

Capítulo 6 — dos: Caí sobre nós, eescondei-nos do rosto daquele que está assentado sobre o **trono**, *e da ira do Cordeiro!*
17 Pois é vindo o grande dia da ira deles, e quem poderá subsistir?

Capítulo 7
Os 144.000 SELADOS

1 Depois destas coisas vi quatro anjos que estavam sobre os **quatro cantos** da terra, retendo os **quatro ventos da terra**, para que nenhum **vento** soprasse sobre a terra, nem sobre o mar, nem contra **árvore** alguma.

terra

2 Vi outro anjo subir **do lado do sol nascente**, tendo o selo do Deus vivo. Ele clamou com grande voz aos quatro anjos, a quem fora dado o poder de danificar a terra e o mar,
3 dizendo: Não danifiqueis a terra, nem o mar, nem as árvores, até que tenhamos **selado** nas suas **testas** os servos do nosso Deus.
4 E ouvi o número dos que foram **selados**, e eram **cento e quarenta e quatro mil**, de todas as tribos dos filhos de Israel.
5 Da tribo de Judá doze mil foram selados; da tribo de Rúben, doze mil; da tribo de Gade, doze mil;
6 da tribo de Aser, doze mil; da tribo de Naftali, doze mil; da tribo de Manassés, doze mil;
7 da tribo de Simeão, doze mil; da tribo de Levi, doze mil; da tribo de Issacar, doze mil;
8 da tribo de Zebulom, doze mil; da tribo de José, doze mil; da tribo de Benjamim, doze mil.

A VISÃO DOS MÁRTIRES NA GLÓRIA

céu

9 Depois destas coisas olhei, e vi *uma grande multidão*, que ninguém podia contar, de todas as nações, tribos, povos e línguas, que estavam em pé di-

é um mistério para os moradores da terra. Estes sabem que eles provêm da *ira do Cordeiro*. A mão de Deus estendeu-se contra eles.

> **Eventos relacionados com a metade da tribulação**

Deus, agora, para entrar nos últimos três anos e meio da tribulação, sela 144.000 judeus, 12.000 de cada tribo, para presenciar o evento. É comum dizer que isto corresponde ao início da tribulação; mas as palavras *depois destas coisas*, em Apocalipse 7:1, asseguram que trata-se de um evento que segue os seis primeiros selos do juízo.

Qual será a mensagem que os 144.000 judeus pregam? É tema de discussão, mas nos parece que declararão a procedência celestial dos juízos que atormentam os homens.

É importante dar-se conta que vários dos acontecimentos apresentados nesta seção, relacionados com a metade da tribulação, têm efeitos perduráveis através de todo o resto da tribulação.

Para maior informação acerca do selamento do remanescente de Israel, descrito nesta passagem, veja-se Lição 17, seção 3.1.

Uma grande multidão. Esta passagem comprova que, por causa de Cristo, muitos dos sacrificados e decapitados durante os primeiros três anos e meio da tribulação serão salvos.

Capítulo 7

ante do **trono** e perante o **Cordeiro**, trajando compridas **vestes brancas**, e com **palmas nas mãos**.
10 Clamavam com grande voz: Salvação ao nosso Deus, que está assentado no **trono**, e ao **Cordeiro**.

céu

11 Todos os anjos estavam em pé ao redor do **trono** e dos anciãos e dos **quatro seres viventes**, e prostraram-se diante do **trono** sobre seus rostos, e adoraram a Deus,
12 dizendo: Amém. Louvor, e glória, e sabedoria, e ação de graças, e honra, e poder, e força ao nosso Deus, para todo o sempre. Amém.
13 Então um dos anciãos me perguntou: Estes que estão **vestidos de branco**, quem são eles e de onde vieram?
14 Respondi-lhe: Senhor, tu o sabes. Disse-me ele: Estes são *os que vieram da grande* **tribulação**, *e lavaram as suas vestes e as branquearam no* **sangue do Cordeiro**.
15 Por isso estão diante do **trono** de Deus, e o servem de dia e de noite no seu templo; e aquele que está assentado sobre o **trono** estenderá o seu **tabernáculo** sobre eles.
16 Nunca mais terão fome; nunca mais terão sede. Nem **sol** nem calor algum cairá sobre eles.
17 Pois o **Cordeiro** que está no meio do **trono** os apascentará e os conduzirá às **fontes** das **águas da vida**. E Deus lhes enxugará dos olhos toda lágrima.

Capítulo 12

A MULHER E O DRAGÃO

terra

1 Viu-se um grande sinal no céu: uma **mulher vestida do sol**, tendo a **lua** debaixo dos pés, e uma **coroa** de **doze estrelas** sobre a cabeça.
2 Ela estava grávida e gritava com as dores de parto, sofrendo tormentos para dar à luz.

Os que recebem a Cristo durante a segunda metade da tribulação não ressuscitarão senão no fim do milênio. Estes serão salvos na segunda metade da tribulação por rejeitar a marca da besta. Reconhece-se que muitos serão exterminados por este motivo, mas uma grande quantidade sobreviverá para poder repovoar a terra durante o milênio.

Os que vieram da grande tribulação. Tão grande é a misericórdia do Senhor, que mesmo em meio ao juízo ele busca salvar o homem.

E lavaram as suas vestes e as branquearam no sangue do Cordeiro. O sangue parece não ser uma substância com poderes para embranquecer. Usa-se o sabão em pó para tirar as manchas de sangue e às vezes tal tarefa é impossível. Ao contrário, o sangue do Cordeiro pode embran-quecer o coração mais negro e sujo. Não há outro elemento que possa fazer esta transformação.

Em sentido cronológico, uma melhor colocação para os primeiros cinco versículos do capítulo 12 seria o início de Apocalipse. Relacionam-se com eventos no mundo espiritual antes e até o nascimento de Cristo. Deixamos estes versículos em sua colocação normal para nosso estudo cronológico, dada sua relação com o texto que se apresenta no capítulo 12.

Capítulo 12 3 Viu-se também outro sinal no céu: um grande **dragão vermelho**, que tinha **sete cabeças e dez chifres**, e sobre as suas **cabeças sete diademas**.

trevas

A terça parte das estrelas do céu. São os anjos caídos, demônios.

céu

4 A sua **cauda** levou após si *a terça parte das estrelas do céu*, e lançou-as sobre a terra. O *dragão* parou diante da *mulher* que estava prestes a dar à luz, para que, dando ela à luz, lhe devorasse o filho.

terra

O dragão é Satanás.
A mulher é Israel.

5 Ela deu à luz um *filho*, um *varão* que há de reger todas as nações com **vara de ferro**. E o seu filho foi arrebatado para Deus e para o seu **trono**.

O filho varão é Jesus.

6 A **mulher** fugiu para o *deserto*, onde já tinha lugar preparado por Deus para que ali fosse alimentada durante **mil duzentos e sessenta dias**.

Deserto. Muitos estudiosos relacionam este lugar com o sítio conhecido como Petra, no que atualmente é o país da Jordânia (veja-se Lição 19, seção 4).

céu

7 E houve guerra no céu: *Miguel* e os seus anjos batalhavam contra o **dragão**. E o dragão e os seus anjos batalhavam,

Miguel é o arcanjo que está do lado do povo de Israel (Dn 12:1)

trevas

8 mas não prevaleceram, nem mais o seu lugar se achou nos céus.

O dragão (Satanás) é lançado fora das esferas celestiais, para nunca mais voltar lá.

9 E foi precipitado o grande *dragão*, a **antiga serpente**, que se chama diabo e Satanás, que engana a todo o mundo. Ele foi precipitado na terra, e os seus anjos foram lançados com ele.

terra

O qual diante do nosso Deus os acusava de dia e de noite. Que trabalho mais odioso! Imagine, acusar dia e noite. Tem de ser uma obra laboriosa. Seguramente o diabo se esforça em extremo apresentando "evidências" contra os santos. Graças a Deus por nosso defensor e advogado, Jesus (1 Jo 2:1).

10 Então ouvi uma grande voz no céu, que dizia: Agora é chegada a salvação, e a força, e o reino do nosso Deus, e o poder do seu Cristo. Pois já o **acusador** de nossos irmãos foi lançado fora, *o qual diante do nosso Deus os acusava de dia e de noite.*

11 Eles o venceram pelo **sangue do Cordeiro** e pela palavra do seu testemunho; não amaram as suas vidas até a **morte**.

A Satanás resta pouco tempo. Virá então à terra com grande ira. Sua única "esperança" é organizar um exército para fazer guerra contra Jesus em sua segunda vinda. Essa batalha será a do Armagedom.

12 Pelo que alegrai-vos, ó céus, e vós que neles habitais. Ai dos que habitam na terra e no mar, porque o diabo des-

Capítulo 12 ceu a vós, e tem grande ira, sabendo que *pouco tempo* lhe resta.

trevas
terra

13 Quando o **dragão** se viu lançado na terra, perseguiu a **mulher** que dera à luz o **filho varão**.

14 E foram dadas à **mulher** as duas **asas** da grande *águia*, para que voasse até o **deserto**, ao seu lugar, onde é sustentada por um **tempo, e tempos, e metade de um tempo**, fora da vista da serpente.

15 Então a serpente lançou da sua boca, atrás da **mulher, água** como um *rio*, a fim de fazer com que ela fosse arrebatada pela corrente.

16 Mas a terra ajudou a **mulher**, abrindo a sua boca e engolindo o **rio** que o **dragão** lançara da sua boca.

17 Então o **dragão** irou-se contra a **mulher**, e foi fazer guerra aos *demais filhos dela*, os que guardam os mandamentos de Deus, e mantêm o testemunho de Jesus.

Deus arrebata Israel com **asas da grande águia** ao deserto. O plano de Deus para Israel e para os gentios é similar de muitas maneiras. Assim como Deus tira a Igreja da terra, tirará um remanescente de Israel para um lugar para ser protegido do dragão.

O *rio* mencionado possivelmente será um exército enviado pelo anticristo, o mesmo que será tragado pela terra. A cena é parecida com o êxodo de Israel do Egito.

Demais filhos dela. Aparentemente, fica um grupo de judeus salvos, crentes, disperso no mundo, que não será arrebatado ao deserto de Petra. A estes, o dragão faz *guerra*.

A metade da tribulação

Capítulo 13

trevas
terra

A BESTA QUE SUBIU DO MAR (CONT.)

2 A **besta** que vi era semelhante ao **leopardo**, e os seus **pés como os de urso**, e a sua boca como a de **leão**. O **dragão** deu-lhe o seu poder, o seu **trono** e grande autoridade.

3 Então *vi uma de suas cabeças* como **golpeada de morte**, mas a sua chaga mortal foi curada. Toda a terra se maravilhou, seguindo a **besta**,

4 e adoraram o **dragão** que deu à besta a sua autoridade, e adoraram a **besta**, dizendo: Quem é semelhante à **besta**? Quem poderá batalhar contra ela?

5 Foi-lhe dada uma boca para proferir arrogâncias e blasfêmias, e deu-se-lhe autoridade para continuar por **quarenta e dois meses**.

Agora sobrevirá a abominação desoladora de que falou o profeta Daniel e que o Senhor Jesus Cristo citou (Mt 24:15).

Desta maneira o anticristo imitará a morte e ressurreição do Senhor Jesus Cristo. A frase **uma de suas cabeças** relaciona-se estreitamente com Apocalipse 17:9-10. As sete cabeças da primeira besta hão de ser os sete impérios: Babilônia, Média, Pérsia, Grécia, Roma antiga, Roma presente, Roma nova. A primeira besta é o anticristo, chefe da última cabeça, Roma nova. A ferida de morte é, então, uma ferida mortal no próprio anticristo.

Capítulo 13
trevas
terra

6 E abriu a sua boca em blasfêmias contra Deus, *para blasfemar do seu nome,* e do seu **tabernáculo** e dos que habitam no céu.
7 Também *foi-lhe permitido fazer guerra aos santos, e vencê-los.* E deu-se-lhe poder sobre toda tribo, língua e nação.
8 E todos os que habitam sobre a terra a adorarão, esses cujos nomes não estão escritos no **livro da vida** do **Cordeiro** que foi morto desde a fundação do mundo.
9 Se alguém tem ouvidos, ouça.
10 Se alguém deve ir para o cativeiro, para o cativeiro irá. Se alguém deve ser morto à **espada,** necessário é que à **espada** seja morto. Nisto repousa a perseverança e a fidelidade dos santos.
11 Então vi subir da terra *outra besta,* e tinha **dois chifres** semelhantes aos de um cordeiro, mas falava como **dragão.**
12 Exercia toda a autoridade da **primeira besta** na sua presença, e fazia que a terra e os que nela habitavam adorassem a **primeira besta,** cuja chaga mortal fora curada.
13 E fez grandes sinais, de maneira que até **fogo** fazia descer do céu à terra, à vista dos homens.
14 Por causa dos sinais que lhe foi permitido fazer na presença da **besta,** enganava os que habitavam na terra, e dizia-lhes que fizessem uma **imagem** à **besta** que recebera a ferida da **espada** e vivia.

terra

15 Foi-lhe concedido também que desse fôlego à **imagem** da **besta,** para que ela falasse, e fizesse que fossem mortos todos os que não adorassem a imagem da besta.
16 E fez que a todos, **pequenos e grandes,** ricos e pobres, livres e escravos,

Blasfemar do seu nome. O anti-cristo falará da abundância do coração (Mt 12:34)
Milhões de crentes mortos já estão no céu com os redimidos. Aqueles que ficam na terra são poucos, na realidade. **Foi-lhe permitido fazer guerra aos santos, e vencê-los** são palavras que indicam que o anticristo terá êxito contra os santos da tribulação. No entanto, alguns crentes da tribulação sobreviverão à primeira parte da tribulação e entrarão na segunda metade. Conseguirão sobreviver a toda tribulação sem sofrer a morte por parte do anticristo ou por efeito dos mesmos juízos, e poderão desfrutar da vida milênial. Não terão as vantagens dos crentes de hoje. Não ressuscitarão em corpos incorruptíveis, pois sofrerão a morte durante o milênio, e não reinarão com Cristo. Mesmo assim, é muito pequeno o preço a pagar. Havendo tido a oportunidade de conhecer a Jesus durante a idade da graça, não o aceitaram; mas agora têm a oportunidade de viver com Jesus durante a eternidade.

A *outra besta* é um líder "espiritual", que faz as pessoas adorar a imagem da primeira besta. Muito se tem especulado se esta liderança corresponderá à do papa. Não podemos afirmar esta teoria, mas cremos que a Igreja apóstata dos últimos tempos receberá adeptos de outros grupos religiosos, tanto evangélicos como católicos. O papa há de ser um personagem importante entre eles. O que afir-

Capítulo 13

terra

lhes fosse posto um sinal na mão direita, ou na **testa**,

17 para que ninguém pudesse comprar ou vender, senão aquele que tivesse o **sinal, ou o nome da besta**, ou o número do seu nome.

18 Aqui há sabedoria. Aquele que tem entendimento, calcule o número da **besta**, pois é o **número de um homem**. O seu número é **seiscentos e sessenta e seis**.

Capítulo 11
AS DUAS TESTEMUNHAS (CONT.)

trevas
abismo

7 Quando acabarem o seu testemunho, a **besta** que sobe do **abismo** lhes fará guerra e os vencerá e matará.

Jerusalém

8 E os seus corpos jazerão na praça da grande cidade, que espiritualmente se chama **Sodoma e Egito**, onde o seu Senhor também foi crucificado.

9 Homens de vários povos, tribos, línguas e nações verão os seus corpos mortos por **três dias e meio**, e não permitirão que sejam sepultados.

terra

10 Os que habitam na terra se regozijarão sobre eles, e se alegrarão, e mandarão presentes uns aos outros, porque estes dois profetas tinham atormentado os que habitam sobre a terra.

11 Depois daqueles **três dias e meio** *o espírito de vida*, vindo de Deus, *entrou neles*, e puseram-se de pé, e caiu grande temor sobre os que os viram.

12 Então ouviram uma grande voz do céu, que lhes dizia: Subi para aqui. E subiram ao céu em uma **nuvem**, e os seus inimigos os viram.

13 Naquela mesma hora houve um grande **terremoto**, e caiu a **décima parte** da cidade. No **terremoto** foram mortos **sete mil homens**, e os demais ficaram atemorizados, e *deram glória ao Deus do céu*.

mamos é que o papado tem angariado para si títulos e honras destinados ao antigo culto apóstata babilônico. Na atualidade, o papa, talvez sem saber, atua como sumo pontífice do culto babilônico, e seus seguidores estão imersos em tão repugnante adoração. O catolicismo é a meretriz de hoje e se unirá com outros grupos religiosos — mesmo protestantes — os quais, como Sardes, têm nome de que vivem mas estão espiritualmente mortos.

O tormento infligido às duas testemunhas terá lugar durante toda a parte inicial da tribulação. Como opção do salvador (falso) para as massas desorientadas, a besta que sobe do abismo vencerá as testemunhas. Isto acontecerá ao mesmo tempo que esta besta rompe o pacto com Israel e comete abominação desoladora (veja-se Lição 11, seção 5).

O espírito de vida... entrou neles. Que surpresa para a besta! Seu esforço conseguiu certo êxito, no entanto eles são arrebatados para o céu. Pelo menos já não vão atormentar aos moradores da terra.

Deram glória ao Deus do céu, seria da mesma maneira que o fez Acã (Josué 7:19).

Capítulo 8

O SÉTIMO SELO E O INCENSÁRIO DE OURO

céu

1 Quando ele abriu o sétimo selo, fez-se silêncio no céu por cerca de **meia hora**.
2 E vi os sete anjos que estavam em pé diante de Deus, e lhes foram dadas **sete trombetas**.
3 Veio outro anjo, e pôs-se junto ao **altar**, tendo um **incensário de ouro**. Foi-lhe dado muito **incenso**, para oferecê-lo com as orações de todos os santos sobre o **altar** de **ouro**, que está diante do **trono**.
4 E da mão do anjo subiu diante de Deus a **fumaça** do **incenso** com as orações dos santos.
5 Então o anjo tomou o incensário, encheu-o do **fogo** do **altar** e o lançou sobre a terra; e houve **trovões**, vozes, **relâmpagos** e **terremotos**.

AS TROMBETAS

terra

6 Então os sete anjos que tinham as **sete trombetas** prepararam-se para tocar.
7 O primeiro anjo tocou a sua **trombeta**, e houve **saraiva** e **fogo** misturado com **sangue**, que foram lançados na terra. Foi queimada a terça parte da terra, a terça parte das árvores, e toda a **erva verde**.
8 O segundo anjo tocou a **trombeta**, e foi lançado no mar como que um grande monte ardendo em **fogo**, e tornou-se em **sangue** a terça parte do **mar**.
9 E morreu a terça parte das **criaturas viventes** que havia no **mar**, e foi destruída a terça parte dos **navios**.
10 O terceiro anjo tocou a sua **trombeta**, e caiu do céu uma grande **estrela**, ardendo como uma **tocha**, e caiu sobre a terça parte dos rios, e sobre as **fontes** das águas;
11 o nome da **estrela** era **Absinto**. A

Início da última parte da tribulação

Este selo, em si mesmo, é a segunda metade da tribulação.

A cena, ao entrar nesta última parte da tribulação, é a seguinte:
- A Igreja está no céu com Cristo.
- Os 144.000 judeus estão distribuídos sobre a terra dando testemunho de que os juízos sofridos pela terra provêm do céu.
- A mulher, Israel, foi arrebatada ao deserto.
- Há guerra contra os santos, que mesmo assim continuam convertendo-se.
- Os malvados se recusam a arrepender-se, blasfemam do nome de Deus. Sofrem os terríveis juízos de Deus.

Em nosso estudo optamos pelo plano de ação que coloca as sete trombetas dentro do sétimo selo e as sete taças dentro da sétima trombeta. As evidências para adotar este ponto de vista são:
- Apocalipse 8:1-2; as sete trombetas são dadas aos sete anjos como parte do sétimo selo.
- Apocalipse 11:19; como resultado da sétima trombeta, o templo celestial é aberto, lugar de onde são derramadas as sete taças da ira, Apocalipse 16:1.

Capítulo 8 — terça parte das águas tornou-se em absinto, e muitos homens morreram das águas, que se tornaram **amargas**.
12 O quarto anjo tocou a sua **trombeta**, e foi ferida a terça parte do sol, a terça parte da lua e a terça parte das estrelas, de modo que a terça parte deles se escureceu. A terça parte do dia não brilhou, e semelhantemente a da noite.
13 Enquanto eu olhava, ouvi uma águia que, voando pelo meio do céu, dizia com grande voz: **Ai, ai, ai** dos que habitam sobre a terra! por causa das outras vozes das **trombetas** dos três anjos que ainda vão tocar.

Há muitos comentários sobre os vários juízos. O estudante pode notar os comentários nas lições. Os eventos relacionados com os juízos estão expostos nas Lições 16-22.

Ai, ai, ai. As três últimas trombetas são os três ais.

Capítulo 9

1 O quinto anjo tocou a sua **trombeta**, e vi uma **estrela** que do céu caiu na terra. Foi-lhe dada a chave do **poço do abismo**.

trevas
abismo

2 E abriu o **poço do abismo**, e subiu **fumaça** do poço, como a **fumaça** de uma grande **fornalha**, e com a fumaça do poço escureceram-se o sol e o ar.
3 E da **fumaça** saíram **gafanhotos** sobre a terra, e foi-lhes dado poder, como o que têm os **escorpiões** da terra.

terra

4 Foi-lhes dito que não causassem dano à erva da terra, nem a **verdura** alguma, nem a árvore alguma, mas somente aos homens que não têm nas suas testas o selo de Deus.
5 Foi-lhes permitido, não que os matassem, mas que por **cinco meses** os atormentassem. E o seu tormento era semelhante ao tormento do escorpião, quando fere o homem.
6 Naqueles dias os homens buscarão a morte e não a acharão; desejarão morrer, mas a morte fugirá deles.
7 A aparência dos **gafanhotos** era semelhante à de cavalos aparelhados

Que terrível juízo! Querendo morrer, sem conseguir. Mas a morte para os malvados resultará num maior tormento.

Capítulo 9 para a guerra. Sobre as suas cabeças havia como que umas coroas semelhantes ao ouro, e os seus rostos eram como **rostos de homens**.

8 Tinham cabelos como **cabelos de mulheres**, e os seus **dentes** eram como os de leões.

9 Tinham **couraças** como **couraças** de **ferro**, e o ruído das suas **asas** era como o **ruído** de carros de muitos cavalos que correm ao combate.

10 Tinham caudas e **aguilhões** semelhantes às dos **escorpiões**, e nas suas caudas tinham poder para danificar os homens por **cinco meses**.

abismo 11 Tinham sobre si como rei o **anjo do abismo**, cujo nome em hebraico é **Abadom**, e em grego, **Apoliom**.

12 Passado é já um ai; depois disso
céu vêm ainda dois ais.

13 O sexto anjo tocou a sua **trombeta**, e ouvi uma voz que vinha das **quatro pontas do altar** de **ouro**, que estava diante de Deus,

14 a qual dizia ao sexto anjo, que tinha a **trombeta**: Solta os quatro anjos que estão presos junto ao grande **rio** Eufrates.

terra 15 E foram soltos os quatro anjos que estavam preparados *para aquela hora, e dia, e mês, e ano*, a fim de matarem a terça parte dos homens.

16 *O número dos exércitos dos cavaleiros era de duzentos milhões*. Eu ouvi o número deles.

17 E assim vi os **cavalos** nesta visão: os seus **cavaleiros** tinham **couraças** de **fogo**, e de **jacinto**, e de **enxofre**. As cabeças dos cavalos eram como **cabeças de leões**, e de suas bocas saíam **fogo, fumaça e enxofre**.

18 Por estas três pragas foi morta a terça parte dos homens, isto é, pelo **fogo**, pela **fumaça** e pelo **enxofre**, que saíam das suas bocas.

Alguns estudiosos argumentaram que os versículos 7-10 fazem uma descrição do helicóptero moderno. O autor não está de acordo, embora tal idéia represente um ponto de vista interessante.

Apoliom não é necessariamente o próprio Satanás. Pode ser um espírito malvado de alta posição.

Para aquela hora, e dia, e mês, e ano. Está determinado até o número de dias. Deus tem tudo contado.

O número dos exércitos dos cavaleiros era de duzentos milhões. Quando João escreveu estas palavras não era possível ter um exército tão grande.

Se nós somente pudéssemos ver com olhos espirituais, como estes seres demoníacos se mostrariam feios!

A terça parte dos homens. É grande a mortandade. O holocausto de Hitler é insignificante ao

Capítulo 9

19 O poder dos cavalos está na sua boca e nas suas caudas; pois as suas caudas eram semelhantes a **serpentes**, e tinham cabeças, e com elas causavam dano.
20 Os outros homens, que não foram mortos por estas pragas, *não se arrependeram das obras das suas mãos,* para deixarem de adorar aos demônios, e aos ídolos de **ouro**, de **prata**, de **bronze**, de **pedra** e de **madeira**, que não podem ver, nem ouvir, nem andar.
21 Nem se arrependeram dos seus homicídios, nem das suas feitiçarias, nem da sua prostituição, nem dos seus furtos.

Capítulo 10

O ANJO E O LIVRINHO

céu

terra

1 Vi *outro anjo forte* descendo do céu, vestido de uma **nuvem**. Por cima da sua cabeça estava o **arco-íris**; o seu rosto era como o **sol**, e os seus pés como colunas de **fogo**,
2 e tinha na mão um **livrinho** aberto. Pôs o seu pé direito sobre o **mar**, e o esquerdo sobre a terra,
3 e clamou com grande voz, como quando ruge o **leão**. Tendo clamado, os

terra

sete trovões fizeram soar as suas vozes.
4 E quando os **sete trovões** fizeram soar as suas vozes, eu ia escrevê-las; mas ouvi uma voz do céu, que dizia: Sela o que os **sete trovões** falaram, e não o escrevas.
5 Então o anjo que vi em pé sobre o **mar** e sobre a terra levantou a sua mão direita ao céu,
6 e jurou por Aquele que vive para todo o sempre, o qual criou o céu e o que nele há, e a terra e o que nela há, e o mar e o que nele há, que não haveria

terra

mais demora,
7 mas nos dias da voz do sétimo anjo,

ser comparado com o extermínio originado pelos juízos. Nem sequer podemos qualificar como um ensaio as matanças da Segunda Guerra Mundial comparadas à aniquilação em massa provocada pelos juízos.

Não se arrependeram das obras das suas mãos. Um tema relevante do livro de Apocalipse é a obstinação dos homens malvados, duros de coração e mente em trevas que, mesmo percebendo claramente os juízos de Deus, se recusam a arrepender-se. Nisto Deus comprova sua paciência e justiça.

Outro anjo forte. Este anjo pode ser o mesmo Senhor Jesus.

Os sete trovões fizeram soar suas vozes. O mistério dos trovões. *Sela o que os sete trovões falaram, e não o escrevas.* Deus não quis revelar-nos tudo. Nem podemos especular sobre o conteúdo dos trovões. São mais juízos? Representam uma reviravolta total na tribulação? Não sabemos, Deus não achou conveniente dizer-nos.

Não haveria mais demora. O tempo chega ao seu término para

Estudo cronológico de Apocalipse

Capítulo 10 quando ele estiver prestes a tocar a sua trombeta, se cumprirá o mistério de Deus, como anunciou aos profetas, seus servos.
8 Então a voz que eu do céu tinha ouvido tornou a falar comigo, e disse: Vai, e toma o **livrinho** aberto da mão do anjo que está em pé sobre o **mar** e sobre a terra.
9 Fui, pois, ao anjo, e lhe pedi que me desse o **livrinho**. Disse-me ele: Toma-o, e come-o. Ele fará amargo o teu ventre, mas na tua boca será **doce como mel**.
10 Tomei o **livrinho** da mão do anjo, e o comi. Na minha boca era doce como mel, mas tendo-o comido, o meu ventre ficou amargo.
11 Então foi-me dito: Importa que profetizes outra vez acerca de *muitos povos, nações, línguas e reis*.

Capítulo 11
As duas testemunhas
Jerusalém 1 Foi-me dada uma **cana** semelhante a uma vara, e foi-me dito: Levanta-te, *e mede o templo* de Deus, e o **altar**, e os que nele adoram.
2 Mas deixa o átrio que está fora do templo; não o meças, *porque foi dado aos gentios*. Estes pisarão a cidade santa por **quarenta e dois meses**.

Capítulo 11
14 É passado o segundo ai; *o terceiro ai cedo virá*.
céu A sétima trombeta
15 O sétimo anjo tocou a sua **trombeta**, e houve no céu grandes vozes, que diziam: Os reinos do mundo vieram a ser de nosso Senhor e do seu Cristo, e ele reinará para todo o sempre.
16 E os **vinte e quatro anciãos**, que estão assentados em seus tronos dian-

tudo. Mas, *vindo a plenitude dos tempos, Deus enviou seu Filho.* (Gl 4:4) Os dias que agora vivemos também chegarão ao seu término, Cristo vem logo.

A sétima trombeta contém os juízos das taças. Tudo se desvanece. A intensidade dos juízos se incrementa com o tempo. Quanto mais se aproxima o dia da grande manifestação do Cordeiro, mais veemente é o juízo.

Acerca de muitos povos, nações, línguas e reis. Os que dizem que os eventos do Apocalipse são espirituais e não terão efeito sobre o mundo em geral ignoram vários versículos que falam da universalidade do juízo.

Mede o templo. Indicando literalmente que haverá um templo.

Foi dado aos gentios. Assinalando que representa o tempo da segunda metade da tribulação.

O terceiro ai cedo virá. A sétima trombeta é o terceiro ai.
A sétima trombeta contém os juízos que restam: as sete taças da ira de Deus.

Apêndice 7

Capítulo 11 te de Deus, prostraram-se sobre seus rostos, e adoraram a Deus, 17 dizendo: Graças te damos, Senhor Deus **Todo-poderoso**, que és, e que eras, porque *tomaste o teu grande poder, e reinaste*.
18 Iraram-se as nações; então veio a tua ira, e o tempo de serem julgados os mortos, e o tempo de dares recompensa aos profetas, teus servos, e aos santos, e aos que temem o teu nome, a *pequenos* e a *grandes*, e o tempo de destruíres os que *destroem a terra*.
19 Abriu-se no céu o templo de Deus, e a arca da sua aliança foi vista no seu santuário. E houve **relâmpagos**, vozes e **trovões**, e **terremoto** e grande **chuva de pedras [granizo]**.

Em Apocalipse 4:10-11, os anciãos se prostrarão e adorarão a Deus pela obra de sua criação porque: *"Tomaste o teu grande poder, e reinaste"*.

O galardão que nos espera é seguro! Será para **pequenos** e **grandes**. A estatura física de nosso corpo mortal não tem nada que ver com nossa estatura espiritual. Deus não se agrada daqueles que ***destroem a terra***. O cristão deve ser um bom mordomo do que Deus lhe tem dado.

Capítulo 15

O CÂNTICO DE VITÓRIA

1 Vi no céu outro sinal, grande e admirável: sete anjos, que tinham as sete últimas pragas; porque nelas é consumada a ira de Deus.
2 E vi como que um **mar de vidro** misturado com **fogo**, *e os que tinham vencido a* **besta** *e a sua* **imagem** *e o número do seu nome*, estavam em pé junto ao **mar de vidro**. Tinham *as harpas de Deus*,
3 e cantavam *o cântico de Moisés*, servo de Deus, e o cântico do **Cordeiro**, dizendo: Grandes e maravilhosas são as tuas obras, ó Senhor Deus **Todo-poderoso**. Justos e verdadeiros são os teus caminhos, ó Rei dos séculos.
4 Quem não te temerá, ó Senhor, e não glorificará o teu nome? Pois só tu és santo. *Todas as nações virão, e se prostrarão diante de ti*, pois os teus juízos são manifestos.
5 Depois disto olhei, e abriu-se no céu o santuário do **tabernáculo** do testemunho,

Estas taças da ira se derramão desde o templo de Deus. Estão contidas dentro da sétima trombeta.

Os que tinham vencido a besta. É muito grande o grupo dos santos que alcançarão vitória sobre a besta.

Tinham as harpas de Deus. Vamos ter harpas no céu!

Eles, os que saíram da tribulação, *cantavam o cântico de Moisés*, assim como os filhos de Israel entoaram este cântico ao serem tirados do Egito (Êx 15).

Todas as nações virão, e se prostrarão diante de ti. Não serão algumas, mas todas as nações. No mundo tão mau, com a corrupção ao nosso redor, é muito difícil imaginar o dia em que todas as nações da terra estejam abertamente dispostas para servir a

Capítulo 15 6 e os sete anjos que tinham as sete pragas saíram do templo, vestidos de linho puro e resplandecente, e cingidos à altura do peito com cintos de ouro.

7 Um dos **quatro seres viventes** deu aos sete anjos sete **taças de ouro**, cheias da ira do Deus que vive para todo o sempre.

8 E o templo se encheu de *fumaça*, procedente da glória de Deus e do seu poder, e ninguém podia entrar no templo, enquanto não se consumassem as sete pragas dos sete anjos.

Capítulo 16
AS SETE ÚLTIMAS PRAGAS

1 Então ouvi, vinda do templo, uma grande voz que dizia aos sete anjos: Ide, e derramai sobre a terra *as sete taças da ira de Deus*.

2 O primeiro saiu e derramou a sua taça sobre a **terra**, e apareceu uma **chaga feia e dolorosa** nos *homens que tinham o sinal da besta* e que adoravam a sua **imagem**.

3 O segundo anjo derramou a sua taça no mar, que se tornou em **sangue** como de um morto, e morreram todos os seres viventes que estavam no mar.

4 O terceiro anjo derramou a sua taça nos rios e nas **fontes** das **águas**, e se tornaram em **sangue**.

5 Então ouvi o anjo das **águas** dizer: *Justo és tu*, ó Senhor, que és e que eras, o Santo, porque julgaste estas coisas;

6 porquanto derramaram o **sangue** de santos e de profetas, também tu lhes deste **sangue** a beber; são merecedores disto.

7 E ouvi uma voz do **altar** responder: Na verdade, ó Senhor Deus **Todo-poderoso**, verdadeiros e justos são os teus juízos.

8 O quarto anjo derramou a sua taça

Deus. Mas a palavra profética nos garante e sabemos que esse dia se aproxima inevitavelmente. Há pessoas com sua consciência cauterizada e tão cheias de ódio contra os caminhos de Deus que dizem preferir estar no inferno do que viver para o Senhor. Pois terão sua oportunidade! Que dirão depois de passar um dia no suplício das chamas eternas? Será tarde, pois já não poderão mudar sua decisão.

Fumaça é uma palavra que se relaciona com as "orações" e com "a glória". Será que nossas orações estão também relacionadas com a glória? Pensamos que sim.

Sete taças da ira de Deus. Com as taças da ira, segue incrementando-se a intensidade dos juízos.

O fato de que o profeta nos diz especificamente que a úlcera maligna vem sobre os **homens que** *tinham o sinal da besta* indica que ainda há pessoas que não tomaram a marca e tampouco foram mortas ou decapitadas por causa de Cristo. Serão muitos os que sobreviverão à tribulação.

Justo és tu. Parte da santidade do Senhor é seu justo juízo.

E seu reino se fez tenebroso. Os homens mordiam as suas línguas de dor.

Trevas que causam dor? Custa-nos imaginar essas terríveis trevas que provocam dor tão forte a ponto de as pessoas morderem suas línguas. Esta ilustração nos

Capítulo 16 sobre o **sol**, e foi-lhe permitido que abrasasse os homens com **fogo**.
9 Os homens foram abrasados com grande calor, e blasfemaram contra o nome de Deus, que tem poder sobre estas pragas, mas não se arrependeram para lhe darem glória.
10 O quinto anjo derramou a sua taça sobre o **trono** da **besta**, *e o seu reino se fez tenebroso. Os homens mordiam as suas línguas de dor,*
11 e por causa das suas dores, e por causa das suas chagas, *blasfemaram contra o Deus do céu,* e não se arrependeram das suas obras.
12 O sexto anjo derramou a sua taça sobre o grande **rio** Eufrates, e a sua **água** secou-se, para que se preparasse o caminho dos reis do Oriente.

trevas
13 Então vi *três espíritos imundos, semelhantes a rãs,* saírem da boca do **dragão**, da boca da **besta** e da boca do **falso profeta**.
14 São espíritos de demônios, que operam sinais, e vão ao encontro dos reis de todo o mundo, a fim de congregá-los para a batalha, naquele grande dia do Deus **Todo-poderoso**.

céu
15 Eis que venho como **ladrão**! *Bem-aventurado aquele que vigia* e guarda as suas vestes, para não andar **nu**, e não se veja a sua **vergonha**.

terra
Armagedom
16 Então congregaram os reis no lugar que em hebraico se chama *Armagedom*.

Capítulo 14

A VINDIMA DA TERRA

céu
14 Olhei, e vi uma **nuvem** branca, e assentado sobre a **nuvem** um semelhante a filho de homem, tendo na cabeça uma **coroa** de **ouro**, e na mão uma **foice afiada**.
15 Então outro anjo saiu do templo, clamando com grande voz ao

faz pensar que pode ser em sentido figurado, mas estamos inclinados a crer que é literal. As situações que virão sobre a terra na época do juízo serão como nenhuma outra perturbação experimentada pelo homem em toda a sua existência.

Novamente se enfatiza o tema da obstinação do homem. **Blasfemaram contra o Deus do céu.** Claramente, Deus comprova que estes malvados são merecedores de sua ira.

Três espíritos imundos, semelhantes a rãs. Da glória na qual Deus os criou, seu aspecto agora parece o mais repulsivo. O caminho da rebelião de Satanás sempre leva à ruína.

Bem-aventurado aquele que vigia. Esteja pronto! Jesus anuncia sua vinda. Agora não virá para nascer como um menino ou somente chegará até as nuvens, mas virá com grande poder e glória!

Vamos aproximando-nos do fim de tudo. Cristo vem com grande glória. O juízo de Armagedom no vale de Megido está por ocorrer.

Armagedom é um sucesso espantoso e o evento mais temido pelo homem que não conhece a Cristo. Para a Igreja será um momento glorioso.

Deus tem procurado em toda a

Capítulo 14	que estava assentado sobre a **nuvem**: Lança a tua foice e ceifa, porque é chegada a **hora** de ceifar, pois já a *seara da terra está madura*.	história prover ao homem um caminho de salvação. Com esse fim é que Cristo vem. Na época em que estamos vivendo há ainda uma sega para a salvação (Jo 4:35-36).
terra	16 E aquele que estava assentado sobre a **nuvem** meteu a sua foice à terra, e a terra foi ceifada.	Armagedom é o dia em que esta "sega para salvação" se converterá em uma sega para juízo.
céu	17 Outro anjo saiu do templo, que está no **céu**, o qual também tinha uma **foice afiada**.	***A seara da terra está madura.*** Possivelmente a seara representa os gentios, e as uvas, o Israel apóstata.
	18 Ainda outro anjo saiu do **altar**, o qual tinha poder sobre o **fogo**, e clamou com grande voz ao que tinha a **foice afiada**, dizendo: Lança a tua **foice afiada**, e vindima os cachos da **vinha** da terra, porque já as suas *uvas estão maduras*.	***Suas uvas estão maduras*** dá a entender que o juízo não virá antes do momento assinalado por Deus, pois tem de chegar ao ponto do amadurecimento.
terra	19 E o anjo meteu a sua foice à terra e colheu as **uvas** da **vinha** da terra, e lançou-as no grande **lagar** da ira de Deus.	***Saiu sangue... até aos freios dos cavalos.*** Um rio de sangue que subirá quase dois metros. Considerando a imensidade do vale de Megido, seria mais correto dizer que se formará um lago de sangue, com uma superfície superior a vinte e cinco quilômetros quadrados.
Armagedom	20 E o **lagar** foi pisado fora da cidade, *e saiu sangue* do **lagar** *até aos freios dos cavalos*, pelo espaço de **mil e seiscentos estádios**.	

Capítulo 19

O CAVALEIRO DO CAVALO BRANCO

terra	11 Vi o **céu aberto**, e apareceu um **cavalo branco**. O seu cavaleiro chama-se **Fiel e Verdadeiro**, e julga e peleja com justiça.	**A segunda vinda de Cristo**
	12 Os seus olhos eram como **chama de fogo**, *e sobre a sua cabeça havia muitos diademas*. Ele tinha um nome escrito, que ninguém sabia senão ele mesmo.	Cristo virá com seus santos para estabelecer seu reinado milenial! ***Sobre a sua cabeça havia muitos diademas.*** Eles lhes pertencem. Ninguém tinha de lhe entregar estes diademas. Em troca, em Apocalipse 6:2, ao anticristo *foi-lhe dada uma coroa*.
terra	13 Estava vestido com um manto salpicado de **sangue**, e o nome pelo qual se chama é o *VERBO DE DEUS*. 14 Seguiam-no os exércitos que estão no céu, em cavalos **brancos**, e vestidos de linho fino, branco e puro.	***VERBO.*** Esta palavra expressa o ser absoluto, eterno e fundamental de Jesus Cristo (Jo 1:1-14; 1 Jo 1:1). O VERBO foi o agente que efetuou a criação (Sl 33:6). No Novo Testamento, o termo é tradução da palavra grega "logos".

Capítulo 19

15 Da sua boca saía *uma espada afiada*, para ferir com ela as nações. Ele as regerá com **vara de ferro**. Ele mesmo é o que pisa o **lagar** do vinho do furor e da ira do Deus **Todo-poderoso**.

16 No manto, sobre a sua coxa tem escrito o nome: **REI DOS REIS, E SENHOR DOS SENHORES**.

17 Então vi um anjo *em pé no sol*, o qual clamou com grande voz a todas as **aves** que voavam pelo meio do céu: Vinde, e ajuntai-vos para a **ceia do grande Deus**,

Armagedom

18 para comerdes carnes de reis, carnes de **poderosos**, carnes de cavalos e seus **cavaleiros**, carnes de todos os homens, livres e escravos, **pequenos** e **grandes**.

terra

19 E vi a **besta**, e os reis da terra, e os seus exércitos *reunidos, para guerrearem* contra aquele que estava montado no cavalo, e o seu exército.

20 E a **besta** foi presa, e com ela o **falso profeta** que diante dela fizera os sinais com que enganou os que receberam o sinal da **besta**, e os que adoraram a sua **imagem**. *Estes dois foram lançados vivos no lago de fogo que arde com enxofre.*

Armagedom

21 Os demais foram mortos pela **espada** que saía da boca do cavaleiro, e todas *as aves* se fartaram das suas carnes.

Armagedom

Capítulo 16

AS SETE ÚLTIMAS PRAGAS

céu

17 O sétimo anjo derramou a sua taça no **ar**, e saiu grande voz do templo do céu, do **trono**, dizendo: *Está feito*.

terra

18 E houve **relâmpagos**, vozes, tro-

Uma espada afiada. Deve ser a mesma espada do Espírito (Ef 6:17).

Em pé no sol. É difícil imaginar a glória do Senhor em sua vinda. As descrições apresentadas vão além de nossa experiência sensorial e isto nos faz sentir incapazes de nos relacionar com acontecimentos tão extraordinários e de tão grande magnitude.

Reunidos, para guerrearem. Como será o engano demoníaco sobre estas pessoas que as leva a acreditar que poderiam pelejar contra Jesus e ganhar? Será que ainda o olham como se fosse um menino indefeso, ou para aquele que foi crucificado em mãos de homens malvados? Não temos a explicação, mas o que se vê claramente é que os homens que se reunirão em Megido estão totalmente sob o engano das potências infernais.

Estes dois foram lançados vivos... Receberão o merecido. Nós vencemos!

As aves que representavam o mal para a Palavra de Deus citadas nas parábolas do Senhor (Mt 13:4b) agora vêm para fazer a limpeza depois da grande batalha, em sujeição ao cumprimento da Palavra de Deus.

Está feito

É a primeira de duas ocasiões em que se utiliza esta frase em

Capítulo 16 — vões, e um grande **terremoto**, como nunca tinha havido desde que há homens sobre a terra, tal foi o terremoto, forte e grande.

Babilônia (Roma) — 19 A **grande cidade** fendeu-se em três partes, e as cidades das nações caíram. Deus se lembrou da grande Babilônia, para lhe dar o cálice do vinho da indignação da sua ira.

Capítulo 17
A MULHER MONTADA NUMA BESTA

céu — 1 Veio um dos sete anjos que tinham as sete taças, e me disse: Vem, mostrar-te-ei a condenação da *grande prostituta* que está assentada sobre muitas **águas**.

2 Com ela se prostituíram os reis da terra, e os que habitam na terra se embebedaram com o vinho da sua prostituição.

3 Então o anjo me levou em espírito a um **deserto**, e vi uma **mulher** montada numa **besta escarlate**,

trevas / terra — que estava cheia de nomes de blasfêmia, e que tinha **sete cabeças** e **dez chifres**.

4 A **mulher** estava vestida de **púrpura** e de **escarlate**, e adornada

trevas / terra — com **ouro**, pedras preciosas e **pérolas**. Tinha na mão um **cálice** de **ouro** cheio das abominações e da imundícia da sua prostituição.

5 E na sua **testa** estava escrito: Mistério, a grande **BABILÔNIA, A**

Babilônia (ROMA) — **MÃE DAS PROSTITUIÇÕES E DAS ABOMINAÇÕES DA TERRA.**

6 Vi que a **mulher** estava embriagada com o **sangue** dos santos e com o **sangue** das testemunhas de Jesus. Quando a vi, admirei-me com grande espanto.

Apocalipse. Desta vez, para finalizar a ira de Deus sobre a terra. Jesus já terá vindo. A sétima taça, que inclui o juízo da grande Babilônia, chega a ser um preâmbulo para instalar o reino de Cristo na terra.

Babilônia é muito mais que uma cidade (veja-se Lição 3, seção 5 e Lição 22, seção 10).

A mulher (**a grande meretriz**) é a Igreja apóstata. Aqui se apresenta em franca aliança com as bestas e o dragão. Tornou-se rica fazendo favores para seu amo protetor, que a carrega sobre seus ombros.

O capítulo 17 é parentético e abarca um período que se relaciona com a história do conceito de Babilônia. Os versículos 1-6 falam da Babilônia na atualidade. A Babilônia que mata os servos de Deus e veio atuando desde Babel faz-se mais forte e mais terrível quando está mais próxima do final.

Os versículos 7-18 descrevem a Babilônia durante a tribulação. É a Babilônia representando um sistema político-religioso.

O versículo 14 descreve o esforço de Babilônia contra o Cordeiro. Isto se relaciona com a sexta taça do Armagedom. A expressão *depois destas coisas* de Apocalipse 18:1 se cumpre no que será a destruição de Babilônia depois de tudo o que foi descrito no capítulo 17. Embora muitos dos eventos do capítulo 17 devam ser localizados em outros lugares do estudo cronológico, nós o deixamos aqui pela relação estreita que tem com o capítulo 18.

O capítulo 18 descreve a des-

Capítulo 17

Babilônia (ROMA)

Babilônia (ROMA)

7 Então o anjo me disse: Por que te admiras? Eu te direi o mistério da **mulher**, e da **besta** que a leva, a qual tem **sete cabeças e dez chifres**.
8 A **besta** que viste era e já não é, e subirá do **abismo**, e irá à sua destruição. Os que habitam na terra (cujos nomes não estão escritos no **livro da vida** desde a fundação do mundo) se admirarão, vendo a besta que **era e já não é, mas que virá**.
9 Aqui é necessário a mente que tem sabedoria. As **sete cabeças** são **sete montes**, sobre os quais a **mulher** está assentada.
10 São também sete reis. Cinco já caíram, um existe, o outro ainda não é chegado. Quando vier, convém que dure um pouco de tempo.
11 A **besta** que era e já não é, é o oitavo rei. Pertence aos sete, e vai à sua destruição.
12 Os **dez chifres** que viste são **dez reis** que ainda não receberam o reino, mas receberão a autoridade, como reis, por **uma hora**, juntamente com a besta.
13 Estes têm um mesmo intento, e entregarão o seu poder e autoridade à **besta**.
14 *Guerrearão contra o **Cordeiro**, e o **Cordeiro** os vencerá*, porque é o Senhor dos senhores e o Rei dos reis; vencerão também os que estão com ele, chamados eleitos, e fiéis.
15 Então o anjo me disse: As **águas** que viste, *onde se assenta a prostituta, são povos, multidões, nações e línguas*.
16 A **besta** e os **dez chifres** que viste são os que odiarão a prostituta,

truição da Babilônia (Roma, a cidade). Isto será imediatamente posterior ao Armagedom (a sexta taça) e finalizará a tribulação.

As prostitutas buscam a riqueza em troca dos favores que seus clientes pedem. Esta meretriz enriqueceu-se fazendo a seu amo (Satanás) os favores por ele solicitados. Estes correspondem a fornicações espirituais, introduzindo na igreja doutrinas e práticas daninhas, que conseguiram destruir a verdade do evangelho e a substituíram por mentiras (veja-se lição 22, seção 10.5).

Roma é identificada como a sede principal da apostasia.

Tradicionalmente, acredita-se que o último evento da grande tribulação seja o Armagedom, mas isto não corresponde à ordem dos juízos das taças. A sexta taça é Armagedom e a sétima é a destruição da Babilônia. Se a última taça segue a sexta, o último evento da tribulação será a destruição da Babilônia, continuando com as bodas do Cordeiro, depois do juízo das nações antes de entrar ao milênio.

Guerrearão contra o Cordeiro, e o Cordeiro os vencerá. A vitória do Cordeiro sem mancha é segura!

Onde se assenta a prostituta, são povos, multidões... A Igreja apóstata está e estará assentada em todas as nações. Não há uma potência que possa igualar-se à representação mundial que a Igreja

ESTUDO CRONOLÓGICO DE APOCALIPSE

Capítulo 17

e a tornarão desolada e nua, e comerão as suas carnes, e a queimarão no fogo.
17 Pois *Deus lhes pôs no coração o realizarem o intento dele,* concordando dar à **besta** o poder de reinar, até que se cumpram as palavras de Deus.
18 A **mulher** que viste é a **grande cidade** que **reina** sobre os reis da terra.

Capítulo 18
A QUEDA DE BABILÔNIA

céu
terra

1 Depois destas coisas vi descer do céu outro anjo que tinha grande autoridade, e a terra foi iluminada com o seu esplendor.
2 Ele clamou com poderosa voz: Caiu, caiu a grande **Babilônia**, e se tornou morada de demônios, e guarida de todo espírito imundo, e esconderijo de toda ave imunda e detestável.
3 Pois todas as nações beberam do vinho da ira da sua prostituição. Os reis da terra se *prostituíram com ela,* e os mercadores da terra se enriqueceram com a abundância da sua luxúria.
4 Ouvi outra voz do céu dizer: *Sai dela, povo meu,* para que não sejas participante dos seus pecados, para que não incorras nas suas pragas;
5 pois os seus pecados se acumularam até o céu, e Deus se lembrou das iniqüidades dela.
6 Tornai a dar-lhe como ela vos tem dado; retribuí-lhe em dobro conforme as suas obras. No **cálice** em que vos deu de beber, dai-lhe a ela em dobro.

céu
terra

terra
Babilônia

Romana mantém na atualidade.
Deus lhes pôs no coração o realizarem o intento dele. A meretriz será destruída pelos dez chifres que representam as dez nações européias que estão sob as ordens do próprio anticristo. Eles acabarão com a mulher da seguinte maneira:
❏ Irão odiá-la
❏ Irão deixá-la *desolada e nua*
❏ *Comerão suas carnes*
❏ *Irão queimá-la com fogo*
E tudo isso porque *Deus lhes pôs coração o realizarem o intento dele.* Em resumo, podemos dizer que Satanás não tolera nada que venha da religião, nem um culto que não esteja subordinado a todos os seus desejos. Costuma-se dizer que o diabo paga mal a seus devotos, e esta ação é a prova desse fato. A meretriz oferecia suas devoções religiosas para Satanás e nem assim pôde salvar-se de seu ódio.
Recordemos que Babilônia não é somente uma cidade, mas todo um conceito.

Se prostituíram com ela. Que significa a fornicação quando o termo refere-se a uma cidade? É a fornicação espiritual: a idolatria.
Sai dela, povo meu. Haverá pessoas que crêem e Deus lhes dará oportunidade de salvar-se de sua ira; contudo, essas palavras têm significado e importância muito além do evento profético. Também podem aplicar-se a nós mesmos e a todo o crente. Estamos no mundo, mas não podemos nos conformar com o mundo. Somos um povo santo e isto quer dizer separados para Ele.

DANIEL E APOCALIPSE: UM MANUAL DE ESTUDOS PROFÉTICOS

Capítulo 18

7 *Quanto ela se glorificou, e em luxúria esteve, foi-lhe outro tanto de tormento e pranto.* Diz em seu **coração**: Estou assentada como **rainha**, e não sou **viúva**, e de modo algum verei o pranto.

8 Portanto, num mesmo **dia** virão as suas pragas, a morte, e o pranto, e a fome. Será queimada no **fogo**, pois forte é o Senhor Deus que a julga.

9 Os reis da terra, que com ela se prostituíram e viveram em luxúria, sobre ela chorarão e prantearão, quando virem a **fumaça** do seu incêndio.

10 *E estando de longe pelo temor do tormento* dela, dirão: Ai! ai da **grande cidade**, **Babilônia**, a cidade forte! Numa só **hora** veio o teu juízo.

11 E, sobre ela, choram e lamentam os mercadores da terra, porque ninguém mais compra a sua mercadoria,

terra
Babilônia

12 *mercadoria de ouro, de prata, de pedras preciosas*, de pérolas, de linho fino, de púrpura, de seda e de escarlate; todo tipo de madeira odorífera, e todo objeto de marfim, de madeira preciosíssima, de bronze, de ferro e de mármore;

13 e canela, especiarias, perfume, mirra e incenso; e vinho, azeite, flor de farinha e trigo; e gado, ovelhas, cavalos e carros; e escravos, e até almas de homens.

14 *O fruto que a tua alma cobiçava foi-se de ti*. Todas as coisas delicadas e suntuosas foram-se de ti, e não mais as acharás.

15 Os mercadores destas coisas, *que com elas se enriqueceram*, ficarão de longe, pelo temor do tor-

Quanto ela se glorificou, e em luxúria esteve, foi-lhe outro tanto de tormento e pranto. É a lei espiritual da semeadura e da sega em ação. *Não vos enganeis: Deus não se deixa escarnecer. Tudo o que o homem semear, isso também ceifará* (Gl 6:7). Nem Satanás pode escapar da sujeição das leis divinas. Mesmo os demônios têm de dobrar-se ante a potestade das leis estabelecidas por Deus sobre todas as coisas.

E estando de longe pelo temor do tormento dela. Alguns comentaristas têm apresentado a possibilidade de que esta destruição sobrevenha pelo poder das armas nucleares. É verdade que algumas das descrições poderiam indicar algo assim como uma explosão atômica. Mas o que não podemos ignorar é que a demolição da Babilônia será por mão de Deus e não do homem.

Mercadoria de ouro, de prata, de pedras preciosas... Todas as riquezas deste mundo são passageiras. Que triste será aquele dia para os que confiaram na carne e nas riquezas temporais! O mais assombroso desta ruína é que ela acontece da noite para o dia, num instante. A calamidade, no caso da Babilônia, será repentina (veja-se comentário, Ap 18:19, **Numa só hora foi assolada!**)

O fruto que a tua alma cobiçava foi-se de ti. Quanto lutamos para alcançar o que nosso coração cobiça! Mas quando já conseguimos o que havíamos desejado ardentemente, logo o menosprezamos. Neste caso, os malvados da Babilônia ain-

Capítulo 18

terra
Babilônia

mento dela, chorando e lamentando:

16 Ai, ai da grande cidade, da que estava vestida de linho fino, de púrpura, de escarlate, e adornada com ouro, pedras preciosas e pérolas! *Numa só hora foram assoladas tantas riquezas!*

17 Todo piloto, e todo aquele que navega de navio, os marinheiros, e quantos negociam no mar, se puseram de longe.

18 E, contemplando a **fumaça** do seu incêndio, clamavam: *Que cidade é semelhante a esta grande cidade?*

19 E lançavam pó sobre as suas cabeças, e clamavam, chorando e lamentando: Ai, ai da **grande cidade!** na qual todos os que tinham navios no mar se enriqueceram à custa da sua opulência! *Numa só hora foi assolada!*

20 *Exulta sobre ela, ó céu! E vós, santos e apóstolos e profetas!* Deus contra ela vindicou a vossa causa.

21 Então um forte anjo levantou uma pedra qual uma grande mó, e lançou-a no mar, dizendo: Com igual ímpeto será lançada **Babilônia, a grande cidade**, e nunca mais será achada.

22 E em ti não se ouvirá mais a voz de harpistas, de músicos, de tocadores de flautas e de clarins, nem artífice de arte alguma se achará mais em ti. Em ti não mais se ouvirá ruído de mó.

23 A **luz** de candeia não mais brilhará em ti. A voz de noivo e de **noiva** não mais em ti se ouvirá. Os teus mercadores eram os **grandes** da terra. Todas as nações foram enganadas pelas tuas feitiçarias.

da não se haviam saciado. Ficaram somente com a cobiça.

Que com elas se enriqueceram. No sistema que opera entre os filhos da Babilônia, para subir um escalão é preciso que outro desça do posto que ocupa. Sempre se paga um preço. Não há nenhuma graça nem misericórdia. Somente se pode subir procurando a ruína de outro. No reino de Deus não é assim: o maior deve ser servo de todos.

Foram assoladas tantas riquezas. Quão inúteis serão as riquezas diante do fogo do juízo!

Que cidade é semelhante a esta grande cidade? Esta declaração mostra o mesmo espírito de Ninrode e a apostasia babilônica quando disseram *façamo-nos um nome*. A soberba e a altivez do homem têm de ser julgadas.

Numa só hora foi assolada! A referência destaca a obra soberana de Deus. Sob a "ordem" mundial que existia antes da queda do muro de Berlim não se concebia uma transformação do mapa político do mundo. No entanto, ela sobreveio da noite para o dia e em "uma hora". Um império como o da União Soviética desfez-se num momento. E agora vivemos numa suposta "Nova Ordem", com características vertiginosas. Estes fatos nos demonstram que a esfera política secular está pronta para a apresentação da besta.

Exulta sobre ela, ó céu! E vós, santos e apóstolos e profetas! A tristeza do mundo é alegria para os servos de Deus. Se você se entristece juntamente com o mundo,

Capítulo 18

> 24 E nela se achou o sangue dos profetas, e dos santos, e de todos os que foram mortos na terra.

Capítulo 16
A ÚLTIMA TAÇA DE IRA (CONT.)

céu

20 Todas as ilhas fugiram, e os montes não mais se acharam.

21 E sobre os homens caiu do céu uma grande **saraivada**, pedras que pesavam cerca de um talento. E os homens **blasfemaram contra Deus** por causa da praga da **chuva de pedra,** porque a sua praga era muito grande.

Capítulo 19
LOUVORES NO CÉU!

céu

1 Depois destas coisas, ouvi no céu como que uma grande voz de numerosa multidão, que dizia: Aleluia! A salvação e a glória e a honra e o poder pertencem ao nosso Deus,

2 pois verdadeiros e justos são os seus juízos. Julgou a **grande prostituta**, que havia corrompido a terra com a sua prostituição, e *das mãos dela vingou o sangue dos seus servos.*

3 E outra vez clamaram: Aleluia! E a **fumaça** dela sobe *para todo o sempre.*

4 Os **vinte e quatro anciãos**, e os **quatro seres viventes,** *prostraram-se* e adoraram a Deus, que está assentado no **trono**, dizendo: Amém. Aleluia!

5 Então saiu do **trono** uma voz, que dizia: *Louvai o nosso Deus, vós, todos os seus servos, e vós que o temeis, assim pequenos como grandes.*

não deve perguntar-se: estou de acordo com o mundo?

E nela se achou o sangue dos profetas, e dos santos. Em nosso estudo temos proposto que a cidade de Roma será a Babilônia moderna. Sob esta concepção, é interessante notar que o chão do coliseu de Roma está manchado de sangue dos mártires até o dia de hoje.

Fim da grande tribulação

Termina a tribulação e o reino é estabelecido. Agora estamos para entrar no milênio, o reinado de Cristo de mil anos sobre a terra.

E os homens blasfemaram contra Deus. Ainda seguem sem arrependimento, e assim, até o sepulcro do juízo, prosseguirão os perversos em sua atitude.

Babilônia é destruída!
ALELUIA!
ALELUIA! ALELUIA!
ALELUIA!

Das mãos dela vingou o sangue dos seus servos. Não temos de nos adiantar à vingança, pois Deus porá em ordem todas as contas melhor do que nós podemos fazê-lo.

Para todo o sempre. Aleluia! Dia e noite!

Prostraram-se. Prostrar-se é uma posição que demonstra atitude de humildade e reverência diante do Todo-Poderoso. A humilhação mais importante é a de um coração disposto e quebrantado diante do Senhor.

Capítulo 19 6 Também ouvi uma voz como a de uma grande multidão, como a **voz** de muitas **águas**, e como a voz de **fortes trovões**, que dizia: Aleluia! Pois já reina o Senhor nosso Deus, o **Todo-poderoso**.
7 Regozijemo-nos, e exultemos, e demos-lhe a glória! Pois *são chegadas as bodas* do Cordeiro, e já a sua **noiva** se aprontou.
8 Foi-lhe dado que se vestisse de **linho fino**, resplandecente e puro. O linho fino são os atos de justiça dos santos.

A CENA DAS BODAS DO CORDEIRO

terra

9 E disse-me: Escreve: Bem-aventurados aqueles que são *chamados* à ceia das **bodas do Cordeiro**. E disse-me ainda: Estas são as verdadeiras palavras de Deus.
10 Então me lancei a seus pés para adorá-lo, mas ele me disse: Olha, não faças isso! Sou conservo teu e de teus irmãos, que têm o testemunho de Jesus. Adora a Deus! Pois *o testemunho de Jesus é o espírito da profecia*.

Capítulo 20
OS MIL ANOS

céu
abismo

1 Então vi descer do céu um anjo que tinha a **chave do abismo** e uma grande **cadeia** na mão.
2 Ele prendeu o **dragão**, a **antiga serpente**, que é o diabo e Satanás, e o amarrou por mil anos.
3 Lançou-o no **abismo**, e ali o encerrou, e selou sobre ele, para que não enganasse mais as nações, até que os mil anos se completassem. Depois disto é necessário que seja solto, por um pouco de tempo.
4 Vi também tronos, e aos que se assentaram sobre eles foi-lhes dado o

terra

Louvai o nosso Deus... Como será para aquele que logo se cansa de adorar a Deus? Toda a eternidade para louvar e adorar ao Todo-poderoso! Aleluia!

As bodas do Cordeiro

São chegadas as bodas. A hora chegou, o noivo voltou da guerra. A vitória total e final foi consumada.

Será nossa vez de sermos *chamados* às bodas do Cordeiro. Andemos sabiamente para que, mesmo nestes dias maus, ninguém tire a nossa coroa.

O testemunho de Jesus é o espírito da profecia. É o testemunho mais seguro (2 Pe 1:19). Pedro explicou que havia visto com seus olhos e ouvido com seus ouvidos, mas era mais digno de confiança o que Deus havia dito mediante sua palavra profética.

Início do milênio

Começamos agora o milênio, o reinado de Cristo. O primeiro assunto a ser tratado ao iniciar-se o reinado de Jesus é a prisão do *dragão, a antiga serpente, que é o diabo e Satanás.* Quando o novo governo toma o comando, pede contas ao que saiu (derrotado) pelos crimes e atos cometidos contra o bem público. Para julgá-los, a primeira coisa a ser feita é cumprir a sanção legal da prisão dos líderes delinquentes.

Capítulo 20 poder de julgar. E vi as almas daqueles que foram degolados por causa do **testemunho de Jesus** e pela palavra de Deus, e que não adoraram a **besta**, nem a sua **imagem**, e não receberam o sinal na testa nem nas mãos. Reviveram, e reinaram com Cristo durante mil anos.

5 Mas os outros mortos não reviveram, até que os mil anos se completassem. Esta é a **primeira ressurreição**.

6 Bem-aventurado e santo aquele que tem parte na **primeira ressurreição**. Sobre estes não tem poder a **segunda morte**, mas serão sacerdotes de Deus e de Cristo, e reinarão com ele durante os mil anos.

7 Quando se completarem os mil anos, Satanás será solto da sua prisão,

8 e sairá a enganar as nações que estão nos **quatro cantos** da terra, **Gogue** e **Magogue**, cujo número é como a **areia** do **mar**, a fim de ajuntá-las para a batalha.

terra

abismo

9 Subiram sobre a **largura da terra**, e cercaram o arraial dos santos e a **cidade querida**. Mas desceu **fogo** do céu, e os consumiu.

10 E o diabo, que os enganava, foi lançado no lago de **fogo** e **enxofre**, onde estão a **besta** e o **falso profeta**. De dia e de noite serão atormentados para todo o sempre.

O JUÍZO FINAL E
O GRANDE TRONO BRANCO

lugar
desconhecido

11 Então vi um **grande trono branco**, e o que estava assentado sobre ele. Da presença dele fugiram a terra e o céu, e não se achou lugar para eles.

12 E vi os mortos, **grandes** e **pequenos**, que estavam diante do trono, e abriram-se *livros*. Abriu-se outro **livro**, que é o **da vida**. Os mortos foram jul-

São dois os grupos descritos aqui, os santos da tribulação e os crentes da Igreja:
❒ *Os degolados por causa do testemunho de Jesus*
❒ *Bem-aventurado e santo aquele que tem parte na primeira ressurreição*

A última frase do versículo 5 deveria ser parte do versículo 6. Cabe recordar que foi um comentarista, não João, quem fez a divisão dos capítulos e versículos. Embora sejam úteis, estas divisões não são inspiradas por Deus.

Fim do milênio
[Eventos relacionados com o fim do milênio]

Aqui termina a última guerra! Deus mesmo consumirá com fogo do céu os inimigos que vieram contra o acampamento dos santos.

Nós vencemos. Nosso inimigo é destinado ao castigo eterno. Quantas vezes Satanás pensava ter conseguido alguma vantagem, mas agora a derrota total o alcança inexoravelmente.

O último juízo

Livros podem ser os mesmos da Palavra de Deus, comparando as Santas Escrituras com as obras de cada um.

Esta é a segunda morte. A primeira morte é somente uma mu-

Capítulo 20 — gados pelas coisas que estavam escritas nos **livros**, segundo as suas obras.

13 O mar entregou os mortos que nele havia, e a **morte** e o além deram os mortos que neles havia, e foram julgados cada um segundo as suas obras.

lago de fogo — 14 Então a morte e o inferno foram lançados no lago de **fogo**. *Esta é a segunda morte.*

15 E todo aquele que não foi achado inscrito no **livro da vida**, foi lançado no lago de **fogo**.

Capítulo 21

O NOVO CÉU E A NOVA TERRA

novo céu — 1 Então vi um novo céu e uma nova terra, pois já o primeiro céu e a primeira terra passaram, e o mar já não existe.

nova terra — 2 Vi também a **cidade santa**, a **nova Jerusalém**, que de Deus descia do céu, ataviada como uma **noiva** para o seu **noivo**.

3 E ouvi uma grande voz, vinda do trono, que dizia: Agora o **tabernáculo** de Deus está com os homens. Deus habitará com eles, e eles serão o seu

nova terra — povo, e o próprio Deus estará com eles, e será o seu Deus.

4 Deus enxugará de seus olhos toda lágrima. Não haverá mais morte, nem pranto, nem clamor, nem dor, pois já as primeiras coisas são passadas.

5 E o que estava assentado no **trono** disse: Faço novas todas as coisas. E disse-me: Escreve, pois estas palavras são verdadeiras e fiéis.

6 Disse-me mais: *Está cumprido*. Eu sou o **Alfa e o Ômega**, o **princípio e o fim**. A quem tiver sede, de graça lhe darei da fonte da **água da vida**.

7 Quem vencer herdará todas as coisas, e eu serei seu Deus, e ele será meu filho.

dança de condição. A segunda morte é "fatal". A morte deste corpo de carne é somente uma transição para a condição eterna. A segunda morte é a entrega do homem malvado ao castigo da eternidade no lago de fogo.

> **A eternidade**

É notório que a noiva aqui é a própria cidade, a Nova Jerusalém. Nossa morada eterna. O autor não está muito seguro do porquê, pois tanto a Igreja quanto a santa cidade são conhecidas pelo mesmo termo. Possivelmente porque nós, como povo santo, devemos ser como um só povo ou cidade, bem unida e ligada entre si (veja-se o comentário de Ap 21:9: *Eu te mostrarei*, p. 246).

Todas as coisas que agora existem, até o próprio céu, são passageiras. Deus fará tudo novo. (Mt 5:18, 2 Pe 3:10-12)

> *Está cumprido.*

Apocalipse é um livro para ven-

Capítulo 21 — *abismo* — 8 Mas, quanto aos medrosos, e aos incrédulos, e aos abomináveis, e aos homicidas, e aos adúlteros, e aos feiticeiros, e aos idólatras, e a todos os mentirosos, a sua parte será no lago que arde com **fogo e enxofre**, que é a segunda morte.

cedores; não é destinado aos covardes, nem dirigido aos medrosos, tampouco para sustentar os temerosos. É para os que triunfaram, os que venceram pelo sangue do Cordeiro!

A NOVA JERUSALÉM

céu — 9 Então veio um dos sete anjos que tinham as sete taças cheias das últimas sete pragas, e me disse: Vem, mostrar-te-ei a **noiva**, a **esposa** do **Cordeiro**.

novo céu — 10 E levou-me em espírito a um grande e alto monte, e mostrou-me a **grande cidade**, a santa Jerusalém, que descia do céu, da parte de Deus.

nova terra — 11 Ela brilhava com a glória de Deus, e o seu brilho era semelhante a uma pedra preciosíssima, como o **jaspe cristalino**.

12 Tinha grande e alto muro com **doze portas**, e nas portas doze anjos, e nomes escritos sobre elas, que são os nomes das **doze tribos** dos filhos de Israel.

novo céu — 13 Do lado do oriente tinha três portas, do lado do norte três portas, do lado do sul três portas, do lado do poente três portas.

nova terra — 14 O muro da cidade tinha doze fundamentos, e neles estavam os nomes dos doze apóstolos do **Cordeiro**.

15 Aquele que falava comigo tinha uma **cana** de **ouro** para medir a cidade, e as suas portas, e o seu muro.

16 A cidade era quadrangular, o seu comprimento era igual à sua largura. Mediu a cidade com a cana e tinha ela *doze mil estádios de comprimento, e a largura e a altura eram iguais*.

17 Ele mediu o seu muro, e era de **cento e quarenta e quatro** côvados, segundo a medida de homem, que o anjo estava usando.

Mostrar-te-ei... a esposa do Cordeiro. E levou-me... e mostrou-me a grande cidade, a santa Jerusalém. A indicação destes versículos é que a Igreja e a Nova Jerusalém são uma só, de tal maneira que as resenhas da beleza da Nova Jerusalém são descrições da graça da desposada, a esposa do Cordeiro. Que contraste entre a Nova Jerusalém, a glória da Igreja, e Babilônia, a vanglória do homem apóstata. Em seu momento de maior glória e riqueza, esta Babilônia ainda seria muito pobre ao ser comparada com a Nova Jerusalém.

Doze mil estádios de comprimento, e a largura e a altura eram iguais. Muito se tem discutido quanto à forma da Nova Jerusalém. Será como um cubo ou como uma pirâmide? Com a descrição dada aqui não é possível responder definitivamente. Pensamos que poderia ser um cubo, mas o que mais podemos ressaltar é o seu tamanho. É imensa! Fazendo os cálculos correspondentes, tirando a metade do volume para as ruas de ouro, o trono de Deus, e coisas como estilo, ainda sobra mais que o dobro do espaço necessário mesmo se for entregue uma mansão celestial para cada pessoa que tenha vivido sobre a face da terra.

Capítulo 21 18 O muro era construído de **jaspe**, e a cidade era de **ouro** puro, semelhante a **vidro** límpido.
19 Os fundamentos do muro da cidade estavam adornados *de toda espécie de pedras preciosas*. O primeiro fundamento era de **jaspe**; o segundo, de **safira**; o terceiro, de **calcedônia**; o quarto, de esmeralda;
20 o quinto, de **sardônica**; o sexto, de sárdio; o sétimo, de **crisólito**; o oitavo, de **berilo**; o nono, de **topázio**; o décimo, de **crisópraso**; o décimo primeiro, de **jacinto**; o décimo segundo, de **ametista**.
21 As *doze portas* eram *doze pérolas*: cada uma das portas era uma só pérola. A **praça** da cidade era de **ouro** puro, como **vidro** transparente.
22 Nela não vi templo, porque o seu templo é o Senhor Deus **Todo-poderoso**, e o **Cordeiro**.
23 A cidade não necessita nem do **sol**, nem da **lua**, para que nela resplandeçam, pois a glória de Deus a ilumina, e o **Cordeiro** é a sua lâmpada.
24 *As nações andarão à sua luz*, e os reis da terra trarão para ela a sua glória e honra.

novo céu 25 As suas portas não se fecharão de dia, e **noite** ali não haverá
nova terra 26 E a ela trarão a glória e a honra das nações.
27 *E não entrará nela coisa alguma impura, nem o que pratica abominação ou mentira*, mas somente os que *estão inscritos no livro da vida do Cordeiro*.

Capítulo 22

1 Então me mostrou o rio da **água da vida**, claro como **cristal**, que procedia do **trono** de Deus e do **Cordeiro**.

De toda espécie de pedras preciosas. Além de ser uma descrição altamente simbólica (veja-se tabela de simbolismo, nomes e paralelismo no Apêndice 6), trata-se da descrição da beleza que deve alcançar a Igreja, a noiva de Cristo.

As doze portas eram doze pérolas. Tudo na Nova Jerusalém é caríssimo! E as portas, que são pérolas imensas sem preço, representam o que custou, para Jesus e para Deus, a nossa entrada na cidade celestial. Quando passamos por estas portas, temos de recordar o preço do sangue que nos comprou, resgatando-nos da vida de maldade, escravidão e do reino das trevas.

As nações andarão à sua luz. A salvação nacional. É um ensinamento que tem muitas verdades. Mas a salvação essencial é a salvação pessoal. É ter Jesus em nosso coração.

Não entrará nela coisa alguma impura, nem o que pratica abominação ou mentira. A entrada é restrita. *Impura*: que não foi lavada. *Abominação*: coisa aborrecível, detestável. *Mentira*: decepção perversa. Ao contrário, para os que *estão inscritos no livro da vida do Cordeiro* a entrada é ampla.

2 No meio da sua **praça**, em ambas as margens do **rio**, estava a *árvore da vida*, que produz **doze frutos**, dando seu **fruto** de mês em mês. E as **folhas** da **árvore** são para a cura das nações.
3 Ali nunca mais haverá **maldição**. Nela estará o **trono** de Deus e do **Cordeiro**, e os *seus servos o servirão*,
4 e verão a sua face, e na sua testa estará o seu nome.
5 Ali não haverá mais **noite**. Não necessitarão de luz de lâmpada, nem da luz do **sol**, pois o Senhor Deus os iluminará. E reinarão para todo o sempre.

Estava a árvore da vida. Pelo pecado do homem o caminho para a árvore da vida se fechou. Durante nossa estada eterna no céu, teremos livre acesso ao Paraíso perdido por Adão.

Seus servos o servirão. Este é o dever dos servos: servir. Às vezes pode parecer que os *servos* fazem tudo, menos servir. Quantos "servos de Deus" são mais bem conhecidos como "exploradores" de Deus? Cuidado, servo de Deus que está lendo esta admoestação! Você é um *servo* ou um "explorador"?

Capítulo 22

JESUS VEM

céu 6 Disse-me o anjo: Estas palavras são fiéis e verdadeiras. O Senhor, o Deus dos espíritos dos profetas, enviou o seu anjo para mostrar aos seus servos as coisas que *em breve hão de acontecer*.
7 Eis que cedo venho! Bem-aventurado aquele que *guarda* as palavras da profecia deste livro.

terra 8 Eu, João, sou quem ouviu e viu estas coisas. E, havendo-as ouvido e visto,
terra prostrei-me aos pés do anjo que me mostrava essas coisas, para adorá-lo.
9 Então ele me disse: *Olha, não faças isso!* Sou conservo teu e de teus irmãos, os profetas, e dos que guardam as palavras deste livro. Adora a Deus.
10 Disse-me ainda: Não seles as palavras da profecia deste livro, porque próximo está o tempo.
11 Quem é injusto, faça injustiça ainda; quem está sujo, suje-se ainda; quem é justo, faça justiça ainda; e quem é santo, santifique-se ainda.
12 Eis que *cedo* venho! A minha recom-

Epílogo

Todas estas coisas *em breve hão de acontecer.* Mostra que o relógio de Deus anda de forma muito diferente do nosso. Desde que foram escritas estas palavras por João, já se passaram quase 2.000 anos.

Guarda. Não são palavras para ser lidas e esquecidas, mas devem ser guardadas em nossos corações para o momento escolhido.

Olha, não faças isso! Podemos concluir pela declaração do anjo que os seres celestiais não receberão a glória que somente pertence a Deus. Dos demônios, a Bíblia diz claramente que eles buscam ser adorados (1 Co 10:20-21; 1 Tm 4:1). A atitude de João, causada pelo assombro que ele deve ter experimentado, mesmo não sendo correta, demonstra claramente que as revelações que ele recebeu provinham de Deus. Se fosse um espírito malvado tentando enganar o apóstolo com visões espantosas, ele não impediria sua adoração.

pensa está comigo, para dar a cada um segundo a sua obra.

13 Eu sou o **Alfa e o Ômega**, o primeiro e o último, o princípio e o fim.

14 Bem-aventurados aqueles que lavam as suas vestes [no sangue do Cordeiro] para que tenham direito à **árvore da vida**, e possam entrar na cidade pelas portas.

15 Ficarão de fora os **cães**, os feiticeiros, os adúlteros, os homicidas, os idólatras, e todo aquele que ama e pratica a mentira.

16 Eu, Jesus, enviei o meu anjo para vos testificar estas coisas às igrejas. Eu sou a **raiz e a geração de Davi**, a resplandecente estrela da manhã.

17 O *Espírito e a noiva* dizem: Vem. Quem ouve, diga: Vem. Quem tem sede, venha; e quem quiser, tome de graça da **água da vida**.

18 Eu advirto a todo aquele que ouvir as palavras da profecia deste livro: Se alguém lhes acrescentar alguma coisa, Deus lhe acrescentará as pragas que estão escritas neste livro.

19 E se alguém tirar quaisquer palavras do livro desta profecia, Deus lhe tirará a sua parte da árvore da vida, e da cidade santa, que estão escritas neste livro.

20 Aquele que dá testemunho destas coisas diz: Certamente cedo venho. Amém. Vem, Senhor Jesus.

21 A graça do Senhor Jesus seja com todos. Amém.

terra

Não podemos nos dar ao luxo de afastar de nossos corações a urgência da vinda de Jesus. Dois mil anos são segundos, são *cedo* no relógio de Deus, o que nos indica que a sua vinda está mais próxima do que nunca!

Cães. Prostitutos religiosos masculinos.[a]

O propósito da mensagem é para que todos digam: *Vem.* O Senhor quer que esta mensagem seja anunciada em todas as igrejas.

O Espírito e a noiva. Hoje, antes que venham os juízos terríveis de Deus sobre a terra, o Espírito Santo e a noiva (a Igreja) estão fazendo a convocação. Antes que seja muito tarde, temos de levar a mensagem até os confins do mundo, para que o pecador possa arrepender-se de seu mau caminho e convide Jesus — que está à porta e chama — a entrar em seu coração.

É a oração de todo o crente plenamente dedicado ao Senhor: *"Amém. Vem, Senhor Jesus".*

A graça do Senhor Jesus seja com todos. Amém. O novo pacto termina com uma bênção, o antigo com uma maldição (compare com Ml 4:6).

Tempo	As coisas que tens visto	As que são	As que depois destas hão de acontecer			
			ARREBATAMENTO	*A METADE DA TRIBULAÇÃO*	*FIM DA TRIBULAÇÃO*	
Céu	Cristo glorificado à destra de Deus Pai	Cristo glorificado à destra do Pai e no coração de cada crente	Os santos da Igreja chegam, procedentes da terra. É achado o Cordeiro digno para abrir os selos do juízo.	O Cordeiro vai desatando os selos. A multidão está vestida de roupas brancas adorando o Cordeiro. Todavia, há luta contra Satanás.	Os juízos agora vêm diretamente desde o templo celestial.	Terminado o milênio, vêm novo céu e nova terra. A Nova Jerusalém.
Terra	Apresentação de Cristo a João	A IDADE da Igreja. Sete períodos que cumprem as profecias de Ap 2-3 e Mt 13 dadas por Jesus	O anticristo se apresenta. Os homens gritam paz e segurança. Cristo vem para o seu povo nas NUVENS. **O arrebatamento!** Início da tribulação	Os efeitos dos selos vão-se manifestando. A mortandade se estende por toda a terra. Os homens blasfemam sem arrependimento.	Juízo sobre juízo. Os homens continuam blasfemando contra Deus. Não se arrependem. Continuam sofrendo o juízo.	Segunda vinda de Cristo. Destruição da Babilônia. O Armagedom. Começa o milênio
Domínio das trevas	Satanás, príncipe deste mundo, rei do abismo	Satanás domina o mundo das trevas e acusa os santos, de dia e de noite.	As duas bestas e o dragão saem das trevas para apresentar-se diante dos homens da terra.	Abundante atividade demoníaca projetando seus esforços sobre a terra.	Os demônios estão operando com toda a força sobre a terra. Lançados do céu, sabem que lhes resta pouco tempo.	Lago de fogo
Notas	O Cristo que se apresenta a João é agora um REI Imperial.	Vivemos este período atualmente (veja-se Lição 15 e Apêndice 2).	Com a saída da Igreja da terra, o diabo começa a agir livremente para impor seu governo de maldade.	Os anjos pregam a Palavra de Deus e muitos se arrependem, enfrentando a possibilidade iminente da morte. O número de mártires é de milhões.	Com a abominação desoladora, na metade da tribulação, por ação do anticristo, os juízos do céu aumentam sobremaneira.	Os blasfemos e pecadores estão no lago de fogo. Os santos, na Nova Jerusalém.

Apêndice 8

As profecias de Daniel e as setenta semanas

O estudo que segue está baseado na obra *O anticristo e o santuário*, de Tomás McCall e Zola Levitt.[a] Eles resumiram o ensinamento principal do livro *O príncipe que há de vir*, escrito por Robert Anderson há mais de um século.[b] Anderson foi um crente no Senhor Jesus Cristo e diretor da famosa "Scotland Yard", em Londres.

1. As profecias de Daniel

Daniel, como profeta, escreveu os eventos desde o ano 600 a.C. até o *fim* da história da humanidade sobre a terra. Temos o privilégio de poder examinar estas profecias de um ponto de vista muito adiantado. Muito do que para Daniel era profecia, para nós já é história. Daniel olhava para o futuro, nós podemos revisar os atos do passado.

Daniel predisse os seguintes eventos que historicamente já aconteceram na terra, mas que no início tinham apenas caráter profético:

☐ O fim do cativeiro babilônico
☐ A reconstrução de Jerusalém
☐ A primeira vinda do Messias
☐ A crucificação do Messias
☐ A destruição do segundo templo

Daniel profetizou vários eventos que ainda não se cumpriram. A lógica aconselha que, se as profecias relacionadas aos eventos passados se cumpriram, então as profecias não consumadas ainda, enunciadas pelo mesmo profeta, deverão concretizar-se como as primeiras.

2. Sete semanas e sessenta e duas semanas

Daniel nos narra: *Sabe e entende: desde a saída da ordem para restaurar e para edificar Jerusalém, até o Ungido, o Príncipe, sete semanas, e sessenta e duas semanas. As praças e as tranqueiras [muros] se reedificarão, mas em tempos angustiosos* (Dn 9:25).

Daniel expressou, desta maneira, que o Messias (o Ungido) viria sessenta e nove semanas depois de emitida a ordem para a reconstrução de Jerusalém. Considerando que ele fez esta declaração em 600 anos a.C., devemos valorizar sua importância.

Quando Daniel escreveu esta profecia, o povo judeu se encontrava cativo na Babilônia. Entre eles, poucos tinham alguma esperança de voltar a Jerusalém, menos ainda de imaginar que um dia voltariam para restaurar e edificar seus muros.

Dois séculos se passaram desde que Daniel profetizou a esse respeito. Muitos terão lido as palavras de Daniel e, possivelmente, não a entenderam, mas no ano 445 a.C. saiu o decreto real de Artaxerxes. Neemias recebeu permissão e comissionamento reais para cumprir em parte a profecia de Daniel. Não sabemos se Neemias compreendeu que estava cumprindo a palavra profetizada dois séculos antes.

A reconstrução se realizou em quarenta e nove anos, exatamente, e terminou no ano 396 a.C. Isto corresponde à primeira parte das sessenta e nove semanas, quer dizer, as primeiras sete semanas. (Para um estudo das razões pelas quais se interpreta a palavra "semana" como um período de sete anos, veja-se Lição 9, seção 3.)

Segundo o profeta, devido à tradição judaica, o ano tinha 360 dias. Isto se pode comprovar em Apocalipse 11:3, onde os três anos e meio da tribulação estão representados por 1.260 dias, o que é o mesmo que 1260 = 360 x 3 ½. Pelo exposto anteriormente, as *"sessenta e nove semanas"* representam 483 anos. Isto é, 483 = 69 x 7.

O decreto foi promulgado em 445 a.C. Se somarmos 483 anos, isto nos conduz justamente até a época de Jesus.

Segundo a obra clássica por nós já mencionada, *O príncipe que há de vir*, de Robert Anderson, Daniel predisse o dia da primeira vinda do Messias.

A seguir apresentamos um resumo das suposições de Anderson. A recapitulação nos demonstra a seriedade das profecias de Daniel.

3. Os cálculos de Anderson

3.1 A profecia

❏ Daniel profetizou que a vinda do Messias seria depois de 173.880 dias, após a ordem do rei Artaxerxes.
69 "*semanas*" = 483 anos (69 x 7)
483 anos x 360 dias (ano judaico profético) = 173.880 dias

3.2 A data do decreto

❏ Pode-se determinar que o dia do decreto foi 14 de março do ano 445 a.c. Neemias 2:1-6 nos diz que o decreto foi promulgado "*no mês de nisã, no vigésimo ano do rei Artaxerxes*". A evidência histórica e tradicional demonstra que o decreto devia ser fechado no primeiro dia de nisã, já que "o dia 1° de nisã inicia um novo ano na contagem do reino de reis e para os festivais" (MISHNA, tratado "Rosh Hashanah"). Os cálculos do Observatório Real de Greenwich (na Inglaterra), confirmam que o primeiro de nisã do ano 445 a.c. caiu em 14 de março.

3.3 A data da primeira vinda do Messias

❏ Anderson calcula que o dia preciso da primeira vinda do Messias foi 6 de abril do ano 32 d.C. Isto seria o dia da entrada triunfal de Jesus em Jerusalém. Naquele dia os judeus proclamaram a Jesus como seu rei. Assim se cumpriu a profecia de Zacarias 9:9. Por sua parte, Lucas 3:1,3 e 21 nos diz que João Batista e Jesus iniciaram seus ministérios no décimo quinto ano de Tibério César. O reinado de César começou no ano 14 d.C. Determina-se então que o Senhor Jesus começou seu ministério público no ano 29 d.C. Este ministério durou três anos até sua entrada triunfal. O resumo nos traz ao ano 32 d.C. João 12:1 diz que *seis dias antes da páscoa, Jesus chegou a Betânia,* nos arredores de Jerusalém. Segundo João 12:12, a entrada triunfal foi *no dia seguinte.* A páscoa dos judeus se celebra sempre na mesma data, dia 14 de nisã. O Observatório Real de Greenwich calculou que isto aconteceu numa quinta-feira, 10 de abril do ano 32 d.C.

Então o Senhor veio a Betânia na sexta-feira, 4 de abril (seis dias antes da páscoa). Jesus participou de uma ceia sabática com Lázaro em Betânia. O *dia seguinte* não foi sábado, porque ainda era o dia de repouso, sendo este o motivo pelo qual seria impossível efetuar a entrada triunfal. Tudo isto demonstra que o Senhor fez sua entrada triunfal em Jerusalém no domingo, 6 de abril do ano 32 d.C.

4. Resumo

☐ Daniel profetizou que havia 173.880 dias entre a publicação do decreto de Artaxerxes e a vinda do Messias.
☐ O decreto foi publicado no dia 14 de março do ano 445 a.C.
☐ O Messias veio oficialmente no dia 6 de abril do ano 32 d.C.

Segundo Anderson, todo o anterior indica que haviam passado 173.880 dias entre a saída da ordem e a primeira vinda do Messias. Comprovamos que este número de dias é verdade. Verificaremos a exatidão da profecia de Daniel.

5. Comprovação

Entre os dias 14 de março de 445 a.C. e 6 de abril do ano 32 d.C. há 477 anos e 24 dias. É necessário reduzir a conta em um ano porque entre o ano 1 a.C. ao ano 1 d.C. há somente um ano. Isto nos deixa 476 anos, mais 24 dias. O produto de 476 anos x 365 dias (do calendário gregoriano) resulta em 173.740 dias. A isto somamos os 24 dias adicionais, chegando a conta aos 173.764 dias.

Ainda faltam dias. Estes podem achar-se nos anos bissextos do calendário gregoriano. A cada quatro anos há um ano bissexto. Durante o período dos 476 houve 119 anos bissextos. Acrescentando os 119 dias suplementares:

$$173.764$$
$$+ 119$$
$$\overline{}$$
$$173.883 \text{ dias}$$

Agora nos sobram dias. Isto se explica pela diferença entre nosso ano gregoriano e o ano solar. Nosso ano é a 128ª parte de um dia maior que o verdadeiro ano solar. Isto porque sobra um ano bissexto a cada 128 anos. No período dos 483 anos, sobram três anos bissextos. Devemos retirar um dia para cada ano bissexto:

$$\begin{array}{r} 173.883 \\ -3 \\ \hline 173.880 \text{ dias} \end{array}$$

Tudo isto demonstra que Daniel profetizou até o dia exato da data da primeira vinda do Salvador. Quem quer que tivesse captado o significado destas profecias, provenientes de Deus, poderia ter determinado em que dia se apresentaria o Messias.

Nosso estudo enfatiza a exatidão e veracidade do profeta Daniel. Este resultado nos torna conscientes de que as profecias que faltam realizar-se hão de se cumprir com toda exatidão.

O esquema seguinte foi adaptado com base nos trabalhos de Sir Robert Anderson, J. Alva McClain e Harold W. Hoehner.[a]

"SETENTA SEMANAS ESTÃO DETERMINADAS SOBRE O TEU POVO, E SOBRE A TUA SANTA CIDADE"

"Desde a saída da ordem para restaurar e para edificar Jerusalém"......... até ....

Daniel 9:24
"O Ungido, o Príncipe."

"SETE SEMANAS" e "SESSENTA E DUAS SEMANAS"
69 x 7 x 360 = 173.880 dias

Neemias 2:1-8
"ano 20 de Artaxerxes, mês nisã" - dia primeiro
= 14 de março, 444 a.C.

Lucas 19:28-40
6 de abril, 33 d.C
A entrada triunfal
Zacarias 9:9

14 de março, 444 A.C. + 173.880 dias = 6 de abril, 33 d.C.
VERIFICAÇÃO
444 A.C. a 33 d.C. = 476 anos
(Desde 1 a.C. até 1 d.C. = 1 ano)

476 x 365	= 173.740 dias
Acrescentando-se os anos bissextos	= 119 dias
Acrescentando-se 14 de março a 6 de abril	= 24 dias
	173.883 dias
Retirando-se por erro no calendário gregoriano	3 dias
	173.880 dias

Nota: Em estudos posteriores, Harold W. Hoehner verificou um erro de 10 dias nos cálculos do Observatório Real de Greenwich. As datas deviam ser 14 de março (para a saída do decreto do rei Artaxerxes) e 29 de março (para a entrada triunfal de Jesus). Isto não influi na conta total dos 173.880 dias.

Apêndice 9

Resumo da escatologia

Agradecemos ao professor bíblico Terry King por nos permitir utilizar a seguinte adaptação de seu ensaio, que apresenta os elementos fundamentais da escatologia, proveniente de sua obra *Doutrina cristã*.[a]

1. Escatologia pessoal: Enfrentando a morte

- ☐ Em algum momento todos morrerão.   Gn 3:19
- ☐ Há três tipos de morte: Hb 9:27
  - ➡ **A morte física.** A vida deixa de existir no   Ec 12:7
    corpo e o ser interior se separa do corpo. Ao   Tg 2:26
    falar da morte física, não estamos dizendo   Mt 10:28
    que a vida deixa de existir, mas que passa por
    uma mudança.
  - ➡ **A morte espiritual.** É a separação da pessoa   Ef 2:1-2
    de Deus. Neste estado encontra-se a pessoa   1 Co 2:14
    não-crente, sem ter uma relação com Deus e
    sem conhecer sua presença. Tampouco sente a
    presença do Espírito Santo.
  - ➡ **A morte eterna (a segunda morte).** Estado   Ap 21:8
    final de separação eterna de Deus para a   Ez 18:4
    pessoa que vive em um estado pecaminoso.   Ap 20:6
- ☐ A morte é um inimigo do homem:
  - ➡ Para o homem perdido, um inimigo que deve
    temer
  - ➡ Para o crente, um inimigo para derrotar
- ☐ O que acontece depois da morte?   1 Co 15:26
  As pessoas dormem? São purificadas?   1 Co 15:55-57;
  Teorias concernentes ao estado intermediário   Hb 2:14-15
  e a realidade:
  - ➡ **Purgatório.** Segundo este falso ensino, purgatório é um lugar de limpeza e perdão. Este

engano rejeitamos porque:
- Não tem apoio na Bíblia e é também contrário a seus ensinamentos. — Gl 3:1-14; Gn 2:8-9
- Nega a obra completa de Cristo na cruz.
- Não somos salvos pelas obras, mas pela graça de Deus.

A realidade bíblica.
- Há uma separação temporal do corpo e da alma entre a morte e a ressurreição.
- O corpo físico volta à terra. — Gn 3:19
- O espírito e a alma do ímpio vão ao inferno para o juízo. — Lc 16:23
- Os ímpios serão castigados, por causa de sua rebelião, com a condenação eterna. — Ap 20:11-15; 21:8
- O crente que morre antes da segunda vinda de Cristo irá espiritualmente a sua presença. — 2 Co 5:8; Fp 1:23
- Os crentes que permanecerem até quando Cristo regressar serão transformados! — 1 Jo 3:2; 1 Co 15:51-52

Crentes	Atualmente	Quando Cristo voltar
Crentes que morrem antes da vinda de Cristo	Seus corpos estão em um sepulcro e seus espíritos estão com Cristo	Seus espíritos virão com Jesus até as nuvens para reunir-se com seus corpos
Crentes que estarão vivendo quando Cristo regressar	Vivendo com Cristo	Seus corpos serão transformados para reunir-se com Cristo nos ares

2. Escatologia universal

A escatologia não somente tem um impacto sobre o indivíduo, mas também sobre o mundo inteiro. Agora veremos os eventos do porvir levando em conta Israel, a Igreja e o mundo.

2.1 Israel e os eventos futuros

Olhar para Israel é muito importante para entender o plano de Deus para o futuro (1 Rs 4:25; Mc 13:28-31).
- ☐ Israel é claramente o povo escolhido de Deus (veja-se a tabela seguinte, página 261).
- ☐ O método que se utiliza para interpretar o lugar de Israel na

profecia causará um impacto importante sobre a interpretação de outros eventos descritos nas Escrituras.

➧ Se espiritualizamos Israel, dizendo que é a Igreja, então teremos de espiritualizar muitos acontecimentos futuros.

➧ Nós preferimos a interpretação literal. Israel é a nação literal de Israel.

Em referência a Israel e aos eventos do porvir, vale primeiro examinar sua história e suas promessas através do Antigo Testamento.

Nascimento de uma nação: Desde Abraão até Davi	Deus chama a Abraão, prometendo uma poderosa nação	Gn 12:1-3,7; 13:14-16
	A promessa se renova a Isaque	Gn 17:19
	A promessa se renova a Jacó	Gn 28:13-14
	Deus muda o nome de Jacó para Israel	Gn 32:28
	A promessa se renova a Moisés	Êx 3:6-8
	A promessa se renova a Josué	Js 1:1-3
	O povo rejeita Deus como Rei	1 Sm 8:6-8
	A promessa se renova a Davi	2 Sm 7:16-17
Israel se aparta dos caminhos de Deus	O reino se divide	1 Rs 11:16,11-13
	Samaria (Israel) é capturada	2 Rs 17:6
	Jerusalém (Judá) é capturada	2 Rs 24:2

Depois de setenta anos de cativeiro, foi permitido aos judeus voltar a seu país (veja-se Esdras). Durante as próximas centenas de anos perduraram diversas vicissitudes até que os invasores romanos os conquistaram. Tudo isto lhes sobreveio por causa de sua rebelião e idolatria.

Desde Salomão até a diáspora	A promessa se renova para Cristo	Lc 1:31-33
	Os gentios são feitos participantes da promessa	Rm 11:1,17-18, 25-27
	Jerusalém é destruída no ano 70 d.C. e os judeus são dispersos	Dt 28:63-64
Atualmente: Renascimento da nação de Israel até a segunda vinda	Israel volta a renascer como nação no dia 14 de maio de 1948	Is 11:12
		Jr 16:14-15
		Am 9:14-15
	Israel luta para sobreviver: 1948, 1969, 1973	

Futuro: Período da tribulação	Israel é cercada por nações inimigas.	Zc 14:1-9
	Israel busca a Cristo como seu Messias:	Zc 13:8-9
	Armagedom	Ap 19:11 - 20:6
	Cristo reina 1.000 anos	Mq 4:3-7; Is 11:1-6

Com base nas profecias, podemos concluir que um dia Israel se arrependerá e reconhecerá a Cristo como seu autêntico Messias.

Rm 11:1-2,11,25; Lc 21:24; Dn 9:24-27; Ez 11:17,19; Zc 13:8-9

Então Israel chegará a ser o centro da bênção mundial.

Mq 4:1-2,3-7; Is 11:1-12; Dn 2:44-45

2.2 A igreja e os eventos futuros

A ordem de eventos que apresentamos é do ponto de vista premilenial, com o arrebatamento da Igreja antes do período da tribulação.

Para o quadro apresentado a seguir, devemos destacar que as descrições bíblicas achadas em Apocalipse se manifestam principalmente em duas esferas: o céu e a terra.

Quanto ao regresso de Cristo, diferenciamos entre a segunda vinda e seu regresso nas nuvens para arrebatar a sua noiva. Estes, consideramos, são eventos separados. O primeiro evento é o arrebatamento da Igreja, que não deve chamar-se a segunda vinda de Cristo, pois ele não chega à terra nem estabelece seu reinado. Além disso, ele não tem anúncio prévio — e tem a marca do segredo — o evento em si há de ser totalmente assombroso para os moradores da terra. Com o desaparecimento de milhões de pessoas, haverá uma grande catástrofe. Os automóveis se chocarão, os aviões cairão, as máquinas enlouquecerão, e este evento espantoso comoverá todas as sociedades e culturas do planeta.

RESUMO DA ESCATOLOGIA

Duas esferas de ação
Eventos futuros relacionados com a Igreja

Na terra	Nos céus
☐ A morte e a ressurreição de Cristo (Mt 27 - 28)	☐ A ressurreição dos santos do Antigo Testamento (Mt 27:52-53)
☐ A ascensão de Cristo (At 1:9)	☐ Cristo recebe seu trono (Hb 1:3)
Atualidade:	**Atualidade:**
☐ A era da Igreja; Deus trata com os gentios (Rm 11:11)	☐ Estão presentes os crentes que morreram em Cristo (2 Co 5:8)
Futuro:	**Futuro:**
☐ Arrebatamento da Igreja (1 Ts 4:16)	☐ O corpo de Cristo é arrebatado e os crentes recebem um novo corpo (1 Ts 4:17)
☐ Ultima semana de Daniel, a tribulação de sete anos (Dn 9:27; Ap 3:10)	☐ O tribunal de Cristo: apresentação de galardões para os fiéis (2 Co 5:10)
☐ Reinado do anticristo (Ap 13:16)	
☐ Os exércitos do mundo se juntam para destruir Israel (Zc 14:2)	☐ Os santos seguem a Cristo até a batalha (Jd 14-15)
☐ Segunda vinda de Cristo	
☐ Batalha do Armagedom (Ap 19:11)	☐ Jesus alcança a vitória (Ap 19:16)
	☐ A festa das bodas do Cordeiro (Ap 19:7)

Satanás é preso por 1.000 anos (Ap 20:2-3)
(Os pecadores permanecem no inferno)
Cristo estabelece seu reinado na terra (Ap 20:4)
(O milênio, os crentes reinam com Cristo)
Satanás é solto e promove uma rebelião curta (Ap 20:7)
Satanás é julgado, cai fogo do céu (Ap 20:9)
O juízo do grande trono branco sobre os pecadores (Ap 20:11-12)
Deus cria um novo céu e uma nova terra (Ap 21:1)

2.2.1 Razões para fazer separação entre o arrebatamento e a segunda vinda de Cristo:

- ☐ O estudo de 1 Tessalonicenses 4:13-18 demonstra que "arrebatamento" provém da palavra que significa ser repentinamente arrancado pela força.   1 Ts 4:13-18; 2 Ts 2:1; Jo 14:3
- ☐ Cristo vem para os crentes.   1 Ts 5:2;
- ☐ Sua vinda será secreta.   Lc 17:20-37; Mt 25:13
- ☐ Os crentes devem esperar com paciência. A vinda de Cristo é nossa esperança neste mundo perverso.   Tg 5:7-8; Tt 2:13; 1 Ts 2:19; 1 Jo 3:2; 2 Pe 3:10-12; Hb 9:28
- ☐ Os crentes devem viver em expectativa, antecipando a vinda do Senhor.   Fp 3:20-21;
- ☐ Os crentes serão transformados!   1 Co 15:51-52; 1 Jo 3:2-3

A vinda de Cristo à terra para reinar é a segunda vinda de Cristo e tem lugar ao se encerrar a tribulação. Cristo virá pela segunda vez para:

- ☐ Julgar a besta, o falso profeta e os exércitos do mundo.   Ap 19:19-21
- ☐ Salvar o Israel arrependido.   Mt 25:31-32
- ☐ Julgar as nações do imperante sistema mundial.   Lc 1:32; Ap 20:4
- ☐ Estabelecer seu reinado milenial.   Mt 24:30; Fp 2:9-10; Cl 3:4;
- ☐ Revelar-se a Israel.   Jd 14-15

2.2.2 Razões para um arrebatamento antes da tribulação:

- ☐ A interpretação literal das Escrituras e, em particular, as muitas referências à nação de Israel — a semente de Abraão — não deve ser espiritualizada.
- ☐ A natureza da tribulação é contrária ao que normalmente uma noiva deveria passar. É um período de:
  - ⇒ Ira   Ap 6:16-17
  - ⇒ Juízo   Ap 14:7
  - ⇒ Castigo   Is 24:20-21
  - ⇒ Indignação de Deus   Is 34:2

Resumo da Escatologia

- Tentação — Ap 3:10
- Angústia — Jr 30:7
- Destruição — Jl 1:15
- Obscuridade — Jl 2:2

☐ O propósito do período da tribulação: Ap 6:10; 13:8,12, 14; 17:8

- As nações do mundo serão julgadas. O homem e seus reinos rejeitaram a Deus e receberão o justo castigo. — Zc 13:7-9; Rm 11:25-27
- Israel será levado a uma hora de reflexão e, por fim, volta-se a Cristo. — 1 Ts 5:9
- A tribulação não foi preparada para a Igreja, porque a ira de Deus sobre ela foi apagada por Cristo na cruz do Calvário.

☐ A Bíblia ensina o regresso de Cristo em forma iminente, secreta e a qualquer instante. — 1 Ts 5:2,4-6; Tt 2:13; Ap 3:3; 2 Pe 3:10

- À Igreja cabe o desafio de estar velando sempre, porque Cristo virá em um momento indeterminado.
- Se o arrebatamento acontecesse no fim da tribulação, a Igreja estaria advertida e a vinda de Cristo perderia seu caráter repentino.

2.2.3 Em resumo

Dois pensamentos principais devem estar sempre presentes em nossa mente e coração:
☐ A Palavra nos manda estarmos sempre em expectativa, velando em todo o momento. — Mt 25:13
☐ Devemos estar ocupados na obra do Mestre sempre. — Lc 19:13

2.3 O mundo e os eventos futuros

Estude Apocalipse 13:1-18. Áreas a que devemos prestar especial atenção:
☐ Líderes políticos e tendências econômicas: Haverá um sistema econômico universal (Ap 13:16).
- Flutuação de valores monetários e o desejo de unificar uma moeda global.

- Mudanças rápidas de tecnologia que permitem o controle da comunicação em nível mundial.
- Decadência da produção e reservas de alimentos, combustíveis e energia.
- Maior endividamento das nações e pessoas. Ampliação das brechas entre os poderosos e subdesenvolvidos.

☐ Zonas de guerras: O mapa dos últimos tempos estará cheio de áreas de conflitos armados generalizados (1 Ts 5:3).
- Oriente Médio
- Europa oriental e Rússia
- Ásia e China

☐ O sistema mundial de religião
- Os cristãos evangélicos serão atacados pelos meios de comunicação e líderes religiosos.
- Emergirá uma religião mundial (A Nova Era?) (Ap 13).

☐ Haverá mudanças políticas bruscas ao redor do mundo, especialmente pela formação de alianças regionais fortes.

☐ O futuro: uma Nova Ordem Mundial, um só governo universal e ecumênico (Ap 13).

Apêndice 10

Terminologia e definições

Este glossário tem por objetivo familiarizar o estudante com os termos da escatologia. As definições incluem palavras utilizadas nesta obra, bem como termos encontrados nas obras teológicas que tratam do tema. O autor agradece especialmente aos pastores Patricio Robelly e Lenin Díaz por sua ajuda na compilação desta lista.

abominação desoladora Profanação e envilecimento do templo de Deus pelo anticristo. Historicamente, um rei invasor da Palestina, Antíoco Epífanes, em cumprimento das profecias de Daniel, cometeu um ato que tipifica a abominação desoladora. Um dos vários atos perversos deste rei malvado foi o sacrifício de um porco sobre o altar de Deus. Jesus Cristo advertiu acerca deste evento, assinalando sua realização na metade da última semana profetizada em Daniel 9:27.

anarquia Situação de desordem, desorganização, desagregação social; é a ausência de lei e ordem.

angelofania Manifestação física dos anjos em forma humana.

angelologia Estudo da doutrina dos anjos.

ano judaico Na Bíblia, um período de 360 dias.

ano profético Período de tempo compreendio por 360 dias. É igual ao ano judaico.

ano sabático O sétimo ano designado para o descanso da terra. Por não guardar esta lei, o povo de Judá foi trasladado em cativeiro para a Babilônia.

apostasia Abandono da fé verdadeira.

anticristo O último imperador mundial que se identifica com a primeira besta de Apocalipse. Será servo de Satanás.

Armagedom Lugar em Israel, possivelmente o vale de Megido ou Jezreel, onde acontecerá a famosa batalha "apocalíptica" dos últimos dias. Esta batalha será entre os exércitos do mundo, sob o comando do anticristo, contra Israel. Jesus Cristo virá em glória com os santos e com a espada que sai de sua boca e vencerá (veja-se Lição 20, seção 8).

arrebatamento O acontecimento pelo qual os crentes serão arrebatados (levantados instantaneamente às nuvens) da terra por Jesus. Este acontecimento será antes do período conhecido como a tribulação (veja-se Apêndice 9, seção 2.2).

calendário gregoriano Diferentemente do calendário judaico (o profético) que tem 360 dias, o gregoriano tem 365 ¼ dias, com sistemas complexos de reconciliação e meses que variam de acordo com o número de dias neles contidos.

cativeiro babilônico Período de setenta anos profetizados por Jeremias e outros, durante os quais o povo de Deus foi castigado em cumprimento das "maldições" de Deuteronômio 28. A duração do cativeiro foi o resultado de não guardarem a lei referente ao ano sabático por um período de 490 anos.

Cristofania Manifestação de Cristo no Antigo Testamento.

cronologia Sucessão de eventos no tempo. Por exemplo: os eventos do ano 1990 são cronologicamente posteriores aos do ano 1989, embora algum autor pudesse falar dos eventos de 1990 antes dos de 1989 numa ordem não-cronológica. Uma tabela demonstrando os acontecimentos em ordem cronológica apresentará as datas na ordem do calendário e não segundo a ordem que escolheu o autor. Isto prova que a ordem de descrição pode ser diferente da que realmente foi ou será.

dispensação Período ou época em que Deus tem operado de diferentes maneiras em sua relação com o homem. O número de dispensações varia segundo a escola de interpretação bíblica. O sistema mais popular apresenta sete dispensações:

- Inocência (Gn 1:26 - 3:24)
- Consciência (Gn 4:11 - 8:14)
- Governo humano (Gn 8:15 - 11:9)
- Promessa (Gn 11:10 - Êx. 12:51)
- Lei (Êx 13:1 - Mt 4:1; 11:10-13; Lc 16:16)
- Graça (Mt 4:1 - Ap 19:21)
- Governo divino (Ap 20:1-15)

dispersão (diáspora) Por causa da dureza de coração, os judeus foram espalhados por muitos países. Deus permitiu sua submissão e perseguição para este propósito. É notável observar que, apesar deste fenômeno, este povo guardou sua identidade como nação, o que não aconteceu com nenhum outro povo da terra. Na atualidade, Deus está recolhendo seu povo de todos os lugares onde se encontram dispersos e levando-os de volta à Palestina.

ecumenismo Movimento das diferentes igrejas cristãs que promovem a unidade e a universalidade. Além disso, usa-se para referência à unidade das igrejas de diferentes crenças (interdenominacionais), que até podem não ser cristãs. Terminarão unificando-se como a Igreja apóstata ao serviço do falso profeta.

idade Época, tempo, período. Por exemplo, a idade da Graça, que cobre desde a Cruz do Calvário até o arrebatamento.

escatologia Doutrina que trata das últimas coisas. Estudos proféticos. Especialmente o que se refere à segunda vinda de Cristo e ao estado futuro do indivíduo e do mundo.

eternidade Tempo sem limite, infinito, sem princípio ou fim. Distingue-se do conhecimento finito do tempo que os seres humanos compartilham. Em nossa natureza humana, limitada pelo tempo e o espaço, é difícil imaginar um Deus sem princípio ou fim. Isto precisamente está expresso no conceito de eternidade.

gentio Que não é judeu, mas pagão. Os que não são descendentes de Abraão segundo a carne.

grande tribulação Veja-se tribulação.

Igreja Os crentes de todos os lugares e de todos os tempos, sejam judeus ou gentios. O corpo de Cristo, a Noiva, a desposada do Cordeiro.

hermenêutica Os princípios e métodos utilizados para a interpretação de uma certa passagem das Escrituras. As regras principais são:
☐ Reconhecer que toda a Bíblia é a Palavra de Deus.
☐ Interpretar respeitando a linguagem original.
☐ Observar meticulosamente o contexto histórico.
☐ Identificar o autor e seu propósito, em referência ao texto que se está estudando.
☐ Notar a natureza literária.
☐ Levar em conta a situação ou necessidade à qual originalmente se dirigiu.

A meta da hermenêutica é comunicar o ensinamento resultante do estudo, na forma mais adequada, aos que estão recebendo nossa mensagem.

interpretação Um sistema para determinar o que a palavra profética ensina. Há quatro escolas ou sistemas de interpretação mais conhecidos do livro de Apocalipse. A seguir apresentamos um breve resumo da crença de cada grupo:
 ☐ **espiritual** Dizem que Apocalipse não fala do futuro, que seu único propósito é ensinar grandes verdades por meio de seu simbolismo.
 ☐ **pretérita** Os que sustentam este ponto de vista dizem que Apocalipse aponta exclusivamente para eventos que aconteceram historicamente durante o Império Romano.
 ☐ **histórica** Esta manifesta que Apocalipse prediz os eventos relacionados com a Igreja desde o primeiro século até nossos tempos. Nós cremos que os capítulos 2 e 3 de Apocalipse devem ser entendidos desta maneira. Os que sustentam este ensinamento crêem que seu sistema deve aplicar-se à totalidade de Apocalipse.
 ☐ **futurista** Os futuristas dizem que Apocalipse fala de eventos que ainda não se cumpriram e que a maioria dos acontecimentos terão lugar durante o período profetizado por Daniel para a última semana (Dn 9:27). Este período é o da tribulação. Esta escola é a mais popular e aceita atualmente. O presente Manual utiliza este sistema.

Deve notar-se que sempre há necessidade de examinar certas passagens de Apocalipse à luz dos diferentes sistemas de interpretação. Por exemplo, os capítulos 2 e 3 de Apocalipse se entendem melhor utilizando: o espiritual, pretérito e histórico. Embora utilizemos o sistema futurista para falar dos capítulos 4 a 22 de Apocalipse, seríamos cegos espirituais se negássemos que estes capítulos têm uma interpretação com absoluta aplicação para nossas vidas atualmente.

judeu Pertencente ao povo judeu e à nação de Israel. Descendente de Abraão e Sara. Além disso, a circuncisão é parte do pacto que Deus fez com Abraão para formar este povo diferente e separado de todas as nações da terra.

juízo do trono branco O grande juízo dos ímpios (veja-se Lição 20, seção 8).

milênio Época futura do reinado de Cristo e sua noiva sobre a terra. Ocupará um tempo de mil anos de duração.

numerologia Estudos e sistemas que utilizam números para a interpretação da Bíblia. Muitas vezes se vale de conceitos místicos. Tais sistemas propõem que a inspiração divina da Bíblia pode comprovar-se seguindo a análise numérica das palavras do texto original, deduzindo fórmulas matemáticas para o propósito. Isto é distinto do esforço, baseado na hermenêutica bíblia, de interpretar o significado simbólico de um número à luz da Palavra de Deus. Aplica-se para trazer maior entendimento a um certo valor numérico na base da interpretação que os leitores originalmente haviam apreciado. Neste livro, procurou-se adotar este último conceito na análise dos números.

parentética Estilo de escritura usado muito no Apocalipse. Exemplos deste estilo podem achar-se em novelas modernas. Segue-se uma certa linha de ação até que, de repente, aborda-se outro tema que parece não estar relacionado com o que se vinha tratando, expressando um lugar ou tempo distinto.

pós-milenismo Doutrina que afirma que Jesus voltará pela segunda vez depois do milênio.

pré-milenismo Segunda esta doutrina o Senhor Jesus Cristo voltará pela segunda vez antes do milênio. Esta é a posição doutrinária utilizada nesta obra.

primeira ressurreição É o arrebatamento (1 Ts 4:17). (Veja-se Lição 24, seção 3.)

profecias Descrevem as coisas que não são como se fossem. Fala de eventos futuros em tempo passado.

rapto Veja-se arrebatamento.

remanescente Pessoas reservadas por Deus e para Deus. No tempo de Elias, sete mil não se haviam ajoelhado diante de Baal. Eles constituíram um remanescente.

ressurreição O regresso à vida de um morto em seu próprio corpo físico. Há três tipos de ressurreição na Bíblia (veja-se Lição 24, seção 3):
- As ressurreições de pessoas mortas nesta vida presente sobre a terra (1 Rs 17:20-24; 2 Rs 4:32-37; 2 Rs 13:21; Mc 5:41-43; Jo 11:43-44; At 9:40-41; 20:9-12).
- A ressurreição de nosso Senhor Jesus (1 Co 15:12-19).
- As ressurreições gerais e coletivas (Dn 12:2).

revelação progressiva Revelação se refere ao que Deus tem comunicado ao homem. Progressiva fala do acréscimo de informações à medida que passa o tempo. Assim, a revelação progressiva nos mostra mais acerca de Deus e seus planos, desenvolvendo-se gradualmente desde Gênesis até Apocalipse à medida que passa o tempo. A revelação sempre tem de concordar, utilizando as regras da hermenêutica, com a revelação já dada por Deus nas partes anteriores da Bíblia. Então, podemos concluir que não há "nova revelação", mas sim uma maior compreensão da revelação já entregue à Igreja pela Palavra de Deus. À medida que nos aproximamos da vinda de Jesus, a Igreja poderá ter maior entendimento da palavra profética. Isto não representa uma "nova revelação", mas sim reforço na compreensão do que já foi revelado.

sacrilégio Violação ou profanação de um lugar, pessoa ou coisa sagrada.

segunda vinda de Cristo A segunda vinda acontece ao fim da época da tribulação de sete anos. Cristo vem em grande glória com os santos para reinar por mil anos. O arrebatamento, ao contrário, não é a segunda vinda. No arrebatamento, Cristo chega somente até as nuvens para encontrar-se com sua noiva. Em nosso sistema de interpretação distingue-se a segunda vinda de Cristo do arrebatamento (primeira ressurreição).

século Na profecia não se usa para indicar cem anos, mas uma época ou tempo dentro do qual Deus opera certo plano.

teofania Manifestação visível de Deus

teologia Estudos acerca de Deus.

tempos dos gentios Período do domínio gentio sobre Israel; começou com Nabucodonosor e terminará com a destruição da Nova Roma, na segunda vinda de Cristo. Jesus mesmo utilizou este termo.

tribulação Período futuro de sete anos em que se manifestam os juízos e a ira de Deus sobre a terra antes do início do reinado milenial de Cristo. Este período corresponde à última semana da profecia de Daniel 9:27. Com relação a este período da tribulação, propõem-se três sistemas de interpretação sobre a localização do arrebatamento:
- ☐ **arrebatamento depois da tribulação** Está aumentando a popularidade desse ponto de vista. Seus proponentes dizem que o arrebatamento da igreja será o fim da tribulação e o arrebatamento e a segunda vinda de Cristo são um só evento.
- ☐ **arrebatamento durante a tribulação** Um ponto de vista, sustentado por muitos crentes, é que o arrebatamento da igreja acontecerá na metade da última semana da profecia de Daniel 9:27.
- ☐ **arrebatamento antes da tribulação** Fala do sistema de interpretação que localiza o arrebatamento da igreja antes do início do período da tribulação. Neste livro seguimos este sistema de interpretação, embora muitas de suas informações possam ser úteis no estudo de todos os métodos de interpretação.

tribunal de Cristo O juízo da Igreja para determinar os galardões de cada crente (veja-se Lição 20, seção 8).

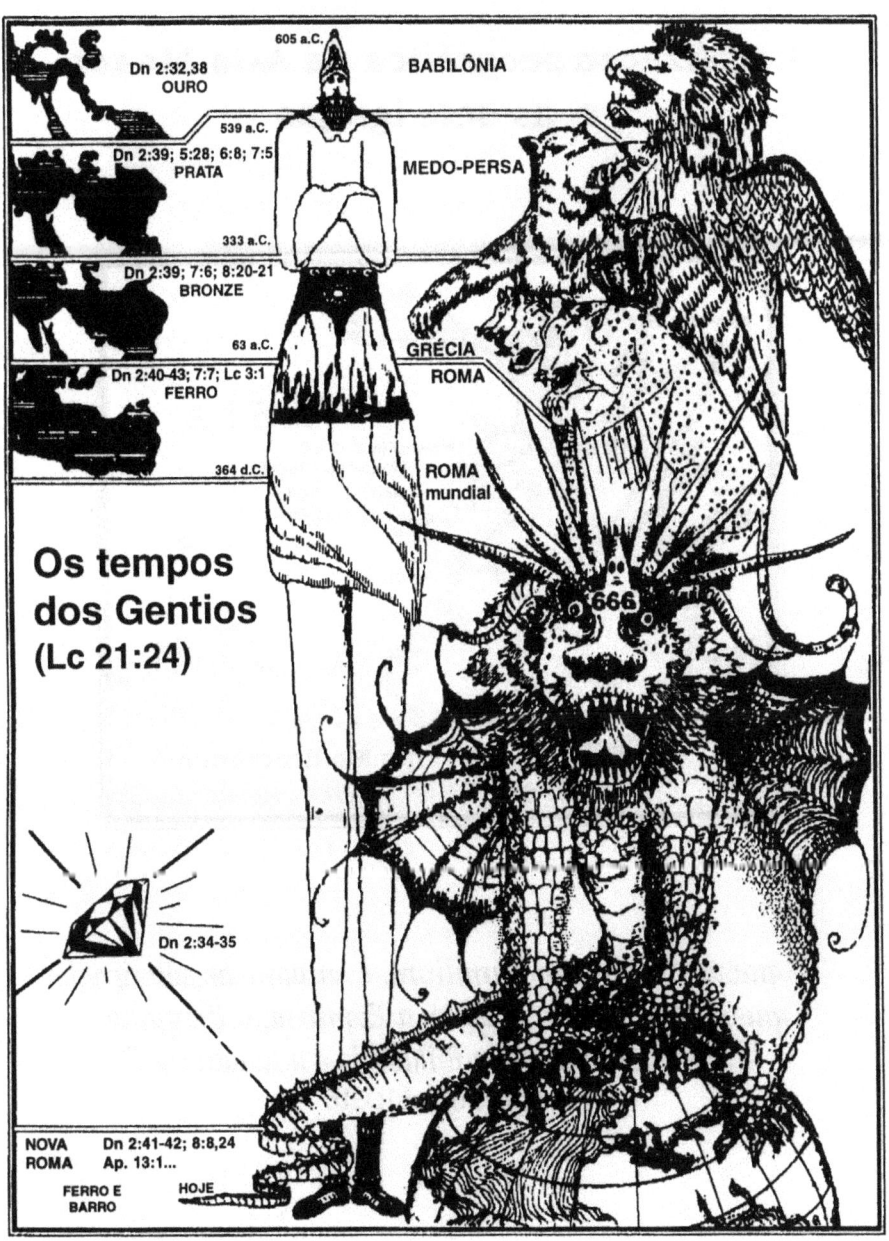

Localização geográfica da Ásia Menor e as sete igrejas

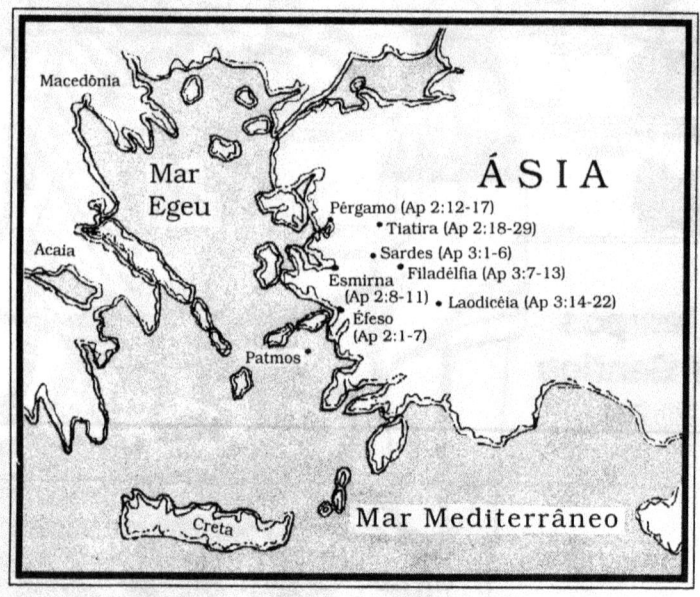

"O que vês, escreve-o num livro, e envia-o às sete igrejas que estão na Ásia: a Éfeso, a Esmirna, a Pérgamo, a Tiatira, a Sardes, a Filadélfia e a Laodicéia."
Apocalipse 1:11b

Seqüência e relação dos juízos

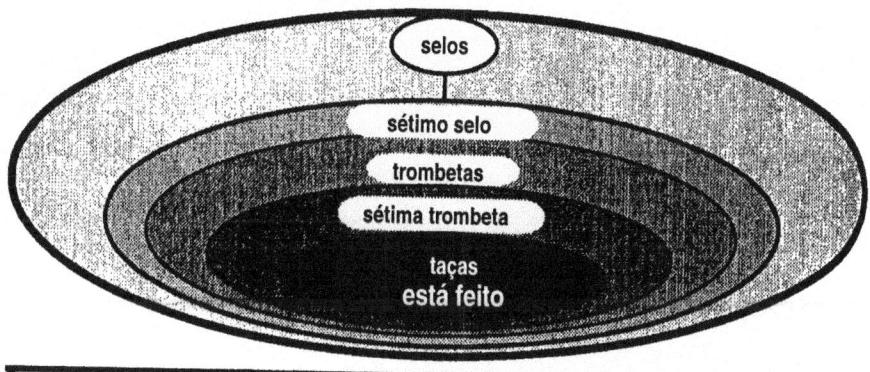

SELOS
#1=Primeiro cavaleiro=cavalo branco; Ap.6:2; apresentação do anticristo
#2=Segundo cavaleiro=cavalo vermelho; Ap.6:3-4; guerra total
#3=Terceiro cavaleiro=cavalo preto; Ap.6:5-6; fome mundial
#4=Quarto cavaleiro= cavalo amarelo; Ap.6:7-8; mortandade mundial
#5=Ap.6:9-11; martírio dos santos da tribulação
#6=Ap.6:12-17; céus e terra convulsionados
#7= Ap.8:1-5; contém as sete trombetas e as sete taças

TROMBETAS
#1=Ap.8:6-7; queimado 1/3 da terra
#2=Ap.8:8-9; 1/3 do mar destruído
#3=Ap.8:10-11; juízo de 1/3 da água doce, Absinto
#4=Ap.8:12-13; 1/3 da luz apagada
#5=Primeiro Ai!= Ap.9:1-11; gafanhotos do abismo
#6=Segundo Ai!= Ap.9:13-21; 1/3 dos homens mortos
#7=Terceiro Ai!= Ap.11:15-19; as sete taças

TAÇAS
#1=Ap.16:2; úlcera maligna e pestilenta
#2=Ap.16:3; aniquilação total do mar e sua vida
#3=Ap.16:4-7; aniquilação da água doce
#4=Ap.16:8,9; sol queima os homens
#5=Ap.16:10-11; anticristo aniquilado
#6=Ap.16:12-14,16; Armagedom
#7=Ap.16:17-21; Babilônia destruída

está feito!

selos — juízos através da trindade satânica
trombetas — juízos por meio dos anjos
taças — juízos provenientes do próprio Deus

São muitos os esquemas das relações que existem entre os juízos. Alguns são em série (um juízo segue a outro), outros são paralelos (todos os juízos funcionam ao mesmo tempo). Não sabemos o esquema final, mas, para o propósito de nosso estudo, todas as trombetas e taças estão dentro do sétimo selo e todas as taças estão dentro da sétima trombeta.

BIBLIOGRAFIA

Lição 1
[a] Robert D. Culver, Daniel, *The Wycliffe Bible Commentary*, Southwestern, 1968, p. 779
[b] Ib.
[c] Bruce K. Waltke, *The Date of the Book of Daniel*, Biblioteca Sacra, Vol. 133 (outubro-dezembro), 1976, p. 319, Elvis L. Carballosa, *Daniel y el Reino Mesiánico*, Portavoz, 1979, p.13

Lição 2
[a] Frank M. Boyd, *La Biblia a su alcance*, Tomo 3, VIDA, 1972, p. 33
[b] Elvis L. Carballosa, *Daniel y el Reino Mesiánico*, Portavoz, 1979, p.37
[c] Sir Robert Anderson, *El príncipe que ha de venir*, Portavoz, 1980, p.73
[d] Carballosa, *Daniel e el Reino Mesiánico*, Portavoz, 1997, pp. 45-46

Lição 3
[a] Ib., p. 55
[b] Boyd, *La Biblia a su alcance*, Tomo 3, VIDA, 1972, p. 41
[c] Ib.
[d] Ib., p. 60
[e] Carballosa, *Daniel y el Reino Mesiánico*, Portavoz, 1979, pp. 62-63
[f] Oliver B. Greene, *Daniel, Verse by Verse Study*, The Gospel Hour, Inc., 1964, p. 74
[g] Carballosa, *Daniel y el Reino Mesiánico*, Portavoz, 1979, p. 75
[h] A.C.Gaebelein, *Clave de las visiones e profecías del libro de Daniel*, CLIE, 1985, p.26
[i] Culver, *Daniel, The Wycliffe Bible Commentary*, South Western, 1968, p. 779
[j] Anderson, *El príncipe que ha de venir*, Portavoz, 1980, p. 73
[k] Carballosa, *Daniel y el Reino Mesiánico*, Portavoz, 1979, p. 79
[l] Ib.
[m] Greene, *Daniel, Verse by Verse Study*, The Gospel Hour, Inc., 1964, pp. 80-87
[n] Rev. Kittim Silva B.A., M.P.S., *Daniel, historia y profecía*, CLIE, 1985, pp. 46-47
[o] Rev. C.I. Scofield, *Biblia anotada de Scofield*, Publicaciones Españolas, 1966, p. 862
[p] *The World Book Encyclopedia*, Vol. 3, 1992, p. 360-361

[q] Scofield, *Biblia anotada de Scofield,* Publicaciones Españolas, 1966, p. 862
[r] Ib.
[s] Greene, *Daniel, Verse by Verse Study,* The Gospel Hour, Inc., 1964, p.125
[t] Carbollosa, *Daniel y el Reino Mesiánico,* Portavoz, 1979, p. 95
[u] Ib., p. 97
[v] Ib., p. 100
[w] Greene, *Daniel, Verse by Verse Study,* The Gospel Hour, Inc., 1964, pp. 143-144
[x] Ib., pp. 145-158
[y] Ib., pp. 146-147
[z] Ib.

Lição 4
[a] Carbollosa, *Daniel y el Reino Mesiánico,* Portavoz, 1979, p. 104-105
[b] Ib., p. 106
[c] Ib., p. 107
[d] Greene, *Daniel, Verse by Verse Study,* The Gospel Hour, Inc., 1964, pp. 174-175
[e] Adam Clark, *Clark's Commentary,* Abingdon Press, volume IV, p. 581
[f] Boyd, *La Biblia a su alcance,* Tomo 3, VIDA, 1972, p. 54
[g] Carballosa, *Daniel y el Reino Mesiánico,* Portavoz, 1979, p. 113
[h] Finis Jennings Dake, *Dake's Annotated Reference Bible,* Dake Bible Sales, Inc., 1989, p. 866
[i] Carballosa, *Daniel y el Reino Mesiánico,* 1979, p. 115
[j] Scofield, *Biblia anotada de Scofield,* Publicaciones Españolas, 1966, p. 867

Lição 5
[a] Merrill F. Unger, *El mensaje de la Biblia,* Editorial Moody, Kergel, 1976, pp. 395-396
[b] Roy E. Swim, *El libro de Daniel, comentario bíblico Beacon,* Tomo 4, Casa Nazarena, p. 654
[c] William C. Martin, *These Were God's People,* A Bible History, The Southwestern Company, 1965, p. 275
[d] Clark, *Clark's Commentary,* Volume IV, Abingdon Press, 1977, p. 584
[e] Boyd, *La Biblia a su alcance,* Tomo 3, VIDA, 1972, p. 59
[f] Culver, *Daniel, The Wycliffe Bible Commentary,* South Western, 1968, p. 786
[g] Kepler Nigh, *Las puertas del hades no prevalecerán,* Editorial Parra, 1990, pp. 25-27
[h] Carballosa, *Daniel y el Reino Mesiánico,* Portavoz, 1979, p. 133

Lição 6
[a] Ib., p. 134
[b] Silva, *Daniel, historia y profecía*, CLIE, 1985, p. 105

Lição 7
[a] Carballosa, *Daniel y el Reino Mesiánico*, Portavoz, 1979, p. 146
[b] Silva, *Daniel, historia y profecía*, CLIE, 1985, p. 117
[c] Scofield, *Biblia anotada de Scofield*, Publicaciones Españolas, 1966, p. 872
[d] Merrill C. Tenney, *The Zondervan Pictorial Encyclopedia* of the Bible, Zondervan Publishing House, Volume 4, p. 895
[e] Culver, *Daniel, The Wycliffe Bible Commentary*, South Western, 1968, p. 789
[f] Greene, *Daniel, Verse by Verse Study*, The Gospel Hour, Inc., 1964, p. 248
[g] Ib., pp. 248-249
[h] Ib., pp. 249-250
[i] Ib., p. 252
[j] Silva, *Daniel, historia y profecía*, CLIE, 1985, p. 126
[k] Ib., pp. 128-129
[l] Ib.
[m] Boyd, *La Biblia a su alcance*, Tomo 3, VIDA, 1972, pp. 76-77

Lição 8
[a] Carballosa, *Daniel y el Reino Mesiánico*, Portavoz, 1979, p. 175
[b] Ib., p. 175
[c] Ib., p. 176
[d] Unger, *El mensaje de la Biblia*, Editorial Moody, Kergal, 1976, p. 399
[e] Silva, *Daniel, historia y profecia*, CLIE, 1985, p. 137
[f] Ib., p. 139
[g] Dake, *Dake's Annotated Reference Bible*, Dake Bible Sales, Inc., 1989, p. 866
[h] Carballosa, *Daniel y el Reino Mesiánico*, 1979, Portavoz, p. 180
[i] Flavius Josephus, *Antiquities of the Jews*, Livro XIII, Capítulo VIII, 2, Holt, Rinehart & Winston, 1967
[j] Scofield, *Biblia anotada de Scofield*, Publicaciones Españolas, 1966, p. 873
[k] Silva, *Daniel, historia y profecía*, CLIE, 1985, pp. 148-150, 163

Lição 9
[a] Boyd, *La Biblia a su alcance*, Tomo 3, VIDA, 1972, p. 96
[b] Carballosa, *Daniel y el Reino Mesiánico*, Portavoz, 1979, p. 191
[c] Sunshine Ball, *Daniel y el Apocalipsis*, Casa Evangelica de Publicaciones, s.d., p. 44
[d] Carballosa, *Daniel y el Reino Mesiánico*, Portavoz, 1979, p. 192

[e] Matthew Henry, *The Matthew Henry Commentary*, Edited by L.F. Church, Zondervan, 1988, p. 1098
[f] Ball, *Daniel y el Apocalipsis*, Casa Evangelica de Publicaciones, s.d., p. 44
[g] Carbollosa, *Daniel y el Reino Mesiánico*, Portavoz, 1979, p. 204
[h] Ib., p. 205
[i] Boyd, *La Biblia a su alcance*, Tomo 3, VIDA, 1972, p. 98
[j] Carballosa, *Daniel y el Reino Mesiánico*, Portavoz, 1979, pp. 206-207
[k] Ib., pp. 208-209 (nota de rodapé)

Lição 10

[a] Silva, *Daniel, historia y profecía*, CLIE, 1985, pp. 189-190
[b] Ib., p. 192
[c] A.C. Gaebelein, *Clave de las visiones e profecias del libro de Daniel*, CLIE, s.d., pp. 178-181
[d] Boyd, *La Biblia a su alcance*, Tomo 3, VIDA, 1972, p. 110
[e] Greene, *Daniel, Verse by Verse Study*, The Gospel Hour, Inc., 1964, p. 405
[f] Carballosa, *Daniel y el Reino Mesiánico*, Portavoz, 1972, p. 232
[g] Ib., p. 74

Lição 11

[a] Ib., p. 236
[b] Greene, *Daniel, Verse by Verse Study*, The Gospel Hour, Inc., 1964, p. 442
[c] J. Dwight Pentecost, *Eventos del porvenir*, VIDA, 1984, pp. 249-253
[d] Gaebelein, *Clave de las visiones e profecias del libro de Daniel*, CLIE, s.d., pp. 220-223
[e] Silva, *Daniel, historia y profecía*, CLIE, 1985, p. 231

Lição 12

[a] Carballosa, *Daniel, y el Reino Mesiánico*, Portavoz, 1979, pp. 271-272
[b] Silva, *Daniel, historia y profecía*, CLIE, 1985, pp. 236-238
[c] Carballosa, *Daniel y el Reino Mesiánico*, Portavoz, 1979, pp. 274-276
[d] Ib., pp. 278-279
[e] Ib., pp. 279
[f] Greene, *Daniel, Verse by Verse Study*, The Gospel Hour, Inc., 1964, pp. 484-487
[g] Ib.

Lição 13

[a] Wilbur M. Smith, *Apocalipsis, el comentario bíblico Moody*, Editorial Moody, 1965, p. 536
[b] Ib.

[c] Ib., p. 538
[d] Dr. Gary G. Cohen e Salem Kirban, *Revelation Visualized,* Salem Kirban, 1971, p. 21. Citando Dr. Herman A. Hoyt, Grace Theological Seminary
[e] Steve Farrar, *Standing Tall,* Multnomah Books, 1994, p. 136

Lição 14
[a] Charles Caldwell Ryrie, *Apocalipsis,* Moody Press, 1974, pp. 13-14
[b] Boyd, *La Biblia a su alcance,* VIDA, 1967, Tomo 8, 1967, p. 11
[c] Cohen e Kirban, *Revelation Visualized,* 1971, p. 39
[d] Arno C. Gaebelein, *El libro de Apocalipsis,* CLIE, 1985, p. 29
[e] Boyd, *La Biblia a su alcance,* Tomo 8, VIDA, 1967, p. 24
[f] Ib., p. 25
[g] Ib., p. 26
[h] Cohen e Kirban, *Revelation Visualized,* 1971, p. 48
[i] Boyd, *La Biblia a su alcance,* Tomo 8, VIDA, 1967, p. 30
[j] Smith, *Apocalipsis, el comentario bíblico Moody,* Editorial Moody, p. 545

Lição 15
[a] Boyd, *La Biblia a su alcance,* Tomo 8, VIDA, 1967, p. 33
[b] Scofield, *Biblia Anotada de Scofield,* Publicaciones Españolas, 1966, p. 1287
[c] Boyd, *La Biblia a su alcance,* Tomo 8, VIDA, 1967, p. 35

Lição 16
[a] Ryrie, *Apocalipsis,* Moody Press, 1974, p. 33
[b] Herbert Lockyer, Sr., *Apocalipsis: el drama de los siglos,* VIDA, 1982, p. 81
[c] Hal Lindsey, *El apocalipsis inminente,* LOGOI, 1973, p. 84
[d] Lockyer, Sr., *Apocalipsis: el drama de los siglos,* VIDA, 1982, p. 82
[e] Ib., p. 82
[f] Lindsey, *El apocalipsis inminente,* LOGOI, 1975, p. 94
[g] Lockyer, *Apocalipsis: el drama de los siglos,* VIDA, 1982, pp. 82-83
[h] Gaebelein, *El libro de Apocalipsis,* CLIE, 1985, p. 42
[i] Boyd, *La Biblia a su alcance,* Tomo 8, VIDA, 1967, p. 80
[j] Gaebelein, *El libro de Apocalipsis,* CLIE, 1985, p. 42
[k] Lockyer, *Apocalipsis: el drama de los siglos,* VIDA, 1982, p. 83
[l] Lindsey, *El apocalipsis inminente,* LOGOI, 1973, p. 98
[m] Lockyer, *Apocalipsis: el drama de los siglos,* VIDA, 1982, p. 84
[n] Gaebelein, *El libro de Apocalipsis,* CLIE, 1985, p. 44
[o] Boyd, *La Biblia a su alcance,* VIDA, Tomo 8, 1967, pp. 84-85
[p] Lindsey, *El apocalipsis inminente,* LOGOI, 1975, p. 104
[q] Ib., pp. 104-105

Lição 17
[a] Lockyer, *Apocalipsis: el drama de los siglos,* VIDA, 1982, p. 87
[b] Ib., p. 87
[c] Ib., p. 91
[d] Gaebelein, *El libro de Apocalipsis,* CLIE, 1985, pp. 47-48
[e] Cohen e Kirban, *Revelation Visualized,* Salem Kirban, 1971, pp. 110-111
[f] Ivan Barchuk, *Explicación del libro de Apocalipsis,* CLIE, 1987, pp. 125-126
[g] Lindsey, *El apocalipsis inminente,* LOGOI, 1973, p. 120
[h] Barchuk, *Explicación del libro de Apocalipsis,* CLIE, 1987, p. 133
[i] Lockyer, *Apocalipsis: el drama de los siglos,* VIDA, 1982, pp. 94-95
[j] Ib., p. 97
[k] Ib.
[l] Ryrie, *Apocalipsis,* Moody Press, 1974, pp. 52-53
[m]Gaebelein, *El libro de Apocalipsis,* CLIE, 1985, p. 53
[n] Unger, *El mensaje de la Biblia,* Editorial Moody, Kergel, 1976, p. 878
[o] Boyd, *La Biblia a su alcance,* Tomo 8, VIDA, 1967, pp. 115-116
[p] Lindsey, *El apocalipsis inminente,* LOGOI, 1973, pp. 149-150

Lição 18
[a] Lockyer, *Apocalipsis: el drama de los siglos,* VIDA, 1982, pp. 103-105
[b] Ib., p. 106
[c] Boyd, *La Biblia a su alcance,* Tomo 8, VIDA, 1967, p. 114
[d] Gaebelein, *El libro de Apocalipsis,* CLIE, 1985, p. 55
[e] Lindsey, *El apocalipsis inminente,* LOGOI, 1973, pp. 152-153
[f] Lockyer, *Apocalipsis: el drama de los siglos,* VIDA, 1982, p. 108
[g] Barchuk, *Explicación del libro de Apocalipsis,* CLIE, 1987, pp. 165-166
[h] Ib., pp. 168-169
[i] Ib., pp. 176-177
[j] Lockyer, *Apocalipsis: el drama de los siglos,* VIDA, 1982, p. 122
[k] Cohen e Kirban, *Revelation Visualized,* Salem Kirban, 1971, p. 166
[m]Ib., p. 170
[m]Lockyer, *Apocalipsis: el drama de los siglos,* VIDA, 1982, p. 128

Lição 19
[a] Boyd, *La Biblia a su alcance,* Tomo 8, VIDA, 1967, pp. 154-157
[b] Ib., p. 164

Lição 20
[a] Lockyer, *Apocalipsis: el drama de los siglos,* VIDA, 1982, pp. 145-146
[b] Cohen e Kirban, *Revelation Visualized,* Salem Kirban, 1971, p. 199

[c] Lockyer, *Apocalipsis: el drama de los siglos,* VIDA, 1982, pp. 151-152
[d] Ib., p. 153
[e] Cohen e Kirban, *Revelation Visualized,* 1971, p. 459

Lição 21
[a] Lockyer, *Apocalipsis: el drama de los siglos,* VIDA, 1982, p. 175
[b] Ib., p. 176
[c] Ib.
[d] Ib., p. 177
[e] Barchuk, *Explicación del libro de Apocalipsis,* CLIE, 1987, p. 279
[f] Ib., pp. 281-290
[g] Lockyer, *Apocalipsis: el drama de los siglos,* VIDA, 1982, p. 181-192
[h] Boyd, *La Biblia a su alcance,* Tomo 8, VIDA, 1967, pp. 190-198

Lição 22
[a] Ib., p. 201
[b] Cohen e Kirban, *Revelation Visualized,* Salem Kirban, 1971, p. 262
[c] Barchuk, *Explicación del libro de Apocalipsis,* CLIE, 1987, p. 310
[d] Scofield, *Biblia Anotada de Scofield,* Publicaciones Españolas, 1966, p. 1303
[e] *Nelson's Illustrated Dictionary of the Bible,* General Editor Herbert Lockyer,Sr., 1986, Thomas Nelson Publishers, artigos ROME e TIBER RIVER
[f] Boyd, *La Biblia a su alcance,* Tomo 8, VIDA, 1967, pp. 202-214
[g] Ib., p. 204
[h] Ib., p. 204-205
[i] *Encyclopedia of Religion,* Vol. 2; s.d., p. 398; Herodotus History, Livro 2, p. 109
[j] J. R. Church, *Guardians of the Grail,* Prophecy Publications, 1989, pp. 65-69
[k] Pentecost, *Eventos del porvenir,* VIDA, 1984, p. 279
[l] Norma H. Dickey, *Funk & Wagnalls New Encyclopedia,* Volume 28, Funk & Wagnalls, Inc., 1987, p. 172
[m]Walter Martin, *La Nueva Era,* Editorial Betania, 1991, p. 15
[n] Revista *Time,* 7 de dezembro de 1987, p. 62
[o] Church, *Guardians of the Grail,* Prophecy Publications, 1989, pp. 266-267
[p] Ib.
[q] Revista *Newsweek,* 28 de novembro de 1994, p. 49
[r] Ib.

Lição 23
[a] Lindsey, *El apocalipsis inminente,* LOGOI, 1973, p. 316

Lição 24
[a] Cohen e Kirban, *Revelation Visualized*, Salem Kirban, 1971, p. 472-477
[b] Lewis Sperry Chafer, *Grandes temas bíblicos*, Portavoz, 1976, pp. 396-402, 415-422
[c] Ib., pp. 389-395
[d] Ib., p. 393
[e] Cohen e Kirban, *Revelation Visualized*, Salem Kirban, 1971, p. 349

Apêndice 2
[a] *Diccionario ilustrado de la Biblia*, Editorial Caribe, 1977, p. 178
[b] Merrill F. Unger, *El mensaje de la Biblia*, Kergal, 1976, p. 869
[c] *Diccionario ilustrado de la Biblia*, Caribe, 1977, p. 178
[d] Unger, *El mensaje de la Biblia*, Kergal, 1976, p. 870
[e] Ib.
[f] Ib.
[g] Ib.
[h] *Diccionario ilustrado de la Biblia*, Caribe, 1977, p. 504
[i] Ib., p. 504
[j] Unger, *El mensaje de la Biblia*, Kergal, 1976, p. 870
[k] Ib., p. 872
[l] *Diccionario ilustrado de la Biblia*, Caribe, 1977, p. 658
[m]Ib., p. 595
[n] Unger, *El mensaje de la Biblia*, Kergal, 1976, p. 872
[o] Ib., p. 595
[p] *Diccionario ilustrado de la Biblia*, Caribe, 1977, p. 595
[q] Unger, *El mensaje de la Biblia*, Kergal, 1976, p. 873
[r] *Diccionario ilustrado de la Biblia*, Caribe, 1977, p. 231
[s] Unger, *El mensaje de la Biblia*, Kergal, 1976, p. 873
[t] *Diccionario ilustrado de la Biblia*, Caribe, 1977, p. 231
[u] Ib., p. 369
[v] Unger, *El mensaje de la Biblia*, Kergal, 1976, p. 874
[w] *Diccionario ilustrado de la Biblia*, Caribe, 1977, p. 369
[x] Ib.

Apêndice 3
[a] Pentecost, *Eventos del porvenir*, VIDA, 1984, pp. 114-119

Apêndice 4
[a] Ib., pp. 107-119
[b] Ib., p. 114

[c] Ib., p. 110

Apêndice 5
[a] Ib., p. 117

Apêndice 6
[a] Lockyer, *Apocalipsis: el drama de los siglos*, VIDA, 1982, p. 260
[b] Ralph Earle, *El evangelio según San Mateo, commentario bíblico Beacon*, Tomo 6, Casa Nazarena de Publicaciones, p. 142
[c] Merril C. Tenney, *Zondervan Pictorial Encyclopedia of the Bible*, Tomo 2, Zondervan Publishing House, 1975, p. 154

Apêndice 8
[a] Thomas McCall e Zola Levitt, *El anticristo y el santuario*, Moody Press, 1977, pp. 43-49
[b] Anderson, *El príncipe que ha de venir*, Portavoz, 1980

Apêndice 9
[a] Terry King, *Christian Doctrine: A study of the Basic Doctrines of the Bible*, inédito, 1993, pp. 54-60

Outras obras consultadas
☐ Abraão de Almeida, *As visões proféticas de Daniel*, CPAD, 1986
☐ W.E. Blasckstone, *Jesús viene*, VIDA, 1982
☐ Tal Brooke, *When the World will be as One*, Harvest House, 1989
☐ Charles R. Taylor, *World War III and the Destiny of America*, Sceptre, 1979
☐ Chuck Smith, *Los tiempos finales*, Word for Today, 1980
☐ Chuck Smith, *Muy pronto será revelado el anticristo*, Word for Today, 1980
☐ C.I. Scofield, *¿Qué dicen los profetas?* CLIE, 1985
☐ Finis Jennings Dake, *God's Plan for Man*, Dake Bible Sales, Inc., 1977
☐ C.P. Denyer, *Concordancia de las Sagradas Escrituras*, Caribe, 1978
☐ G. Campbell Morgan, *El plan de Dios para las edades*, CLIE, 1984
☐ Hal Lindsey, *La promessa*, VIDA, 1983
☐ Lowell Lundstrom, *Y ahora qué vendrá?*, VIDA, 1982
☐ James Strong, S.T.D., LL.D. *Strong's Exhaustive Concordance of the Bible*, Thomas Nelson, 1990
☐ Josh McDowell, *Evidencia que exije um veredicto*, CANDEIA, 1975
☐ Josh Mcdowell, *Profecia: fato ou ficção*, CANDEIA, 1991
☐ Juan F. Walvoord e Juan E. Walvoord, *Armagedon*, VIDA, 1975
☐ J.G. Hall, *God's Dispensational and Prophetic Plan*, Hall, 1972

- J.G. Hall, *Prophecy Marches On!*, Daniel, Hall, 1963
- J.G. Hall, *Prophecy Marches On!*, Revelation, Hall, 1964
- J.N. Darby, *Estudio sobre el libro de Apocalipsis*, CLIE, s.d.
- Miguel Hernan, *El futuro... está escrito?*, CLIE, s.d.
- Tim LaHaye, *How to Study Bible Prophecy for Yourself*, Harvest House, 1990
- Tim LaHaye, *No Fear of the Storm*, Multnomah, 1992
- Hilton Sutton, *Revelation*, Harrison House, 1984
- Ray Summers, *Digno es el Cordero*, Casa Bautista de Publicaciones, 1954
- Richard W. DeHaan, *Israel and the Nations in Prophecy*, Zondervan, 1968
- Pat Robertson, *The New World Order*, Word, 1991
- Wilbur M. Smith, *Israeli/Arab Conflict*, Regal, 1967
- Wim Malgo, *El arrebatamiento*, Llamada de Medianoche, s.d.
- Wim Malgo, *Santidad a Jehová o 666*, Llamdada de Medianoche, s.d.
- Wim Malgo, *El despliegue acelerado* de Rusia hacia Israel, Llamada de Medianoche, s.d.
- Wim Malgo, *Fogo atômico no Oriente Médio*, Editora Milênio, 1981
- Wim Malgo, *No hay camino que no lleve a Jerusalén*, Llamada de Medianoche, s.d.
- Donald C. Stamps, *Bíblia de Estudo Pentecostal*, CPAD, 1995
- William T. Still, *New World Order: The Ancient Plan of Secret Societies*, Huntington House Publishers, 1980
- W.E. Vine, *Vine's Expository Dictionary of Biblical Words*, Thomas Nelson Publishers, 1940
- Ralph Woodrow, *Babilonia misterio religioso*, Ralph Woodrow, 1966
- *Encyclopaedia Britannica*, 1984
- *Grijalbo diccionario enciclopédico*, 1986

www.ingramcontent.com/pod-product-compliance
Lightning Source LLC
Chambersburg PA
CBHW071304110426
42743CB00042B/1171